湖北省学术著作
Hubei Special Funds for Academic Publications 出版专项资金

国家社科基金重大招标项目（12&ZD153）
湖北省社科基金项目（2017052）



丛书主编　李建中

# 象：中国文化基元

杨家海　著

WUHAN UNIVERSITY PRESS
武汉大学出版社

图书在版编目(CIP)数据

象:中国文化基元/杨家海著.—武汉:武汉大学出版社,2018.6
中华字文化大系/李建中主编
湖北省学术著作出版专项资金项目
ISBN 978-7-307-20276-4

Ⅰ.象… Ⅱ.杨… Ⅲ.汉字—文化研究 Ⅳ.H12

中国版本图书馆 CIP 数据核字(2018)第 116765 号

责任编辑:白绍华　　责任校对:汪欣怡　　整体设计:汪冰滢

出版发行:**武汉大学出版社**　(430072　武昌　珞珈山)
(电子邮件:cbs22@whu.edu.cn　网址:www.wdp.com.cn)
印刷:武汉中远印务有限公司
开本:720×1000　1/16　印张:18.5　字数:253 千字　插页:1
版次:2018 年 6 月第 1 版　2018 年 6 月第 1 次印刷
ISBN 978-7-307-20276-4　定价:59.00 元

# 总序　字孳字乳的文化：中华文化的“字”生性特征

李建中

人类轴心期五大文明(古巴比伦、古埃及、古希腊、古印度、古中国)，惟有华夏文明传承至今，生生不息，个中缘由非常复杂，但文字的特性无疑是重要因素之一。同为轴心期文明，拉丁语的最小单位(字母)是无意义的，而汉语的最小单位(包括部首在内的字)则能显现独立甚至全息的意义，一字一世界，一字一意境。在漫长的历史演变之中，方块字既没有被梵化，也没有被拉丁化，中国文化因之分久必合，华夏文明因之亘古至今。

东汉许慎(约56—147)《说文解字·叙》曰：“字者，言孳乳而浸多也”①，孳者孳生，乳者哺乳。从观念和思想的层面论，方块字是中华文化之母，不仅孕生而且哺育了中华文化，会意指事、形声并茂地建构起中华文化的意义世界。《周易》讲“鼓天下之动者存乎辞”，许慎讲“盖文字者，经艺之本，王政之始”，刘勰讲“心生而言立，言立而文明”，金圣叹讲“以文运事，因文生事”，一直到鲁迅讲“自文字至文章”和陈寅恪讲“凡解释一字，即是做一部文化史”，均可视为从不同层面揭示中华文化的“字”生性特征。

中华文化产生、传承并能在长久历程中与多种外来文化交流而生生

---

① (汉)许慎撰，(清)段玉裁注：《说文解字注》，上海古籍出版社1981年版，第754页。

不息，与汉字密切相关。汉字是一种世界上非常独特的文字，每个汉字独立且集音形义于一体。在上古，汉语以单音词为主，其中有些单音词成为中国文化的核心词，作为中华文化之元(本原与起源)，在其后不断的演变中扩展、丰富。我们这套“中华字文化大系”，精选奠基华夏文明、代表中国文化特征的100个汉字(又可以称为“中华文化关键词”或“中华文化核心词”)，一个字一本书，对每个字既作“原生—沿生—再生”之源流清理，又作“字根—坐标—转义”之义理阐释，从而在文化思想、社会政治、智性审美、民族心理乃至民风民俗、日常生活等多元面向，标举中华文化的“字”生性特征，建构中华文化的话语体系，彰显中华文化的巨大影响力和恒久生命力，为海内外广大读者奉献中华字文化高远的美学意境和深广的意义世界。

南朝刘勰(约465—521)《文心雕龙·序志》曰：“若乃论文叙笔，则囿别区分，原始以表末，释名以章义，选文以定篇，敷理以举统，上篇以上，纲领明矣。”①“原始以表末”四句，既是《文心雕龙》的理论纲领，又是刘勰文学理论批评的基本原则。刘勰的“文学”是广义的文学，与我们今天所说的狭义的“文化”(即小文化或称观念形态的文化)大体上是相通甚至是重合的。因此，刘勰《文心雕龙》“论文叙笔”的四项基本原则，完全适用于我们这套“中华字文化大系”对汉字的诠解与阐释。各分册对所选汉字(以下简称“本字”)的解读，大体上在“释名章义”“原始表末”“选文定篇”和“敷理举统”等层面深入展开。

第一，释名章义。名不正则言不顺，言不顺则事不成。“字”的定义(内涵与外延)尚未厘清，文化阐释从何谈起？本大系所精选的汉字，大多是上古时代以单个方块字为词的核心观念或术语，既有形、声、义三大基本要素，又有从殷商卜辞到六国文字到篆、隶、草、行的历史演变，其语义还有词根义、引申义、转借义、修辞义以及词性活用的不

① 本书所引《文心雕龙》，均据范文澜：《文心雕龙注》，人民文学出版社1958年版。下不另注。

同。凡此种种，各分册在诠解本字时，都是需要讲清楚的。

第二，原始表末。不述先哲之诰，无益后生之虑。本字的语义嬗变，既标识不同时代的文化观念，又贯通不同时代的文化命脉，故须从历史的层面对本字的语义嬗变作出阶段性清理和分时段呈现，尤其要注意在外来文化(如古代的佛学和近现代的西学)影响下，本字与异域文化的冲突与融合。

第三，选文定篇。单个的字，活在文本之中。这里所说的“文本”，既包括传世文书如文史哲经典等，也包括出土文物如简帛、铭器等，还包括民间的和日常生活的口传文化。各分册对本字的解读，须借助多类文本以及由文本所构成的复杂语境，依凭丰富多元、详实鲜活的语言材料，叙述并阐释本字所涵泳的智性审美、民族心理乃至民风民俗等多重旨趣。

第四，敷理举统。本大系所精选的汉字，大多具有全息特征，一字一意境，一字一世界，会意指事、形声并茂地呈现出中华文化高远的美学意境和深广的意义世界。故各分册对本字的诠释和解读，还需要从思想文化的深度，剖析本字所包蕴的哲学、伦理、宗教、政治、文学、艺术等多重语义内涵，概括并揭示本字对于中国文化乃至世界文明的独特价值和意义。

在囊括上述四项基本内容的前提之下，本大系的各个分册的入思路径、整体框架、章节设计乃至撰著风格等，既因“字”(本字)而异，又因“人”(著者)而异，但在总体上具有鲁迅《汉文学史纲要》所称颂的汉字三美：“意美以感心，一也；音美以感耳，二也；形美以感目，三也。”

## 一、文字乃经义之本，王政之始

许慎的《说文解字》，其《叙》称“文字者，经艺之本，王政之始”。陈梦家(1911—1966)《中国文字学》指出，汉代以前，“文字”的名称经历了三个时期：首称文字为“文”（如《左传》有“夫文止戈为武”、“故文反正为乏”和“于文皿虫为蛊”），次称文字为“名”（如《论语》“必也正名乎”皇疏引郑注“古者曰名，今世曰字”），末称“文”“名”为“文字”（如秦始皇《琅琊台刻石》“同书文字”）并沿用至今。①章太炎（1868—1936）《国故论衡》曰：“文学者，以有文字著于竹帛，故谓之文。论其法式，谓之文学。”②这里所说的“文学”是广义上的，与狭义的“文化”（即观念形态的文化或曰小文化）大体重合。从字面上看，章太炎似将文化与文字等同；究其奥义，则是从源头（竹帛）处找到汉语文化与汉语文字的内在关联。章太炎又称“凡文理、文字、文辞，皆称文”，可见“文字”还包括了“名”“言”“辞”等。在中华文化的产生、生成乃至生生不息之中，汉语的文字扮演着“名”正言顺、一“言”九鼎和“辞”动天下之重要角色。

章太炎《国故论衡》称“榷论文学，以文字为准”③，“以文字为准”是中国文化及文学研究的一大传统，这里的“准”既有标准、法式之义，亦有本根、源起之义。刘勰的“文章”颇类似于章太炎的“文学”，也是广义上的，与“文化”重合。刘勰著《文心雕龙》，专门辟有《练字》一篇，叙述“字”的历史，表彰“字”的伟绩，揭橥“字”的诸种功能。《练字》篇论“字”从仓颉造字说起：“仓颉造之，鬼哭粟飞；黄帝用之，官治民察。”仓颉造字是华夏文明史上伟大的文化事件，动天地泣鬼神，孳文明乳文化。汉字的历史也就是中华文化的历史，汉字的功绩也就是中华文化的功绩，故《文心雕龙·序志》讲“文”之功德时称“君臣所以炳焕，军国所以昭明”，亦即《练字》所言“官治民察”。刘勰之前，东汉许慎曰：“盖文字者，经艺之本，王政之始，前人所以垂后，后人所以识

---

① 陈梦家：《中国文字学》，中华书局 2006 年版，第 255 页。

② 章太炎：《国故论衡》，上海古籍出版社 2003 年版，第 49 页。

③ 章太炎：《国故论衡》，上海古籍出版社 2003 年版，第 49-50 页。

古。故曰‘本立而道生’，‘知天下之至啧(赜)而不可乱也’。”①许慎“故曰”所引两段文字，前者出自《论语》，后者出自《周易》。由此可见，从《论语》到《易传》，从《说文解字》到《文心雕龙》，中华元典对“字”之文化本根义的体认是一以贯之的。

《文心雕龙·练字》称“字”乃“言语之体貌”“文章之宅宇”，汉语的方块字是言语的生命体，是文章的宅基和家园。《尔雅》有“言者，我也”，“我”以何“言”？字。故《练字》篇说“心既托声于言，言亦寄形于字”。无言，心何以托？无字，言何以寄？《文心雕龙·章句》赞“字”，称其“振本而末从，知一而万毕”，亦即许慎所言“经艺之本，王政之始”。字乃统末之本，驭万之一。《章句》篇胪列“立言”的四大要素(字、句、章、篇)，“字”居其首，“字”立其本：“夫人之立言，因字而生句，积句而成章，积章而成篇。”无论是单篇的文章还是观念形态的文化，其创制孳乳，其品赏识鉴，都是从一个一个的方块“字”开始。②在源起与流变、创制与识鉴、传播与接受等多重意义上，“字”皆为文化之“始”或“本”，故在此意义上可以说“字生文化”。

许慎《说文解字》对“字”这个汉字的解释是“乳也。从子在宀下，子亦声”。段玉裁(1735—1815)注曰：“人及鸟生子曰乳，兽曰产。引申之为抚字，亦引申之为文字。《叙》云：‘字者，言孳乳而浸多也。’”③字者，孳乳也。“孳”是生孩子，“乳”是哺孩子。由“字”我们想到“孕”，两个汉字都是会意：“孕”还只是十月怀胎，“字”则不仅是一朝分娩，更是含辛茹苦地将孩子抚养成人；“孕”还只是怀一个孩子(胎)，“字”则是生产并哺育一个又一个的孩子，引而申之，则表明一个字可

① (汉)许慎撰，(清)段玉裁注：《说文解字注》，上海古籍出版社 1981 年版，第 763 页。

② 民间将文人著书立说称之为“码字”，将接受者的文化解读称之为“识文断字”，亦可见对文化活动中“字”元素的高度重视。

③ (汉)许慎撰，(清)段玉裁注：《说文解字注》，上海古籍出版社 1981 年版，第 743 页。

衍生出许多个词和短语。段玉裁为《说文解字·叙》“字者，言孳乳而浸多”作注时，还把“字”拿来与“名”和“文”相比较，先讲“名者自其有音言之，文者自其有形言之，字者自其滋生言之”，后说“独体曰文，合体曰字”，强调的都是“字”的“孳乳”“浸多”“滋生”“合体(再造)”之功能。

当然，许慎和段玉裁说“字”，还只是在小学(文字学)的场域内讨论“字”的孳乳性或繁衍力。如果我们将“字，孳乳也”放在广阔的文化领域，来追问并验明“文字”与“文化”的血缘关系，则不难发现中华文化的字生性特征。《文心雕龙》开篇“原道”，追溯“文”即文化之本原与起源，《原道》篇在为“文”释名章义即解决了“文”的本原问题之后，继之回答“文”的起源问题：“自鸟迹代绳，文字始炳，炎皞遗事，纪在三坟”，从“唐、虞文章”到“益、稷陈谟”，从夏后氏“九序惟歌”到周文王“繇辞炳曜”，从周公旦“制诗辑颂”到孔夫子“熔钧六经”，刘勰为我们描述的这一部上古文化史，分明滥觞于“文字始炳”，分明嬗变为文字的“符采复隐，精义坚深”，又分明完成于先秦圣哲的“组织辞令”“斧藻群言”。

《原道》篇的上古文化史在论及商周文化时，称“逮及商周，文胜其质，雅颂所被，英华日新”，这是伟大的《诗经》时代，这是辉煌的风雅颂时代。商周始祖的“英华”记录在《雅》《颂》文字之中。商的始祖是契，契建国于商；周的始祖是后稷，后稷的母亲是姜嫄。再往上追问：契乃谁生？姜嫄如何生后稷？幸好，我们有《诗经》的文字：《商颂·玄鸟》说“天命玄鸟，降而生商”，《大雅·生民》说“(姜嫄)履帝武敏歆，攸介攸止。载震载夙，载生载育，时维后稷”。玄鸟生商(契)，姜嫄履帝之足迹而生后稷，这是《诗经》的文字所记录的商周历史。就历史的真实而言，玄鸟不可能生商(契)，姜嫄亦不可能履帝迹而生后稷；就文化(神话与传说)的真实而论，玄鸟生商、姜嫄履帝迹生后稷则不仅是“真”的，更是“美”和“善”的。而关于商周始祖的真善美的历史，与其说是《诗经》的文字记录，还不如说是《诗经》的文字所创造。关于“字生文化”的例证，除了“玄鸟生商”和“履帝武敏歆”，还可以举出后羿射日、女娲补天、皇英嫔虞、伏羲画卦、仓颉造字……中华文化史上这些动天地泣鬼神的壮美故事，这些孳文明乳文化的伟大事件，无一不是我们的方块字所创造出来的，字生文化是也。

“文化”和“文字”的“文”，被许慎解释为“错画也，象交文，凡文之属皆从文”①。东汉的许慎虽读过《庄子》却未见过殷商卜辞，故不知道这个“文”就是《庄子·逍遥游》的“越人断发文身”之“文”。甲骨文中的“文”，从武丁时期到帝辛时期，均有“文身”之义：“象正立之人形，胸部有刻画之纹饰，故以文身之纹为文。”②纹身所具有的符号性、象征性、修饰性、结构性和文本化，使得“文”这个独体象形的汉字成为人类最早的文化产品之一，亦成为汉语言“字生文化”的最早例证之一。如果说，人在自己身体上的交文错画是人类最早的文化行为，那么“以文身之纹为文”则是人类最早的文化识鉴和文化交往，是人对“字生文化”的感性鉴赏和理性批评。交文错画着形形色色之“文”的龟甲兽骨，虽然被掩埋在殷商帝辛的废墟之中，但“字生文化”作为华夏文明的重要特征却生生不息，历经数千载而不朽。我们今天从文明、文化、文字、文辞、文献、文学、文章、文艺、文采、文雅等众多中国文化的诸多关键词之中，从诗、词、歌、赋、曲、文、说、剧、碑、诔、铭、檄、章、奏、书、记等各体文学及文化产品之中，不难窥见掩埋在殷墟小屯的“字生文化”之元素及景观。

## 二、心生而言立，言立而文明

“文字”与“文化”都有一个“文”，“文”既是独体象形的上古汉字的典型代表，也是字生文化的典型例证。《文心雕龙》以“文”肇端（《原

① （汉）许慎撰，（清）段玉裁注：《说文解字注》，上海古籍出版社 1981 年版，第 425 页。

② 徐中舒主编：《甲骨文字典》，四川辞书出版社 2006 年版，第 996 页。

道》篇首句“文之为德也大矣”），以“文”终章(《序志》篇末句“文果载心，余心有寄”），可谓始于“文”而终于“文”。《原道》篇追原“文”之“元”(原本与源起)，在很诗意也很哲理地阐释了“天之文”和“地之文”之后，水到渠成地引出“人之文”的定义：“心生而言立，言立而文明，自然之道也。”“人”(天地之心)诞生了，“字”(语言文字)才会被发明被创立；语言文字创立之后，“文”才会彰显、章明、刚健、灿烂。作为天地之心的“人”，以自己所独创的“字”(“名”“言”“辞”等)，去彰明“自然之道”，这一彰显的过程、结果及其规律就是“文”(文章、文学和文化)。如果说，《原道》篇“鸟迹代绳，文字始炳”，《章句》篇“人之立言，因字生句”“振本末从，知一万毕”讲的都是文字对于文化之产生即历史起源的决定性价值，那么这里的“心生言立，言立文明”讲的则是文字对文化之生成即逻辑本原的规定性意义。

鲁迅《汉文学史纲要》亦借刘勰“心生言立，言立文明”论汉语“文章”即狭义文化的本原、起源及流传，其首篇《自文字至文章》讲文字乃文章之始：“专凭言语，大惧遗忘，故古者尝结绳而治，而后之人易之以书契”，“文字既作，固无愆误之虞矣”①，连属文字而成文章，即刘熙《释名》所云“会集众字以成辞义”，字生文化是也。汉娜·阿伦特《人的境况》讲人生在世须做三件事：活着，工作着，说(书写)着。② 人的工作，制作出各种文化产品，创造出灿烂的文明。而只有当人类用文字“立言”之时，才真正创造出“人之文”。或者说，人类只有凭藉“立言”这种文化行为，才能创造出“言立”的文化。《左传》讲三不朽——立德、立功、立言。就“德”和“功”的历史传承而言，前人如何垂后？后人如何识古？立言。何以立言？言寄形于字，因字而生句。故刘勰的“心生言立，言立文明”是对中华文化“字”生性特征的高度概括。

汉语“文学”一词有文献可征者，始见于《论语·先进篇》：“文学：

---

① 鲁迅著：《鲁迅全集》第九卷，人民文学出版社 1982 年版，第 343-345 页。

② ［美］汉娜·阿伦特著，王寅丽译：《人的境况》，上海人民出版社 2009 年版，第 14-17 页。

子游，子夏。”孔子(前551—前479)的这两位高足，既不创制诗歌更不杜撰小说，何来“文学”之名？杨伯峻(1909—1992)《论语译注》将此处的“文学”释为“古代文献，即孔子所传的《诗》《书》《易》等”①。这里的“文学”实际上是我们今天所说的“文献学”，是观念形态之“文化”的重要组成部分。中国古代，小学(文字学)是经学的根基(故十三经有《尔雅》)，经学家首先是小学家(字乃经艺之本)。《世说新语》据《论语》孔门四科而列“文学”门，叙述的是马融(79—166)、郑玄(127—200)、何晏(？—249)、王弼(226—249)、向秀(约227—272)、郭象(252—312)这些学者注经的故事。精通小学和经学的文化大师们，统统被划归于孔儒的“文学”之门。

夜梦仲尼、以孔子为精神导师的刘勰本来是要去传注儒家经典的，但他觉得自己在经学领域很难超过马融、郑玄，就转而去撰写《文心雕龙》，其《序志》篇坦陈：“敷赞圣旨，莫若注经；而马郑诸儒，弘之已精，就有深解，未足立家。唯文章之用，实经典枝条，五礼资之以成，六典因之致用，君臣所以炳焕，军国所以昭明，详其本源，莫非经典。”可见以“敷赞圣旨”即弘扬孔儒文化为人生理想的青年刘勰，实际上是从经学(包括小学)切入“文”的研究，或者说是从经学(包括小学)与文章之关系入手建构其“文”本体。以五经为标准来考察他那个时代的“文”，刘勰很容易发现“(时文)去圣久远，文体解散，辞人爱奇，言贵浮诡，饰羽尚画，文绣鞶帨，离本弥甚，将遂讹滥”。坚守儒家文化的经学立场和小学本位，青年刘勰敏锐地看出他那个时代的“文”(时文)在“言”与“辞”(即语言文字)方面出了大问题，而问题之要害则是严重背离了儒家五经“辞尚体要”的传统：“盖周书论辞，贵乎体要；尼父陈训，恶乎异端：辞训之异，宜体于要。于是搦笔和墨，乃始论文。”批判时文的“言贵浮诡”，回归元典的“辞尚体要”，竟然成了刘勰撰写《文心雕龙》的文化心理动因。

---

① 杨伯峻译注：《论语译注》，中华书局1980年版，第110页。

如果说《序志》篇是在“文心(为文用心)”的深层次讲“辞尚体要”，那么《征圣》篇和《宗经》篇则是在“雕龙(创作技法)”的精微领域讨论如何以圣人和经典为师来“辞尚体要”。二者虽有巨细之别，但其经学立场和小学本位(即“字本位”)则是一致的。《征圣》篇连续三次讲到“辞尚体要”，要求文学家学习春秋经的“一字以褒贬”和礼经的“举轻以包重”，其文字方可“简言以达旨”；学习易经的“精义以曲隐”和左传的“微辞以婉晦”，其文字方可“隐义以藏用”；学习诗经的“联章以积句”和礼经的“缛说以繁辞”，其文字方可“博文以该情”。《宗经》篇则针对“励德树声，莫不师圣，而建言修辞，鲜克宗经”之时弊，大讲特讲儒家五经在“言”“辞”即文字上的优长：易经的“旨远辞文，言中事隐”，诗经的“藻辞谲喻，温柔在诵”，书经的“通乎尔雅，文意晓然”，礼经的“采掇片言，莫非宝也”，春秋经的“一字见义，五石六鹢，以详略成文”。“五经之含文也”，宗经征圣落到实处，是要学习五经的文字功夫即雕龙技法，这也是刘勰撰著《文心雕龙》的用心之所在，苦心之所在。

青年刘勰“征圣立言”的经学立场不仅铸就其文学本体观的“字本位”，同时也酿成其文学史观的“字本位”，即从“字”的特定层面来考察文学的历史嬗变。《章句》篇讲诗歌的演变，称“笔句无常，而字有条(常)数”，诗歌句子的变化似无常规，而(每一句)字数的多少则是有规律可循的：“四字密而不促，六字格而非缓，或变之以三五，盖应机之权节也。”在刘勰的眼中，中国古代诗歌的发展演变史，落到实处，就是“字”数之多少的应变史：“二言肇于黄世，竹弹之谣是也；三言兴于虞时，元首之诗是也；四言广于夏年，洛汭之歌是也；五言见于周代，行露之章是也。六言七言，杂出诗骚；两体之篇，成于西汉。情数运周，随时代用矣。”《明诗》篇对诗歌史的描述，也是以“字有常数”为演变规律的：“四言正体，则雅润为本；五言流调，则清丽居宗。……至于三六杂言，则出自篇什；离合之发，则明于图谶；回文所兴，则道原为始；联句共韵，则柏梁馀制：巨细或殊，情理同致，总归诗囿，故不繁云。”总之，一时代有一时代之诗歌，彼一时代与此一时代的诗歌之异，或短或长，或密或疏，或促或缓，或多或寡，完全取决于字数的或增或减。王国维《人间词话》说“著一字而境界全出”，对于诗歌创作而言，增(或减)一字则格调迥别、境界迥异，“字”之多寡，岂能以轻心掉之?

## 三、鼓天下之动者存乎辞

《周易·系辞上》讲到《周易》的四大功用，首条便是“以言者尚其辞”①。《周易》的文化符号包括了两大系统：卦爻象系统与卦爻辞系统，借用王弼《周易略例》的话说，前者是“象者，出意者也”，“尽意莫若象”；后者是“言者，明象者也”，“尽象莫若言”②。但是，“象”之出意尽意，完全有赖于“言”之明象尽象，若无卦爻辞的文字阐释，《周易》那么多的卦爻象究为何意是谁也弄不清楚的。因此，《系辞下》要说“是故《易》者，象也；象也者，像也”，《周易》就是象征，象征就是通过模拟外物以喻晓内意，而拟物喻意离开了“辞”是根本无法进行也无法完成的。作为修辞手法，象征有两个端点：一头是物一头是意，物何以达意指意或明意？必须有“辞”，故《周易》的经与传要用“辞”来拟物(人物、事物、景物等)出意(意义、价值、情志等)。《周易》作为中国的文化经典，其生生不息的奥秘在于斯，其动天地泣鬼神的感染力亦在于斯，故刘勰要借用《周易》的话来浩叹：“鼓天下之动者存乎辞!”

在因“五经皆文”而征圣宗经的刘勰心目中，《周易》无疑是最好的“文”(即文化经典)之一，故《文心雕龙·原道》讲述上古文明史以《周易》的原创与阐释为主线，所谓“庖牺画其始，仲尼翼其终”。《周易》的

---

① 本书所引《周易·系辞传》，均据(清)阮元：《十三经注疏》，中华书局1980年版，第75-92页，下不另注。

② (魏)王弼注，楼宇烈校释：《王弼集校释》下册，中华书局1980年版，第609页。

创卦者，观物而画卦，“系辞焉以尽其言，变而通之以尽利，鼓之舞之以尽神”；《周易》的观卦者，尚辞而解卦，“观其象而玩其辞”，观察卦爻的象征意味而探究玩味其文辞，或者反过来说，通过品味卦爻辞而领悟其象征及修辞。“辞”对于《周易》的意义是无论怎么强调也不为过分的：无“辞”何以识训诂？无“辞”何以明象征？无“辞”何以成易道？无“辞”何以定乾坤？

《周易》是象思维和象言说，而《周易》的象思维和象言说，是靠“辞”(小学之训诂加上文学之修辞)来完成的。受《周易》的影响，中国古代文化历来有“尚辞”之传统，笼统而言是讲究语言文字的艺术，具体而论是注重象征、隐喻、比兴、夸饰等修辞手法。《文心雕龙》创作论二十多篇，有超过一半的篇幅是专门谈“字”说“辞”的：属于谈“字”(即讨论语言文字)的篇目有《声律》《章句》《俪辞》《练字》等，属于说“辞”(即讨论文章修辞)的有《比兴》《夸饰》《事类》《隐秀》等，属于通论二者的有《通变》与《定势》，《指瑕》与《附会》，《熔裁》与《总术》。广而论之，中国古代文论的批评文本，数量最巨的是历朝历代的诗话、诗式、诗格、诗法等。明清以降，继海量的“规范诗学”或“修辞诗学”，又出现热衷于作法和读法的小说戏曲评点。金圣叹《第五才子书》讲《水浒传》的创作是“因文生事”，“只是顺着笔性去，削高补低都由我”①，故“因文生事”是在叙事层面对“字生文化”的经典表述。

汉语的方块字孳生了文化，也哺乳了文化，字是文化之母。就“文字”创制与“文化”创造之关系而言，汉字的六书作为“字”的构造规律，深情地也深度地哺乳了中华文化，并成为观念形态之文化的创造规律。刘歆、班固将“象形”置于六书之首，并将六书前四项表述为“象形”“象事”“象意”“象声”②，无意中触到字乳文化之要害。鲁迅《汉文学史纲

---

① 陈曦钟、侯忠义、鲁玉川辑校：《水浒传会评本》上册，北京大学出版社1981年版，第16页。

② (汉)班固撰，(唐)颜师古注：《汉书》第6册，中华书局1982年版，第1720页。

要》亦论及“六书”尤其是“象形”与文化的关系：“文字初作，首必象形，触目会心，不待授受，渐而演进，则会意指事之类兴焉。”①

我们以文字与文学的关系而论。汉字六书对汉语文学的孳乳，若概而言之，则是鲁迅所言“意美以感心，一也；音美以感耳，二也；形美以感目，三也”②。若分而言之，其“象形”之“画成其物，随物诘诎”既是汉字区别于拉丁文的标志性特征，也是文学的标志性特征，方块字的象形孳乳了文学的形象性和意境化，此其一。如果说“指事”的“视而可识，察而见意”，养育了文学之“赋”的直书其事，体物写志；那么，“比类合谊，以见指撝”之“会意”，与“本无其字，依声托事”之“假借”，则分别孳乳了文学的“比显”与“兴隐”，此其二。此外，“转注”的“同意相受”启迪了文学的互文性，而“形声”的“取譬相成”成就了文学的谐音之趣与声韵之美，此其三。至于具体的创作过程之中，文学家如何推敲，如何练字，如何捶字坚而难移，如何语不惊人死不休，亦可见出“字”对于文学的特殊意义。

被称为现代语言学之父和结构主义之鼻祖的费尔迪南·德·索绪尔（1857—1913），视“文字”为“语言”的表现或工具；与此同时，索绪尔又不得不承认：“书写的词跟它所表现的口说的词紧密地混在一起，篡夺了主要的作用；人们终于把声音符号的代表看得和这符号本身一样重要或比它更加重要。”③把书写的词即文字看得比口说的词即言语更加重要，这在表音体系（如拉丁语）中或许不太正常，但在表意体系（如汉语）中却是非常正常也是非常真实的。

或许是看到了表意体系的这种独特性，宣称“我们的研究将只限于

---

① 《鲁迅全集》第九卷，人民文学出版社 1982 年版，第 344 页。

② 《鲁迅全集》第九卷，人民文学出版社 1982 年版，第 344 页。

③ ［瑞士］费尔迪南·德·索绪尔著，高名凯译：《普通语言学教程》，商务印书馆 1980 年版，第 48 页。

表音体系”①的索绪尔，却在《普通语言学教程》中用了整整一节的篇幅，专门讨论表意体系中“文字的威望”及其形成原因：“首先，词的书写形象使人突出地感到它是永恒的和稳固的，比语音更适宜于经久地构成语言的统一性”；其次，“在大多数人的脑子里，视觉印象比音响印象更为明晰和持久”；再次，“文学语言更增强了文字不应该有的重要性。它有自己的辞典，自己的语法”，并最终形成自己的“正字法”，“因此，文字成了头等重要的”；“最后，当语言和正字法发生龃龉的时候，除语言学家以外，任何人都很难解决争端。但是因为语言学家对这一点没有发言权，结果差不多总是书写形式占了上风，因为由它提出的任何办法都比较容易解决。”②我们看索绪尔从逻各斯中心主义立场出发的对“文字威望”的批评，在某种意义上恰好是对汉字这种典型的表意体系的表扬。书写形象的永恒和稳固，视觉形象的明晰和持久，文字威望对语言统一性的塑造和维护，尤其是文学语言如何以“头等重要”的身份来解决文字与语言的矛盾等，表意体系的这些特征及优长，构成了“字生文化”的文字学根基。

解构主义大师、后现代理论家雅克·德里达(1930—2004)，其《论文字学》解构索绪尔语言学的二分结构，认为“文字并非言语的‘图画’或‘记号’，它既外在于言语又内在于言语，而这种言语本质上已经成了文字”③，故“文字学涵盖广阔的领域”，甚至可以用文字学替代语言学，从而“给文字理论提供机会以对付逻各斯中心主义的压抑和对语言学的依附关系”④。逻各斯中心主义又称语音中心主义，声音使意义出

---

① ［瑞士］费尔迪南·德·索绪尔著，高名凯译：《普通语言学教程》，商务印书馆1980年版，第51页。

② ［瑞士］费尔迪南·德·索绪尔著，高名凯译：《普通语言学教程》，商务印书馆1980年版，第50页。

③ ［法］雅克·德里达著，汪堂家译：《论文字学》，上海译文出版社1999年版，第63页。

④ ［法］雅克·德里达著，汪堂家译：《论文字学》，上海译文出版社1999年版，第50页。

场，不同于汉字的书写使意义出场。德里达《论文字学》在批评索绪尔对文字与言语作内外之分时指出："外在/内在，印象/现实，再现/在场，这都是人们在勾画一门科学的范围时依靠的陈旧框架。"①我们今天研究中华字文化，应该打破陈旧的框架，以一种跨学科的宏阔视野来说"文"解"字"。

文字乃经艺之本，就人类轴心期文明的典型代表华夏文明而言，以"经艺"为代表的汉语元典，用一个一个的方块字(中华文化关键词或中华文化核心词)，建构起轴心期华夏文明的意义世界。中华文化是字孳字乳的文化，华夏文明是字孳字乳的文明。观念意义上的中华文化，其源起是"鸟迹代绳，文字始炳"，其元典是或"一字以褒贬"或"联章以积句"的经艺，其楷模是情见文字、采溢格言、辞尚体要、辞动天下的圣贤文章，其种类是肇于经艺、著于竹帛的所有文体。字生文化，上古汉语的方块字从起源与本原处孳乳了中华文化，孳乳了华夏文明。追问并验明文字与文化的血缘关系，揭示中华文化的"字"生性特征，可为"文化"的释名章义，为文化研究的选文定篇，为文化理论的敷理举统，乃至为文化史的原始表末，提供新的路径并开辟新的场域。

① ［法］雅克·德里达著，汪堂家译：《论文字学》，上海译文出版社 1999 年版，第 45 页。

# 前言　作为基元符号的“象”

在中国文化语境中，“象”的运用范围何其广泛，语义流变何其丰富，倘若要对它作出一个确定性的定义又何其难矣。日本学者加藤常贤曾说：“文字中的考古学发掘”，可以“解释出比经典更原始的或经典未表现出来的意义”。① 人类的源初经验往往就沉淀在一些关键词的肇始及流变中。通过对“象”的语义溯源和文化考察，既可聆听到人类最初的声音，也能了解其强大生命力的根源所在。

在中国文化中，人虽然来自于自然，却超越了自然。人和自然物都有自己的物性规定，这是先天禀赋的特性。但人之所以为人的本质特性就在于“超越了本能生命，成为生命活动的主人，这时的和这样的人才能够真正称做‘人’”②。也就是说，人把自己的生命活动变成了自己认识和反思的对象，创造了属于自己的独特的“自为本性”，即人自己创造的人之所以为人的特性。为了标识自己的自为本性，人类需要属于自己的符号。

“符号”在汉语中是一个合成词，“符”与“号”各有其义。《说文解字》释“符”曰：“信也，汉制以竹，长六寸，分而相合。从竹付声。”段玉裁注曰：“周礼门关用符节。注曰：符节者，如今宫中诸官诏符也。”可见“符”的本义就是信用之物，是意义的公共认同体。《说文解字》释

---

① ［日］加藤常贤：《中国古代の宗教と思想》之《序说》，哈佛燕京同志社1954年版，第2页。

② 高青海：《新世纪：“人性革命”时代》，黑龙江教育出版社2004年版，第7页。

“号”曰：“嘑也。从号从虎。”可见“号”本义为呼号，即通过呼叫来广布其义。“符号”二字合用，取“符”的信用之意和“号”的扩散之意。用作信物的符节，最初是可分可合的两块竹片，后来还有古代军队中使用的虎符也是由此延伸出来的。这样带有机密性的符号只有极少数人知晓，其广布性很小。但在生活中用来表达意义的符号形式还有很多，更多的是为了广布其义，比如公路上的交通指示牌，街道旁的广告霓虹灯，商城里的各类商标，等等。实际上，我们就生活在一个符号世界里，通过这些符号来辨别事物、认识世界和建构意义。

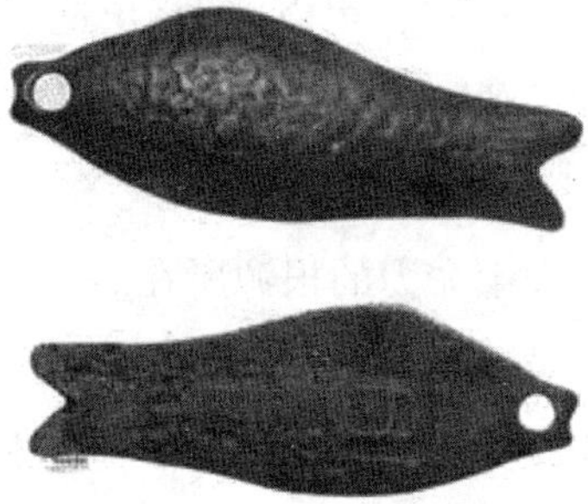

古代的信物凭证

符号必须能够让人感知，才能完成意义的传递与交流。符号的感知形式可以是物质性的，比如雄伟的万里长城、九曲蜿蜒的黄河等，它们总是被视为我们国家的象征符号；也有非物质性的，如绘画中的留白、音乐中的休止等，时常给欣赏者带来隽永的回味，甚至零和空无也可以是极具意义的符号。钱锺书曾指出：“宗教家言常以空无一物的虚堂、净无点墨之白纸，象示所谓至大极本之真质……宋周敦颐之《太极图》、明释法藏《五宗原》均以空白圆圈○始，示大道之原，可连类互证焉。”①也有纯抽象的意义符号，如爱国、忠诚、坚毅等，它们的形式是多样的，既可以是物质形式的，也可以是非物质形式的。所以，赵毅衡给符号下

① 钱锺书：《管锥编》第1册，中华书局1999年版，第31页。

的定义就是“符号是携带意义的感知”①。从人的感官上来看，或诉诸视觉，或诉诸听觉，或诉诸触觉，或是多种感官融合，有的完全诉诸想象。这些符号可以是曹雪芹的《红楼梦》，冼星海的《黄河大合唱》，黄公望的《富春山居图》，也可以是画家眼中的耸立在山崖上的一棵苍松，作家笔下的遗落在墙角边的一块丑石，等等。

王阳明曾说：“你未看此花时，此花与汝心同归于寂。你来看此花时，则此花颜色一时明白起来，便知此花不在你的心外。”②从意义生成的角度来说，花是否在人的心里成为关键。天地万物各有其象，但对人而言，并不都是符号，能否与人共鸣则是“象”转化为符号的关键。如果你与此花没有发生意向性关系，花对你而言就没有意义，那么不论你看不看此花，它都是寂寞的。如果人能感知到此花，它会哭，“感时花溅泪，恨别鸟惊心”是也；亦可笑，“待到山花烂漫时，它在丛中笑”是也。倘若无人感知到此花，哪怕它形式奇特，颜色娇艳，香气袭人，也只能是自开自谢，零落成泥罢了。所以尼采说：“世界不能从它以外寻找基础，而且，世界就是世界本身，它无须有什么深藏的基础或本质。它本来只有自在性，在人与世界的关系中，才有了世界的客观性。”③世界万物原本是自在的，因为人的诞生它们才进入到意义世界。所以，一朵花既可以是自在之物，也可以是意义符号。当此花是自在之物时，它是物象；当此花成为意义载体后，它是符号。《易传》说“立象以尽意”，此“象”就是一个表意之象，一个意义符号，所以“立象的哲学本质是把单纯印象的世界表现为一个人类精神的纯粹表达世界——符号世界”。④

符号的诞生不仅是为了标识人的自为本性，也是为了更好地交流和发展。人不仅要生存于世，还要认识自我，创造属于自己的意义世界。

---

① 赵毅衡：《符号学原理与推演》，南京大学出版社 2011 年版，第 1 页。

② 王守仁：《王阳明全集》，中央编译出版社 2014 年版，第 101-102 页。

③ 康健：《生命之约——重读尼采》，四川人民出版社 1996 年版，第 91 页。

④ 徐瑞：《〈周易〉符号学概论》，上海科学技术文献出版社 2013 年版，第 69 页。

符号既是人认知世界的产物，也是彼此交流的工具，这就决定了符号是功能性的虚拟物。符号本身并没有意义，但因为它使交流过程得以实现，交流双方的意义融合而使得符号好像具有了意义，所以“‘符号’这一概念是日常语言的一种虚拟物，其位置应该由符号功能概念取而代之”。① 符号所发挥的功能会根据场合的不同而变化，法国符号学家皮埃尔·吉罗将符号的功能概括为指代功能、情感功能、指令功能或表意功能、诗歌功能或美学功能、交流功能、元语言功能六种。② 在这些功能中，最基本的功能就是指代与交流两种，而最神妙的是诗歌或美学功能。一个符号有时只能完成一个功能，有时可以完成多个功能。比如你在书市买到了一本唐诗的善本，对你和商家来说，它是一件商品，完成的是指代功能，代表着经济价值；当你把它送给一个从事唐诗研究的朋友，它是一件友谊纪念品，完成的是情感交流功能；你的朋友通过对此善本的研究，发现了学界此前从未知道的资料，推动了唐诗研究，它完成的是诗歌功能或美学功能；而你的朋友通过此善本来想念你时，它完成的又是情感功能。一个符号因为完成了多项功能而使得意义增值，从而构建出人的意义世界。

符号的诞生赋予人类巨大的力量，成为人拓展意义世界的利器。无论是现实生活领域，还是精神生活领域，人都是从自己的立场、情感出发去感触万物，认识世界，不断地将物理世界的自在之物纳入到意义世界里，使之成为意义符号。同时，人又不断地以这些符号去表征世界，规范万物，久而久之，这些符号就取代了原来的真实世界，虚拟的符号也获得了自身的独立价值。在长期的生活实践中，它们的形式日益隆重，作用日益巨大，地位也日益崇高。对此，卡西尔的分析甚为精辟：

① ［意］乌蒙勃托·艾柯著，卢德平译：《符号学理论》，中国人民大学出版社 1990 年版，第 182 页。

② ［法］皮埃尔·吉罗著，怀宇译：《符号学概论》，四川人民出版社 1988 年版，第 1 页。

> 人的符号活动能力(Symbolic activity)进展多少，物理实在似乎也就相应地退却多少。在某种意义上说，人是在不断地与自身打交道而不是在应付事物本身。他是如此地使自己被包围在语言的形式、艺术的想像、神话的符号，以及宗教的仪式之中，以致除非凭借这些人为媒介物的中介，他就不可能看见或认识任何东西。人在理论领域中的这种状况同样也表现在实践领域中。即使在实践领域，人也并不生活在一个铁板事实的世界之中，并不是根据他的直接需要和意愿而生活，而是生活在想像的激情之中，生活在希望与恐惧、幻觉与醒悟、空想与梦境之中。①

可见，符号的诞生改变了人与世界的直接关系，变成了“人—符号—世界”的关系。因此，符号的诞生意味着人从此生活在一个符号世界里，而不再生活在一个单纯的物理世界里，卡西尔由此得出了“人是符号的动物”的著名论断。关系的改变也让我们重新认识意义世界与物理世界的关系，“人类精神并不反映世界，它只是通过整个神经—脑系统翻译这个世界。……我们的思想不是现实的反映，而是现实的翻译。这个翻译采取了神话、宗教、意识形态、理论等形式”。② 那么，各种人文符号实际上就是人认识世界、表达自我的符号。

人存于世，从生到死，不论是追求修齐治平的理想天地，还是反观自己的内心世界，倘若没有符号给人的世界赋予意义，我们将无以确定自身的存在。哪怕是确定方位，也是因为我们先有了东西南北的抽象符号，才可以用指南针确定具体的方向，否则完全可能出现东西置换、南北颠倒的情况。与其说是指南针确定了东西南北，不如说是东西南北确定了指南针。可以毫不夸张地说：“没有符号，人就不能思维，就只能

① ［德］恩斯特·卡西尔著，甘阳译：《人论》，上海译文出版社2003年版，第41页。

② ［法］埃德加·莫兰著，陈一壮译：《复杂思想：自觉的科学》，北京大学出版社2001年版，第110页。

是一个动物，因此符号是人的本质。”①

“象”，不仅是中国文化史上出现最早且一直与我们相伴的基元符号，也是独具民族特色的思维形式，更是中国文化无法离开的灵魂范畴。我们可以从“命大”“幅大”和“力大”三个方面来说明②。先说命大。“象”就像一棵历时千年的参天大树，青春依旧，新枝频发。从远古的动物之象、占卜之象到以卦爻、礼仪为主的文化之象，再到艺术领域里的意象、象外之象，等等，“象”经历了两次生命的涅槃，我们确信它将一直与人类共存。次说幅大。“象”的指称对象广大悉备，日月星辰，山川风物，动物之纹与植物之姿，还有人的肖像与气象，无所不包，连万物之源的“道”也称为“大象”，如《老子》三十五章：“执大象，天下往。”河上公注曰：“象，道也。”③成玄英疏曰：“大象，犹大道之法象也。”林希逸注曰：“大象者，无象之象也。”④可见，从形下之器物到形上之太极，在我们生活的各个领域，无处不有象。仅就文学活动来说，作为观察对象的有物象和事象，构思活动中有想象、表象、心象、情象，创作活动时有形象和意象，鉴赏活动中气象、兴象、境象、象外之象，等等。再说力大。“象”的词性丰富，动名一体。作为名词，可以有形象、物象、意象、表象、气象、藏象等，作为动词有想象、拟象、象征等。还有，它既是言说符号，如卦爻画符、自然物象、人文事象等，又是言说方式，如象喻、象征等，还是中国特有的思维形式，如观物取象、立象以尽意等。象思维不同于西方文化所谓的原始思维、逻辑思维和形象思维，但却兼有原始思维、逻辑思维和形象思维的部分性质，融实用与艺术于一体。象思维的普适性质和情感逻辑原则为中国文

---

① ［美］苏珊·朗格：《哲学新解》，北京广播学院出版社 2002 年版，第 28 页。

② 李建中：《中国文论大观念的语义根源——基于 20 世纪“人”系列关键词的考察》，《文艺研究》2015 年第 6 期。

③ 王卡点校：《老子道德经河上公章句》，中华书局 1993 年版，第 139 页。

④ 陈鼓应：《老子注译及评介》，中华书局 2003 年版，第 203 页。

化的发展提供了基石，象的类型不断嬗变，在艺术领域也是全面绽放。尤其是在魏晋玄学和文学创作繁荣的合力作用下，经过漫漫旅程和重重蜕变，象思维实现了诗学转换，诞生了审美意象。“兴必取象”成为文艺的创作基础，而“兴在象外”成为最高追求，其他艺术也是在意象的生发流转中，引领人感悟言外之意，进入与天地为一的人生境界。

通过对“象”进行追根溯源、敷理举统的语义阐释，可以揭示“象”对于中国文化的重要意义。可以说，“象”就是中国文化的基元符号。

# 目　　录

# 第一章　象的哲学探源

“象”在中国文化中可谓无所不能，“命大”“幅大”“力大”，从形下之器物到形上之太极均可谓之象。物象纷纭，事象万千！天地何以运行？人生以何为据？这样玄之又玄却又实实在在的问题总是萦绕在我们的脑海，也是所有文明都必须回答的问题。这不仅涉及天地万象的本源问题，也是文化走向的依据所在。因此，从“象”字出发，既可找到纷纭物象与万千事象的联系，也可触及中国文化之根源。

## 一、“象”义探源

“象”字在甲骨文中写作，金文写为，大篆写为，隶化后楷书为，原本是对大型动物“象”之形如鼻和耳的拟象，是一个象形字，故《说文解字》曰：“象，南越大兽，长鼻牙，三季一乳。象耳牙四足尾之形，凡象之属皆从象。”作为动物“大象”之义，“象”存在于很多古籍之中，如《山海经·南山经》曰：“东五百里曰祷过之山。其上多金玉，其下多犀、兕，多象。”又有《诗经·鲁颂·泮水》“憬彼淮夷，来献其琛，元龟象齿，大赂南金”，《左传·襄公二十四年》“象有齿以焚其身，贿也”，其“象齿”即为象牙。而作为拟象之“象”，即为“像”，段玉裁注曰：“象当作像。耳牙疑当作鼻耳，尾字各本无，今补。”

又《周易·系辞上》曰：“在天成象，在地成形，变化见矣。”晋韩康

“象”字是对大象的拟像

伯注曰：“象况日月星辰，形况山川草木也。”①从中可以看出，“象”主要是指难以把握的天之象，而“形”侧重于可以直接感知的地之形。苍天在上，日月叠璧，大地在下，山川焕绮，我们就生活在一个日月丽天、山川理地的自然世界里。这是由于早期时人的认知能力有限，将可以直接感知的对象称为“形”，如巍峨的山川、芬芳的花朵、清澈的溪流等，将不能直接感知的对象称为“象”，如飘动的浮云，炫丽的星辰，摄人心魄的闪电等。结合《说文解字》释义，这里有一个重要的信息，就是将“象”与“形”同时使用，并进行了区别。“形”是指大象的耳、牙、四足等实体之物，“象”是在大象之“形”等实物基础上的抽象和想象。“形”是可见可听可触的物体本身，可以用颜色、造型、温度、软硬、轻重等特性加以衡量，而“象”则是客观事物在人的感官中所呈现的一种知觉表象，具有很强的主观性。面对同一个实物之形，有时形成的表象差别甚大，如同盲人摸象一样迥异。《韩非子·解老》对此作了很好的说明：

人希见生象也，而得死象之骨，案其图以想其生也，故诸人之

① 本书所引《周易》均据《周易正义》，阮元校刻：《十三经注疏》，中华书局2009年版，下文只随注篇名。

所以意想者皆谓之象也。

在人的想象的作用下，由“形”（“死象之骨”）可以推想不可见之“象”（“生象”），“象”虽不是具体实物却又实实在在地作用于人的知觉。当这些客观存在的“形”进入人的脑海后，“象”也就随之形成了，“当人感觉到‘形’时，‘象’便在心中了。‘形’是‘象’的感觉外在，‘象’是‘形’的心理现实。”①但是，人对“形”的感知是有选择的，这就导致“形的存在与人的感受无关，而象却不能不随着人对对象的感受角度的变化而变化”②。它们一实一虚，“形”经过人之“想”激活为“象”，即“人之所以意想者皆谓之象也”，这说明“象”只能存在于人的想象和记忆等精神活动中。由此引申开去，任何客观事物可谓之形，它们在人的脑海里形成的知觉表象可谓之象，“形实而象虚”，“形真而象假”。③

由于意想活动成分的增强，“象”的词性发生了改变，由名词衍为动词，如：

《系辞》：“易者，象也。象也者，像也。”“见乃谓之象。”“兆见曰象。”

《管子·七法》：“义也，名也，时也，似也，类也，比也，状也，谓之象。”

《广雅·释诂》：“象，效也。”

由于“象”具有模拟、效仿的功能，“象”即“像”，故《说文解字》曰：“像者，似也”“似者，像也”。《左传·宣公三年》记载了楚庄王问鼎的故

① 王振复主编：《中国美学范畴史》（第1卷），山西教育出版社2006年版，第290页。

② 李壮鹰：《中国诗学六论》，齐鲁书社1988年版，第187-188页。

③ 张海明：《经与纬的交结：中国古代文艺学范畴论要》，云南人民出版社1994年版，第135-136页。

事，其王鼎上就刻有各种妖魔鬼怪的图像。周定王的臣子王孙满说：

> 在德不在鼎。昔夏之方有德也，远方图物，贡金九牧，铸鼎象物，百物而为之备，使民知神奸。故民入川泽山林，不逢不若，魑魅魍魉，莫能逢之，用能协于上下，以承天休。

“铸鼎象物”还残留着早期神话的影子，而此“象”为拟像、模拟之义。这些鼎上所拟之像往往是各种奇异的东西，有的是给人间带来祸害的妖怪，有的是给百姓带来福祉的神祇，通过模拟这些图像来引导百姓辨识它们，从而避祸接福，天人和谐。这些图像有的几乎没有什么现实基础，有的甚至完全是想象的产物。

春秋铜器王子午鼎

从上面的例子进一步引申，若从象源的虚实之别来分的话，可以把“象”分为实象和虚象。若象源为客观之物，如山川河流、鸟兽虫鱼等，所拟之象就是实象；若象源为想象之物，如意中之人、梦中之境等，所拟之象就是虚象。所谓虚象，就是想象之象、凭虚构造之象，与实象相比，虚象的创造更需要创造性和想象力。比如画一个现实中的美人，可以依人而画，其一笑一颦，都给作画者提供了参考对象。而画一个传说中的仙女则无物可参，全凭作画者的想象来虚构完成，若要画出其神其韵更是难上加难。

由于在先秦文化典籍中的广泛运用，“象”的意义也日益丰富，依据人的感知情况可作如下的简单归类。(1)视觉之象。如《左传·桓公二年》曰：“五色比象，昭其物也。”《国语·周语》曰：“经之以天，纬之以地。经纬不爽，文之象也。”《礼记·乐记》曰：“在天成象，在地成形，如此，则礼者天地之别也。”这是指可以看见的自然物象。还有可视的人文事象，如象舞，即人模仿象的活动而编排的舞蹈动作，《礼记·内则》曰：“学乐，诵《诗》，舞《勺》，成童舞《象》，学射、御。”由于人的视觉在信息摄取中占据了绝对大的比重，故视觉之象在诸象中最为普遍。(2)听觉之象。早在西周时期，已经有把音乐称为“象”的记载。《墨子·三辩》曰：“武王胜殷杀纣，环天下自立以为王，事成功立，无大后患，因先王之乐，又自作乐，命曰象。”《荀子·礼论》曰：“象，周武王伐纣之乐也。”这些可称之为“象乐”，是展现周武王的伟大功绩的舞蹈形式。“语言之象”是听觉之象中较为特殊的一种，既有语音的直接作用，还有想象的间接作用。周代曾把从事语言翻译的人称作“象胥”，《周礼·秋官·象胥》曰：“象胥，掌蛮夷、闽貉、戎狄之国，使掌传王之言而谕说焉，以和亲之。若以时入宾，则协其礼与其辞，言传之。”郑玄注曰：“通夷狄之言者曰象胥。”“象胥”一职就是现在的翻译人员，在翻译活动中就含有语言之象的转化，从而实现语意沟通的。(3)触觉之象。如中医中的诊脉，由触摸脉搏所得到的感觉，叫做脉象，藏象也包含了脉象。① “藏”指藏于身体之内的五脏六腑等器官，

① 《素问·六节藏象论》：“帝曰：藏象如何？岐伯曰：心者，生之本，神之变也；其华在面，其充在血脉；为阳中之太阳，通于夏气。肺者，气之本，魄之处也，其华在毛；其充在皮，为阳中之太阴，通于秋气。肾者，主蛰封藏之本，精之处也；其华在发，其充在骨，为阴中之少阴，通于冬气。肝者，罢极之本，魂之居也；其华在爪，其充在筋，以生血气，其味酸，其色苍，此为阳中之少阳，通于春气。脾、胃、大肠、小肠、三焦、膀胱者，仓廪之本，营之居也，名曰器，能化糟粕，转味而入出者也；其华在唇四白，其充在肌，其味甘，其色黄，此至阴之类，通于土气。凡十一藏取决于胆也。”

而“象”则指表现于外的各种生理、病理等现象，有些现象就是通过触摸得到的脉象。从藏象中可以得知，除了身体器官的表象外，还与人的神、魂、魄、精等意识活动的表象关联。(4)想象之象。还可以将虚幻之象赋予形式。《尚书·说命上》就记载了殷高宗武丁自述立傅说为宰相的故事：“梦帝赉予良弼，以代予言。乃审厥象，俾以形旁求天下。说，筑傅岩之野，惟肖，爰立作相。”此“象”乃梦中幻象，是想象之象，并无具体形式。意思是说，武丁梦见上帝赐给他一个贤良的宰相，他就仔细端详这个梦中幻象，让人将之画出，并派人四处寻访，在傅岩的山野里有个叫说的人，因长得跟画像十分相似，于是就任命他为宰相。

这些“象”往往表现为可以感知的具体形式，如视觉之象是以颜色和造型等作用于人，听觉之象是以声音和旋律作用于人，触觉之象则是以温度或力量等作用于人，这些有形之象可以统称为“形象”。就其具体形式而言，它是自在的、客观的，不因人的意识为改变，但就其作用于人的感知而言，它是主观的，每个人所得到的象又是不同的。而人心营构的想象之象、虚幻之象，虽无具体形式作为基础，但只有用特定的媒介将之赋予相应的形式才能为人感知到。比如《周易》由象(指卦爻画像)、辞(指解释卦爻的辞)组成，卦爻是可以直视的象，卦爻辞中的物象很多都是想象之象，在春秋时就有“易象”之称。《左传·昭公二年》曰：“晋侯使韩宣子来聘，且告为政而来见，礼也。观书于大史氏，见《易象》与《鲁春秋》，曰：‘周礼尽在鲁矣，吾乃今知周公之德，与周所以王也！’”杜预注曰：“《易象》，上下经之象辞。”所以笼统地讲“易象”实际上包含卦爻画像和卦爻辞象。王夫之也说：“‘《易》者，象也’，然则汇象以成《易》，举《易》而皆象，象即《易》也。”①《周易》之“象”除了卦象符号外，还有天地自然之象和人心营构之象，共同构成了一个丰富的易象系统，蕴含着宇宙万物的创生与演进和吉凶祸福的判断之理。正如来知德所说：“有象，则大小远近精粗千溪万径之理咸寓乎其中，方

---

① 王夫之：《周易外传》，中华书局1977年版，第213页。

可弥纶天地；无象，则所言者止一理而已，何以弥纶?”①

这里可以确定“象”具有两个特性：一是建立于观念层面，源于人的“希见生象”的想象性需求；二是指涉实物却又摆脱了对实物的依附。所以，从感知的角度来说，“象”是建立于人的观念需求之上，指涉实物又不依附实物的感知符号。这样，原本基于动物之形而生成的具体之“象”就成为一个泛指的符号了。

## 二、文源于象

饶宗颐曾指出：“吾华是一个尚‘文’的国家。”②早在甲骨文里就有了“文”字，至今它的使用频率依然非常高，如文采、文理、文化、文明、文学、文章、文人等，积淀成一个巨大的意义场域，我们从《文心雕龙》中对“文”的运用就可窥见一斑。将《文心雕龙》译成意大利文的尚德乐就曾无奈地感叹说，最难翻译也是最难理解的字就是“文”。据他考证：“文”在范文澜的《文心雕龙注》中共出现了583处，除用于人名37处、书名13处、地名1处外，余下532处包括只有一个字的单纯词，和144处是与其他字组成的合成词，如“文章”“文采”等。③戚良德对《文心雕龙》原文的校勘：“全书共有587个‘文’字(不包括《隐秀》篇补文)，其中用于人名35个，地名2个，篇名10个，出于引文者23个，属于衍文者1个，合计71个；除此之外的‘文’字，可以说皆为《文心雕龙》专用术语，共有516个。”④可以说，作为一个活力强劲的词根，“文”已经渗入到我们的文化血液里，如果说一个字是一部文化

① 来知德著，张万彬点校：《周易集注》，九州出版社2004年版，第7页。

② 饶宗颐：《符号·初文与字母——汉字树》，上海书店出版社2000年版，第30页。

③ 中国文心雕龙学会编：《文心雕龙研究荟萃》，上海书店出版社1992年版，第333页。

④ 戚良德：《中国文论话语的还原——以〈文心雕龙〉之“文”为中心》，《山东大学学报》(哲学社会科学版)2010年第4期。

史，“文”字当之无愧。这里就从“文”字入手，探析人文事象的源起与皈依。

美国汉学家柯马丁也曾经对中华之“文”的发展历程有过概说：

> “文”在早期中国意为“作为文化的书写”，最初指自然界、人类活动各种形式的“纹”。帝国时期之前，“文”不仅用来指“文章”，还广泛用于指称“文化成就”，特别是用来指礼仪举止、仪式表演，包括音乐和物质装饰中的“纹”。只是到了西汉后期，即公元前一世纪左右，“文”才注意用来指称“书写”。这种转变不仅在于词义的变化：它象征了文化核心从仪式性向文本性表达的整体转移。①

柯马丁实际上是对“文”进行了一个阶段性的梳理，即从泛指的纹饰到礼乐形式再到文学文章的发展过程，也是文化水平由低到高的递进过程。这对我们阐释“文”之发展历程有着借鉴意义。

“文”，在甲骨文中写作，《说文解字》曰：“文，错画也。象交文。凡文之属皆从文。”段玉裁注曰：“错画者，交错之画也。……象两纹交互也。纹者文之俗字。”可以推断出，“文”字的初义就是错画的纹饰，是“纹”的初文，指由线条交错而成的图案或图符。该图案或图符到底为何？有何作用？不少学者将其与人类早期的生产实践活动联系起来研究。比如有人根据“文”字是由四根线条交错而成一个菱形而推断，这可能是烧制陶器时用来捆定陶坯的索条等留下的痕迹。也有人认为跟纺织活动有关，于民指出，所谓“文”是古人在长期的纺织实践中用三、五片棕交错而织出不同的斜纹文样。② 在这里可以推测的是，这些生产活动中的图案并不是随意涂鸦的，而是反映了人类的最初的或实用或宗

① ［美］孙康宜、［美］宇文所安主编，刘倩等译：《剑桥中国文学史》卷上，生活·读书·新知三联书店 2013 年版，第 32 页。

② 于民：《春秋前审美观念的发展》，中华书局 1984 年版，第 131 页。

教或审美的意识。

还有，由于“文”之雏形与人体形象非常相似，更多人愿意将“文”解释为文身之纹，如徐中舒主编的《甲骨文字典》对“文”解释为：“象正立之人形，胸部有刻画之纹饰。故以文身之纹为文。……至金文错画之形渐伪而近于心字之形。”①王祥之也说：“文，即文身之文。”②比如战国时期的越人仍然保持着文身的习俗，《庄子·逍遥游》中就有“越人断发文身”的记载。越人剪短头发，在身上刺上图案，是出于一种巫术意念从而达到某种特殊的目的。又如《礼记·王制》曰：“东方曰夷，被发文身，有不火食者矣。”郑玄注曰：“雕文，谓刻其肌，以丹青涅之。”孔颖达的疏对越人文身的习俗作了很好的阐释：“越俗断发文身，以辟蛟龙之害，故刻其肤，以丹青涅之。”通过在身体上刻画不同的图案，并染上不同的颜色，与自然环境的颜色接近，认为此图案及颜色具有某种神秘的力量，从而使人避免遭到野兽或鬼怪的侵害。在北京周口店发现的山顶洞人遗址中，有许多的装饰品，而“装饰品的穿孔，几乎都是红色，好像是它们的穿戴都用赤铁矿染过”③。这说明人类早期就对颜色有了特定的感知，甚至想象着红色具有某种特殊的功能或魅力。法国人类学家列维-布留尔在考察原始部落后说，原始民族在狩猎和捕鱼等一系列活动时都要进行神秘的巫术活动，沟通人神，参与这种巫术活动的人要求戴上面具或文身。④ 所以，“文”之取象很有可能源于这类巫术活动的面具或纹身。这些纹身或图案得以发挥作用是要融入到一些巫术仪式或宗教活动中的，我们从一些记载中可以发现其踪迹。

帝曰：“夔！命汝典乐，教胄子，直而温，宽而栗，刚而无

① 徐中舒主编：《甲骨文字典》，四川辞书出版社 2014 年版，第 976 页。

② 王祥之：《图解汉字起源》，北京大学出版社 2009 年版，第 12 页。

③ 贾兰坡：《“北京人”的故居》，北京出版社 1958 年版，第 41 页。

④ [法]列维-布留尔著，丁由译：《原始思维》，商务印书馆 1981 年版，第 220-235 页。

虐，简而无傲。诗言志，歌永言，声依永，律和声。八音克谐，无相夺伦，神人以和。”夔曰：“于！予击石拊石，百兽率舞。”(《尚书·舜典》)

于是夔行乐，祖考至，群后相让，鸟兽翔舞，箫韶九成，凤皇来仪，百兽率舞，百官信谐。(《史记·夏本纪》)

“百兽率舞”就是指人化装成各种动物，伴随着音乐翩翩起舞，从而实现了神人和谐、百官忠诚的效果。这些带有巫术性质的图腾舞蹈是从自然界和人的生产活动中提炼出来，其中就包括各类纹身图案，而且在当代的一些祭祀或庆典活动中依然如此。

“百兽率舞”壁画

对于“文”之源，臧克和曾总结说，“文”之字源有两类取象。取象之一是人体，早期的“文”就很像一个直立的人，人体的对称、交错、复杂、统一等诸多特征，最有可能成为先民们关于“文”的认识的首要参照物；取象之二即生产活动，无非是从植物、动物或者制陶、编织中蜕化出来的纹样。① 一类是以人之形作为依据，一类是以人之意作为依

① 臧克和：《说文解字的文化说解》，湖北人民出版社 1995 年版，第 249-257 页。

据。不论是取象于人体之形，还是取象于人心之意，“文”的起源都是以“人”为中心的。在文字成为主导性符号之前，“纹”就已经成为人类重要的表意符号。人就生活在被自己创立的各种“文”符之中，如器物之文、礼仪之文、制度之文等，“文”也就从最初可视的“纹”衍生到泛指所有的人文事象了。

通过对“文”之源的探析可知，“文”不仅与人类早期的生产或巫术有关，也反映了早期人类的朴素的审美诉求。从其创造法则来看，“文”实际上是对相应对象的模拟和拟象，是由多种线条或图案组成的“象”，栩栩如生，留下了人类最早的“文象”。这些不同的文象显示了某种特定的自然秩序和审美追求。同时，作为一个象形字，“文”显示了中国先民最初的，也是最基本的符号意识，是他们对天地秩序的理解，后来逐渐扩大到人类的生产活动和文化活动中，“文”字的广泛使用也促使了其内涵的不断充实和提升。

第一，多样性是文象的构成因素。《国语·郑语》说“声一无听，物一无文，味一无果，物一不讲”，就是说单一的物象并不能构成“文”，它是多种物象相杂的产物，所谓“物相杂，故曰文”(《系辞下》)。天地万物多种多样，既有各种线条和图案，也有绚丽的色彩和纷杂的声响，构成的“文”也就多姿多彩。因此，有色相杂之文，如《礼记·乐记》曰：“五色成文而不乱。”“五色”即青、赤、黄、白、黑。又如《系辞上》曰：“青赤相杂谓之文。”有声相应之文，如《周礼·春官·大司乐》曰：“凡六乐者，文之以五声，播之以八音。”“五声”即宫、商、角、徵、羽。“八音”通常指金、石、丝、竹、匏、土、革、木八种不同质材所制的乐器，泛指不同的器乐之音。有言行举止之文。《礼记·乐记》曰：“升降、上下、周还、裼袭，礼之文也。”一个人的起坐、作揖、进退、上车下车，甚至袒衣掩衣，都是一个人是否懂礼的表现，属于礼仪之文。再如《左传·襄公二十一年》“动作有文，言语有章”，《礼记·儒行》“言谈者，仁之文也”等。当我们判断一个人是否有涵养时，往往是先从其服饰的整洁、礼仪的优雅、言谈的得体中感知到的，可见一个人的交际行为的得当可以展现出优秀的个人品质，而百姓和官员的行为准则就反映出社会的礼仪水平和等级秩序。《左传·桓公二年》曰：“夫德，俭而有度，登降有数。文物以纪之，声明以发之，以临照百官。百官于是乎戒惧而不敢易纪律。”此“德”即行为规范与准则。它的增加和删减都是有规定的，要形成制度记录下来，并公布开来以监察百官，让百官有所警惕和畏惧而不敢违反纪律。再如《左传·襄公二十一年》曰：“不饰无貌，无礼不文。”这些礼仪用之于社会和朝廷，就成了国家的典章制度了。还有性情之文。比如《文心雕龙·情采》曰：“故立文之道，其理有三：一曰形文，五色是也；二曰声文，五音是也；三曰情文，五性是也。五色杂而成黼黻，五音比而成韶夏，五情发而为辞章，神理之数也。”“形文”之“五色”即青、黄、赤、白、黑，“声文”之“五音”即宫、商、角、徵、羽，“情文”之“五性”即从心、肝、脾、肺、肾产生出来的五种性情。不同的性情说明了人的复杂性和多样性，而反映这些性情的行为、事件、艺术等，就是人文。无论是色彩之文、声音之文、行为之文，还是可感之情文，这些都说明了多样性是“文”得以成立的基本条件。

第二，规律性是文象的内在要求。没有形式的多样性，文是不能成立的，但只有形式也不能成其为美。比如自然景观就不是杂乱无章的，或明或隐地体现出自己所属种类的规律性。《韩非子·解老》曰：“理者，成物之文也。”任何事物都以可见之文来显示其所含之理，理是内在于文并为文所显现的。如《庄子·应帝王》曰：“乡吾示之以地文。”陆德明《经典释文》曰：“崔云：‘文，犹理也。’”①这里的“地文”就是指大自然所表现出来的具有某种规律性的形式，比如植物的春华秋实，长江黄河的总体流向是自西向东，山南水北谓之阳，山北水南谓之阴等。又如明王世贞《艺苑卮言》曰：“‘物相杂，故曰文’，文须五色错综，乃

---

① 陈鼓应：《庄子今注今译》，商务印书馆2007年版，第257页。

清代见面时的作揖礼

成华采；须经纬就绪，乃成条理。”①这里的五色并不是杂乱无章的，而是经纬得当、搭配合理的。“文”之有“理”反映了从多样性中抽绎出规律性的追求。《周易》这部书包含的道理可谓广大悉备，有天的道理，地的道理，也有人的道理。但显示如此深邃道理的竟然是简单的爻和卦，爻有阴阳之分，每卦都是六爻，通过这六爻的有规律的变化，就显现出天下的奥秘，故《系辞上》曰：“参伍以变，错综其数，通其变而成天下之文。”“错综其数”是对规律性的抽象与总结，“通其变”是将这种规律性推向普遍化，进而提升至本体的高度，其结果就是“成天下之文”。“文既然成了‘天下之文’，它的神秘而深奥的构形性与示意性就

① 郭绍虞主编：《中国历代文论选》第 1 册，上海古籍出版社 1980 年版，第 101 页。

在本体论上得到了解释。”①因此，“文”就成为“道”的显示，是上天对人间的示意，其规律性和普遍性也就有了神圣性的依据，故《系辞下》曰：“道有变动故曰爻，爻有等，故曰物，物相杂故曰文。文不当故吉凶生焉。”阴阳二爻是道之变化的反映，每卦的六爻代表了三个等次，分别是天、地、人的物象；阴阳物象的相互错杂就叫文理。这些文理有的适当，有的不适当，吉凶也就随之产生了。因此，每一种“文”都是相应之道的体现，总是体现出它所属的种类的规律性。

第三，审美性是文象的最高追求。克莱夫·贝尔曾提出“美”是“有意味的形式”。美在形式，没有形式则无法显示美，但不是只要是形式就有美。文也写作“彣”。《说文解字》曰：“彣，𠁁也。从彡文。”段玉裁的注为我们指引了一条路径：“有部曰，𠁁，有彣彰也。是则有彣彰谓之彣。……凡言文章皆当作彣彰，作文章者省也。”“文章”实际上是“彣彰”的简写。又注“从彡文”曰：“以毛饰画而成彣彰。”②综合来看，“文”的原意就是彰显用羽毛装饰而成的作品，即以彣彰显。这些不同形式的“文”蕴含着“和实生物，同则不继”的思想。

> 夫和实生物，同则不继。以他平他谓之和，故能丰长而物归之。若以同裨同，尽乃弃矣。故先王以土与金木水火杂，以成百物。是以和五味以调口，刚四支以卫体，和六律以聪耳，正七体以役心，平八索以成人，建九纪以立纯德，合十数以训百体。出千品，具万方，计亿事，材兆物，收经入，行姟极。（《国语·郑语》）

“以他平他谓之和”与“以同裨同”是两种对立的方式，充分说明若只有一种形式是不能成“彣”的，必须以“他”济之，多种形式的纹相互彰显，

---

① 彭亚非：《原“文”——论“文”之初始义及元涵义》，《文学评论》2005年第4期。

② （清）段玉裁：《说文解字注》，浙江古籍出版社2002年版，第425页。

形成美的形式。这里的“彣”不仅具有多样性、规律性，还要显出作者之心。所以，文象的审美性实际上体现了人之创造性与物之生成性。

天地万物都以各种各样的纹饰来显示自己的存在，并且相互映衬，构成了世间的如此多娇，如蓝天与白云，绿水与红花，黄鹂与翠柳，还有宫殿的布排，屋宇的造型，礼仪的设计等，而且这些差异分明的图案既是事物本质的体现，更是人的发现与创造。如果没有人的审美意识的观照，怎能写出“羌笛何须怨杨柳，春风不度玉门关”(王之涣《凉州词》)的绚丽诗句？如果没有人在实践中的创造，又怎能有造型各异的屋宇、程序繁复的礼仪、流光溢彩的艺术呢？再如人对自身的要求，不仅需要有质朴的内涵，更需要优雅的外表。我们且看《论语·颜渊》中的一段对话。

> 棘子成曰：“君子质而已矣，何以文为？”
>
> 子贡曰：“惜乎，夫子之说君子也！驷不及舌。文犹质也，质犹文也。虎豹之鞟犹犬羊之鞟。”

“鞟”就是拔了毛的皮。如果虎豹之皮与犬羊之皮都去了毛的话，它们也就没有什么分别了，虎豹与犬羊就是靠这外在的毛色来分辨的，所以皮与毛是不能分开的。当棘子成认为君子只需有质朴的内涵时，子贡予以否定，用虎豹与犬羊之别在于毛色的类比来说明礼仪对于人的重要意义，而不是从礼仪的社会作用的角度来阐明，充分肯定“文”之于人所具有的美感。

孔子又说：“言之无文，行而不远。”(《左传·襄公二十五年》)语言若没有文采就不能传之久远，需要从节奏、练字、结构等方面予以锤炼。又《礼记·乐记》曰：“文采节奏，声之饰也。”声音需要从声调、节奏、旋律等方面加以修饰。从这些言论中可以发现，以文为美的意识已经成为共识了。

通过对“文”的起源及特性的探析发现，多样性是其基本因素，规律性是其内在要求，审美性是其最高追求。基于对事物的拟象而生的“文”，不仅从视觉性的“文”普泛为所有具有多样性的“文”，天地万象皆可谓之文，而且抽绎出规律性。文与象一样，既指涉形而下的实物，又脱离了实物，具有形而上的本体性。从起源上来看，“文”就是可感知的“象”，这也是其本质规定。

## 三、象与道通

刘勰曾对“文”之广大作出了“文之为德也大矣”的赞叹。

> 文之为德也大矣，与天地并生者，何哉？夫玄黄色杂，方圆体分，日月叠璧，以垂丽天之象；山川焕绮，以铺理地之形。此盖道之文也。仰观吐曜，俯察含章；高卑定位，故两仪既生矣。惟人参之，性灵所钟，是谓三才。为五行之秀，实天地之心。心生而言立，言立而文明，自然之道也。(《文心雕龙·原道》)

他认为天地万象都是源于道，道之显现就是文。既有日月叠璧的天文，也有山川焕绮的地文，作为三才之一、五行之秀的人当然也有自己的人文。万物皆有文，文与道的关系如何呢？从发生论的角度来看，天地之文在人文之先，在陈述了天地万物之文后，接着陈述人文之发生，这是圣人参赞天地而创制的，故《原道》曰：“道沿圣以垂文，圣因文而明道，旁通而无滞，日用而不匮。”道生万物，实际上就是从“无”到“有”。但是，从文明发展的角度来说，则是从“有”到“无”，从八卦到四象和两仪，再抽象至道。这既是对文象的界定，也是对人类文明发展的体悟。因此，从根本上说，文象的创造就是从可以感知到的“有”(如天地万物)建构出不可感知的“无”(如太极或道)，然后通过特定的人文符号去言说这玄远的“道”或“太极”。有了这样的铺陈之后，《原道》接着就说：

人文之元，肇自太极。幽赞神明，易象惟先。庖牺画其始，仲尼翼其终。而《乾》《坤》两位，独制《文言》。言之文也，天地之心哉！若乃《河图》孕乎八卦，《洛书》韫乎九畴，玉版金镂之实，丹文绿牒之华，谁其尸之？亦神理而已。

在古人看来，最早的人文就是相传为伏羲所作的八卦，接着是孔子作“十翼”来阐发易理，再次是各类经典文章，人文事象衍生之路由此显明。毕竟，天地之文是如此美妙，人文之作是如此自然而又神奇，故有“《河图》孕乎八卦，《洛书》韫乎九畴”的说法①，因为“刘勰并不是从认识论的视野来看待天道自然的，而是从古代的朴素的存在论来看天道自然的，人进入自然，与自然融合为一个整体。自然不仅仅是认识的对象，而且也是体验的感悟的和想象的对象。自然是神奇而神秘的，不可预测的。所以刘勰给他的‘自然之道’加上一个‘神理’的规定。”②在刘勰看来，“玄黄色杂”的自然之文和“五行之秀”的人文都是天地之道的体现，然而，前者源于无识之物，是自发的显现，后者始于有心之器，是自觉的创造，两者不可同日而语。作为人文精华的五经及各类文章自然也应顺天地大义，不仅文采华美，亦能助益社会教化。

从“文”源于“道”的思想出发，刘勰推导出一个广大悉备的人文形态模式，既有《征圣》中所谈的“夫子风采”之“文”，如“事迹之文”“修身之文”等，也包括源于五经的各类文章。所以，刘勰《原道》总结说：“爰自风姓，暨于孔氏，玄圣创典，素王述训，莫不原道心以敷章，研

---

① （东汉）王充《论衡·自然篇》曾说：“太平之应，河出图，洛出书。不画不就，不为不成。天地出之，有为之验也。……此皆自然也。夫天安得以笔墨为图书乎？天道自然，故图书自成。”因为古人对大自然的认识并不是从今人的科学角度出发的，也就不能用今天的科学理性去苛责古人，在神秘的大自然面前，他们无法作出科学的解释，常常把一些我们认为不科学的传说想象成真实的自然存在。因此刘勰认同“龙献图”“龟献书”也是自然不过了。

② 童庆炳：《〈文心雕龙〉“道心神理”说》，《长江学术》2003年第3辑。

神理而设教。”《情采》也说“五色杂而成黼黻，五音比而成韶夏，五情发而为辞章，神理之数也”。有学者指出：“刘勰的‘自然之道’并不完全等同于儒家的‘天道’道家的‘无极’或者佛家的‘佛道’，它的直接来源是易学中的‘原象’，是一种超越性的体验。”①这个见解最得刘勰之心。下面就来谈谈“象”与“道”的关系。

最早对“象”进行哲学阐释的是老子。《老子》三十五章曰：

> 执大象，天下往。

河上公注曰：“象，道也。”②成玄英疏曰：“大象，犹大道之法象也。”林希逸注曰：“大象者，无象之象也。”③实质上，“道”的更恰当的说法应当是：“道，乃象也。”“大道”即“大象”。

“道”原本是没有名称的，是抽象思维的结果，是形而上的纯理念、纯精神世界，本无名而勉强名之曰“道”，可以与“天地”“自然”“大”“玄”“无”等互训。如《老子》二十五章曰：

> 有物混成，先天地生。寂兮寥兮，独立而不改，周行而不殆，可以为天地母。吾不知其名，强字之曰道，强为之名曰大。大曰逝，逝曰远，远曰反。故道大，天大，地大，人亦大。域中有四大，而人居其一焉。人法地，地法天，天法道，道法自然。

意思是说，在天地形成之前就存在一个浑然一体的东西，既听不见它的声音也看不见它的形体，它独立长存，循环运行，永不衰竭，可为天地万物之母。因为不知道它的名字，所以勉强把它叫做“道”“大”等。

---

① 张锡坤、姜勇：《周易经传美学通论》，生活·读书·新知三联书店 2011 年版，第 348 页。

② 王卡点校：《老子道德经河上公章句》，中华书局 1993 年版，第 139 页。

③ 陈鼓应：《老子注译及评介》，中华书局 2003 年版，第 203 页。

任何具体的象都是道的体现，而道不等同于任何具体的象。《老子》四十一章曰：

> 大方无隅，大器晚成，大音希声，大象无形，道隐无名。夫唯道，善贷且成。

道没有任何具体的形象，所谓“无物之象”“大象无形”，可谓之“无”，却是万千事物之“母”，天地万物都是由此生发，可谓之“有生于无”“无中生有”。王树人曾用黑洞大爆炸而诞生宇宙万物的例子来说明“无中生有”，所以“这种‘无’，不是数学上削减为零的无，不是常识中存在物消灭后的无，而是超常的具有无限生机的‘有生于无’之‘无’，因而是无所不生之‘无’，‘至大无外’之‘无’，无所不在和无所不包之‘无’”。① 其实，黑洞也是人类勉强命名的结果，“道”“太极”等就好比黑洞，虽无具体形式，但蕴含着无穷无尽的能量，是万物诞生的本源。

世间既有自然物象，也有人文事象，这些形态迥异的象共同指向了“大象”。这里以《周易》为例来予以说明。

> 《系辞上》曰：“形而上者谓之道，形而下者谓之器。”

“道”无形而“器”可征，它们有象可循，有仪可按。最初的宇宙状态是“太极”，用象表示就是“-”，这是天地混沌一体，阴阳不分的状态。“两仪”是指从混沌状态中分化出来的天与地，或名之为“阴阳”，在《易》象中就是用阴（--）阳（—）二爻组合而成的乾（☰）、坤（☷）两卦，以及由乾坤两经卦叠合而成的乾坤。天地象征着万物的两极，如男女、雄雌、昼夜等。阴阳两仪不是静止的，时刻处于运动之中，相互依

---

① 王树人：《回归原创之思——“象思维”视野下的中国智慧》，江苏人民出版社2012年版，第63页。

存又相互渗透，阴阳和合而生物，呈现出四种次生象，是谓“两仪生四象”。“四象”就是少阳、太阳、少阴、太阴，或曰老阴、老阳、少阴、少阳，是指春、夏、秋、冬四时。如果说“两仪”是就空间而言的话，那么“四象”是就时间而言。在运动过程中，阴和阳总是处于不平衡的状态中，或偏阴或偏阳，四象于是衍生出八种再生象，是谓“八卦”。“八卦”是指八种基元物质，即天(☰)、地(☷)、风(☴)、水(☵)、火(☲)、山(☶)、泽(☱)、雷(☳)，同时也代表着八种不同性质的事物。八卦被当成道的代表象，是谓“八卦成列，象在其中矣”。此“象”即“大象”，也就是“道”。由于天地万物和世间事物的繁杂性和幽微性，八卦再重之，于是产生了六十四卦，通过爻位来判断事物性质和人间吉凶，是谓“因而重之，爻在其中矣”，“爻者，言乎变者也”。

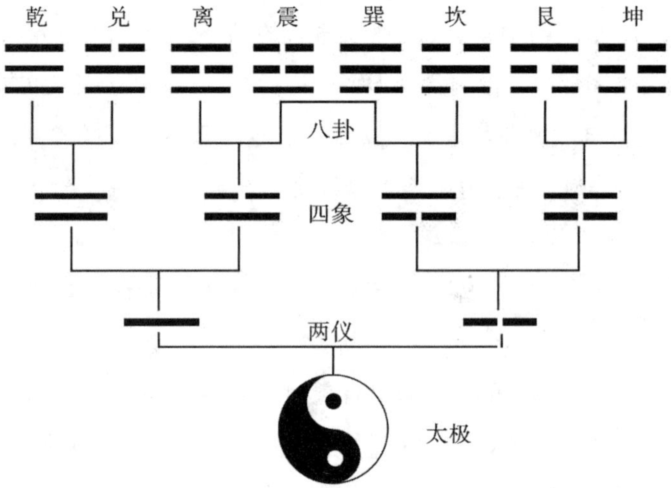


太极生两仪，两仪生四象，四象生八卦

以太极为本源，化生万物，四时运行不殆，一切事物都有阴阳对待之性，既有对立性又有统一性。从阴阳二爻到六十四卦及三百八十四爻，都是太极生物的动态之象，是对万物形态发展和性质变化的形容，是道与器之间的中介。就道与象而言，是道的下降和象的上升；就象与器而言，是象的下降和器的上升；因为“象”而使得道与器融为一体。

“大象”就是道器一体的本原之象，“是非实体的，非对象的，非现成的”，可称之为“原象”或“精神之象”。① 这说明中国哲学的本原之“象”与西方概念思维中的“逻各斯”有着截然不同的性质，它最大的特点就是“生”。

作为最高本体的道，化生万物的大象，之所以成为万物之母，衍生出形态万千的具体之象，就在于阴阳和合。

> 道生一，一生二，二生三，三生万物。万物负阴而抱阳，冲气以为和。(《老子》第四十二章)
>
> 一阴一阳之谓道，继之者善也，成之者性也。(《系辞上》)

“阴阳”本为自然现象，比如阳光普照大地，阴云密布长空。“阴”在甲骨文中写作“”，上部是“今”，表声；下部是“佳”(鸟)，表形；合起来的意思是说天色将暗，鸟儿归宿，鸣叫不已，故“阴”之初义为“阴暗”。“阳”在甲骨文中写作“”，右边表示一盏明灯，而左边是意为升起的“阜”，合起来的意思是说明灯升起，光明普照，故“阳”之初义为“光明”。天文与地理有着紧密的联系，故天文之阴阳与地理之阴阳有着对应关系。如山之北面是背向太阳的，其南面则是面向太阳的；而中国的大江大河的流向基本上是由西向东，水岸呈南北对峙状，北岸面向太阳而南岸背向太阳。所以，山之北面和水之南岸的共同特点是背阳而阴，而山之南面和水之北岸则是面向太阳而为阳。如《诗·大雅·公刘》曰：“笃公刘！既溥既长，既景乃冈，相其阴阳，观其流泉。”在这里，天文跟地理是融在一起的。“景”通“影”，指日影，冈是山脊，即通过观望日影和察看山冈的阴影，就能够判断出地段的阴阳。原来，

① 王树人：《回归原创之思——“象思维”视野下的中国智慧》，江苏人民出版社2012年版，第19页。

因天地之象(如日影和地形)而生成的阴阳，并无任何哲学意义，也无神秘色彩。睿智的先哲虽然没有像古希腊的智者们那样去探寻事物的本源为水、为火，或者是事物排列的数，但他们敏锐地感悟到不仅有地理之阴阳，而且万物都是因为两种相生相待的性质而生生不息的，于是将这两种性质命名为阴和阳。其后，阴阳用于表示生成万物的天地之气，如《庄子·田子方》曰："至阴肃肃，至阳赫赫。肃肃出乎天，赫赫发乎地。两者交通成和，而物生焉。"阴为天之气，阳为地之气，它们不是某种特指的具体的气、普通的气，而是可以化生万物的气，是一般的气、伟大的气，所谓"天地者，形之大者也；阴阳者，气之大者也"。终于，玄之又玄的道因为阴阳二气的作用而充实了内涵，也实现了它的实践性品格。

天地何以生物?《周易》的解释至为精当。天地是化生万物的父母，也是理解《周易》的门户，如《序卦传》说"有天地，然后万物生焉"，《系辞下》说"天地之大德曰生"。《周易》中的天地，首先是给人提供生存环境的自然界，也代表万物之中的阴阳力量。所以，天地之生既是指天地的一种功能，就是说天地产生了万物，同时也指万物的一种属性，任何事物都是在阴阳两种力量的作用下生长、变化和发展的，连人的生命和精神也是如此。因此，"'天地生物'之'生'决不是生物学的意义，而是有更深刻的哲学意义，即生命目的性意义"①。

道为德之体，德为道之用，得道谓之德。"天地之大德曰生"，就是说"生"是天地之道的最大化体现，体现了天地之大美，与庄子的"天地有大美"同义。《庄子·知北游》曰："天地有大美而不言，四时有明法而不议，万物有成理而不说。圣人者，原天地之美而达万物之理。"《周易》中也反复讲天地之美，尤其是集中体现天地之义的《乾》《坤》两卦。如《乾·文言》曰："乾始能以美利天下，不言所利，大矣哉!"意思是说天自始就能用美好的利益来使天下得利，却从不言说这伟大的利

---

① 蒙培元:《儒学是人类中心主义吗?》,《中国哲学》2004年第4期。

惠。再如《坤·文言》曰："天地变化，草木蕃；天地闭，贤人隐。"意思是说天地运转变化，草木旺盛，贤人辈出，若天地闭塞昏暗，草木不生，贤人隐匿。《周易》大力彰明天地生生之德，不仅充满了尊重生命的情怀，也显示了一种普泛性的世道关怀。因此天地之"生"的意义有：

首先，既然天地万物都有生命，所以"生"的第一层含义就是肯定自然性的生命，应该利用大自然来厚养生灵，人的自然性生命要求就属于应有之义。《乾·彖》曰："大哉乾元！万物资始，乃统天。云行雨施，品物流行。"《坤·彖》曰："至哉坤元！万物资生，乃顺承天。"天地之所以统领万物就在于它们赋予万物生命，甘霖给万物提供营养，阳光给万物提供动力。人类生命的繁衍、家族事业的延续、国家昌盛的基础，也与人的自然性生命有关。中国古代的圣人们，如伏羲结绳为网，教人渔猎，神农尝百草，教人医药和农耕，还有尧、舜、禹等人都是带领百姓利用自然、改造自然的杰出生灵，给人间带来福祉，从而赢得拥护的。《咸卦》就详细地描述男女相悦的过程，充分肯定生理性生命得到满足的美好与幸福。还有《系辞上》说"崇高莫大乎富贵""富有之谓大业"，就是说富贵对于人是具有崇高价值的。当然，富贵的满足也应遵行道义，故《坤·文言》曰："君子黄中通理，正位居体，美在其中，而畅于四支，发于事业：美之至也！"意思是说，君子拥有美好的品质，通达文理，身居正确的位置，流畅于四肢，发挥于事业，这就是最美的事情啊！再次肯定人生富贵、事业成功的积极意义，这也是推动社会发展的积极力量。

其次，天地"生"物处于永不停息的过程中，这与西方文化有着根本性的不同。"生"虽然是指生命，但不仅仅是指具体生物的生命现象(比如动物的繁衍)，主要是指宇宙大化流行的生机、生力、生气，虽然体现于形而下的万物之中，却是一种形而上的生命规定性。在《周易》世界里，万物皆有生命，不论是自然物象，还是人文事象，都是生命运动的表现，而且这种生命运动并不是一种机械的运动，还具有不断生长、不断发展的特点。所以《周易》处处充盈着对万物运动、发展变化的赞美，如《乾卦》说“云行雨施，品物流形”，《坤卦》说“坤厚载物，德合无疆，含弘光大，品物咸亨”，《姤卦》说“天地相遇，品物咸章也”，《系辞上》说“刚柔相摩，八卦相荡，鼓之以雷霆，润之以风雨，日月运行，一寒一暑”等，既是对天地变化、万物化生的肯定，也是对万物运行、生生不息的赞美。睿智的先哲们用最为简明的阴阳之象表达出万物生成的繁复之象。在《周易》中，阴和阳在《周易》中分别形为(╍)和(━)，其形简单，其义丰富。有人认为是源于生殖崇拜，表示两性的性器官，有人认为是表示数字的奇与偶，有人认为代表的是“苍茫一色的天，水陆分开的地”①，还有人认为“既然《易经》是一部占筮书，那么把‘━’和‘╍’看作筮时用的两种不同形状的蓍草的书面符号比较合理”②。其实，不论生殖说、天地说，还是数字奇偶说、蓍草形状说，就其符号形式与所指之物来看，它们并不就一定如论者所说，却揭示出天地万物相互对待的性质。天地有阴阳，为了与之对应，世间万物都有阴阳，如人有男女之别，动植物有雄雌之分等；阴阳是相互对待的，故而所有事物的性质都是对待的，如事物的刚与柔、大与小、高与低、动与静、黑与白等；人不仅是自然的人，也是社会的人，人间的行为义理也是相互对待的，如尊与卑、贵与贱、屈与伸、穷与达、吉与凶、悔与吝等。它们象征宇宙的两元，其交互作用引发了万物生生不息的生命运动，所谓“生生之谓易”(《系辞上》)是也。任何具体物的生命都是有限的，也是渺小的，但生命繁衍不息、代代相传既超越了其有限性，又提升了生命的广延性，所以有《春江花月夜》“江畔何人初见月？江月何年初照人？人生代代无穷已，江月年年只相似”的哲理性诗句。

再次，积极肯定人与自然的统一，并进而探讨自然运行规律与人间社会发展之间的关系。“形上学，又称‘形而上学’，是人类以阐明事物

① 陈良运：《论周易的文学思维》，《周易研究》1995 年第 1 期。
② 党圣元：《谈“易象”》，《思想战线》1986 年第 3 期。

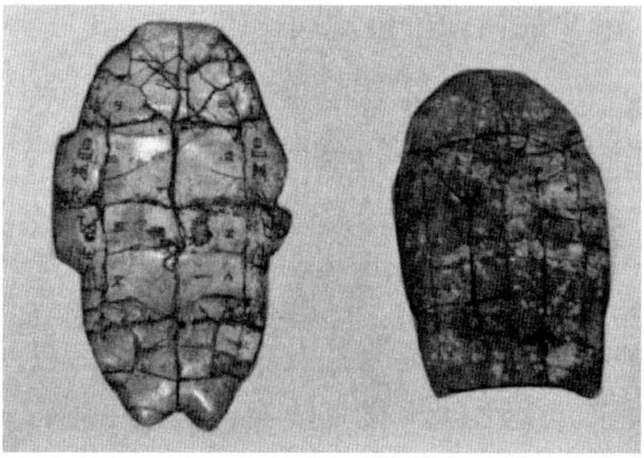

占卜用的龟甲

的超验的理由和它们的终极价值为内容的一种精神活动的体现。"①中国哲学的"道"总是与人生紧密相连，有着强烈的实践性。它的终极目标是发现宇宙的目的，以及论证人生的终极价值及标准是什么等这类问题。万物皆有生命的思想不仅改变了人与自然的关系，也对中国艺术产生了深远的影响。我们对自然的态度虽然是利用厚生，在与自然打交道的过程中，并没有像古希腊哲学那样产生纯粹的客观的自然思想，但始终将自己看作自然的一部分，彼此之间进行互拟，逐渐产生了一种相互欣赏的艺术态度。《序卦传》曰："有天地然后有万物，有万物然后有男女。有男女然后有夫妇，有夫妇然后有父子，有父子然后有君臣。"天地生万物，在万物之中人最可贵。男女之别既是万物阴阳的代表，也是伦理秩序的基础。男女结为夫妇，夫妇之义既是人类繁衍的基础，也是家庭秩序的起始，父子、君臣等关系都是从中衍生出来的。《中庸》亦曰："君子之道，造端乎夫妇；及其至也，察乎天地。"从天地生物自然延伸到了男女、夫妇、父子、君臣等，天地秩序就是人间秩序的依据，所以社会的政治伦理与自然万物的运行规律之间有相通和一致的关系。

---

① 谢维扬：《至高的哲理》，生活·读书·新知三联书店 1997 年版，第 147 页。

这才是《周易》的目的所在，“生”的生命目的性意义就在于伦理价值，与西方文化关注事物的认知价值不同。因此，《周易》中反复出现关于“德”的论述，如“至德”“厚德”“君德”“崇德”“懿德”“修德”“天德”“贤德”“育德”“圣德”等。人不仅要保养好自己的自然性生命，更重要的是修德。通过修德来参悟人间大义，进而体悟天地大化，实现与天合一。

天地之生不仅是同类的化生，比如种豆得豆，种瓜得瓜，可谓之“象的流动”，也是异类之间类比和转换，比如在先哲看来，自然不是静止的物质，而是跟人一样有着鲜活的生命。同时，当人以生命的眼光来观赏自然时，人的情感与人格也自然地融合于一山一水中，可谓之“象的转化”。① 这样的本原之象、整体之象如同太阳笼罩万物，山水如此，艺术亦然。郭熙《林泉高致集·山川训》曰：“山以水为血脉，以草木为毛发，以烟云为神采。故山得水而活，得草木而华，得烟云而秀媚。水以山为面，以亭榭为眉目，以渔钓为精神，故水得山而媚，得亭榭而明快，得渔钓而旷落。”所以，中国艺术不仅将自己的情感投射于自然中，更主要的是取法于自然，而且不在于形，而在于神，在于其中流淌的生命韵味。体会山水之美，感悟自然生机，成为中国艺术的主流。

---

① 王树人、喻柏林：《论“象”与“象思维”》，《中国社会科学》1998 年第 4 期。

# 第二章　象的文化创生

我们生活在一个万象纷呈的世界：春花秋月，夏雨冬雪，交替着四季的风景，记录着流逝的光阴；树的青翠、鸟的鸣叫、花的芬芳、山的陡峭，它们以其颜色、声响、气味、造型撩拨着细腻的感官，让人应接不暇。人不仅通过味觉、嗅觉、触觉、听觉和视觉等感官与世界发生联系，还通过想象和联想将各种感知到的表象进行整合、加工，形成自己的独特意象。从人对天地万象的感知中，可以看到人类文化发展的历史轨迹。

与西方文化将人与自然二分的思想不同的是，中国哲学认为，万物一气，天人一体。虽有物与人的区别，但物并不远人，而是一步步走进人的世界，与人相亲，成为"人化"①的自然。同时，宇宙运行之奥妙构成了古代中国思想世界的深厚背景，物不远人，人也不凌物，而是逐

---

① 马克思曾经论述过劳动使自然界"人化"，变为"人化的自然"的问题。他说，人在劳动过程中，"他不仅使自然物发生形式变化，同时他还在自然物中实现自己的目的，这个目的是他所知道的，是作为规律决定着他的活动的方式和方法的，他必须使他的意志服从这个目的。"（见[德]马克思、恩格斯著：《马克思恩格斯选集》第23卷，人民出版社1971年版，第202页。）马克思是运用西方主客二分思维来阐发人与自然的关系的，实际上是把自然当成了人的改造对象。与中国文化中万物一气的旨趣相差甚远。这里借用"人化"一词来表示自然逐渐与人相亲的过程。

渐将自己“物化”①，与物相融。在此基础上创制的各类人文事象也是如此，既依于天地，也皈于自然。

## 一、知己于千古矣

苍天在上，日月叠璧，大地在下，山川焕绮。中国先哲并没有将自然万物当作与己无关的外在物，也没有对它们作客观的物理分析，而是将之看作我们的生活之源，把它们纳入我们的精神家园里，一步步变成我们的好伙伴、好知己。

我们先看看早期的神话集《山海经》，里面除了记载一些神话、巫术、宗教等内容外，还记述了古代的地理、民俗、动植物、矿物等内容。如《海内西经》曰：

> 海内昆仑之虚在西北，帝之下都。昆仑之虚方八百里，高万仞。上有木禾，长五寻，大五围。面有九井，以玉为槛，面有九门，门有开明兽守之，百神之所在。在八隅之岩，赤水之际，非仁羿莫能上冈之岩。
>
> 赤水出东南隅，以行其东北，河水出东北隅，以行其北，西南又入渤海，又出海外，即西而北，入禹所导积石山。洋水、黑水出西北隅，以东，东行，又东北，南入海，羽民南。弱水、青水出西南隅，以东，又北，又西南，过毕方鸟东。

这些关于海内的地理情况以及神奇事物的记载，成为我国早期地理资料的重要依据，而且这些大山还有神兽守护着。我们华夏文明的始祖

---

① “物化”一词语出《庄子·齐物论》：“昔者庄周梦为胡蝶，栩栩然胡蝶也，自喻适志与！不知周也。俄然觉，则蘧蘧然周也。不知周之梦为胡蝶与，胡蝶之梦为周与？周与胡蝶，则必有分矣。此之谓物化。”这里用“物化”一词表示人文事象源于自然，化于自然的过程。

黄帝就与这些山山水水同在。

有九丘，以水络之，名曰陶唐之丘、(有)叔得之丘、孟盈之丘、昆吾之丘、黑白之丘、赤望之丘、参卫之丘、武夫之丘、神民之丘。有木，青叶紫茎，玄华黄实，名曰建木，百仞无枝，上有九欘，下有九枸，其实如麻，其叶如芒。大皞爰过，黄帝所为。(《海内经》)

而《海外经》则主要记载了域外的奇异风貌：

海外自西南陬至西北陬者。灭蒙鸟在结匈国北，为鸟青，赤尾。大运山高三百仞，在灭蒙鸟北。大乐之野，夏后启于此儛《九代》，乘两龙，云盖三层。左手操翳，右手操环，佩玉璜。在大运山北。一曰大遗之野。(《海外西经》)

这里既是海外地理情况的记载，也是华夏早期文明起始的反映。从以上这些资料可以看出，在华夏文明的初始，天地万物还处于“未始有物”的状态，不论是动植物、各类神仙鬼怪，抑或是人，都是精气所生，体现了宗教神话“万物有灵”的观念。从黄帝的形象中也可以看出这一点。《西山经》也记载了黄帝的形象：“有神焉，其状如黄囊，赤如丹火，六足四翼，浑敦无面目，是识歌舞，实为帝江也。”“帝江”就是黄帝。黄帝并不是一个具体的人，也不是西方宗教中有着创造万物之特异功能的神，他的形象表明了中华文明起始阶段对天地万物起源的认识和态度。“浑敦无面目”是指万物一体，尚未有别的状态，也是庄子所言的“中央之帝混沌”的原型。

自然万物都是游魂灵怪的化身和表征，比如山川木石之所以诞生，全是由于精灵的作用。人类制造神话的目的是为了通过各类物象来表达相应的情感，洞悉天地的奥秘，使人辨别神奸。因此，在中国古人的眼

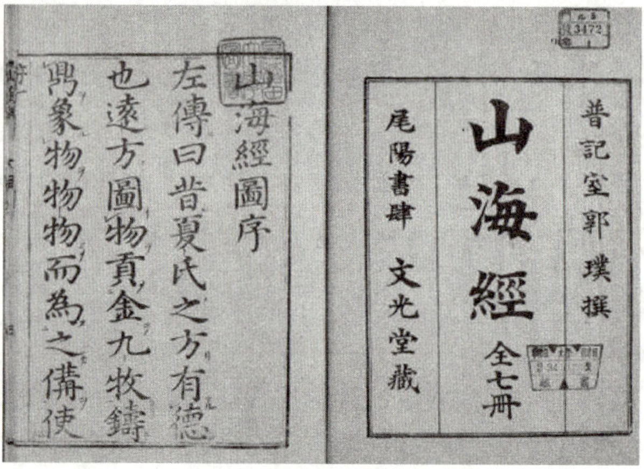
普記室郭璞撰
山海經
全七冊
尾陽書肆 文光堂藏
山海經圖序
左傳曰昔夏氏之方有德
也遠方圖物貢金九牧鑄
鼎象物物物而為之備使

郭璞《山海经》

里，许多自然物象尤其是一些山具有神性也是顺其自然的，如《海外北经》中对“钟山之神”有如下描述：

> 钟山之神名曰烛阴。视为昼，瞑为夜，吹为冬，呼为夏。不饮，不食，不息，息为风。身长千里，在无启之东。其为物，人面，蛇身，赤色，居钟山下。

还有《水经注》之《江水》篇中的“巫山之神”也是自然神物：

> 丹山西即巫山者也。又帝女居焉，宋玉所谓天帝之季女，名曰瑶姬，未行而亡，封于巫山之阳，精魂为草，实为灵芝。

从中可以看出，“钟山之神”“巫山之神”实际上就是对一些自然物象进行组合、夸张、变异而成的，实际上是人化的自然神，作为一种文化原型积淀在民族的深层记忆里。而且，这些自然神与伏羲、女娲、黄帝等人文神并没有多大区别，都是一种人格精神的化身，也没有神与人、自然的分别。

“绝地天通”①后，古代中国实现了从“尊神”到“敬德”的文化大转变，人文力量显著增强，自然物象从神之意志的化身转而成为人之情意的体现，自然物象也因为人的情感取向而被赋予了相应的内涵。以《周易》为例，所取自然物象丰富广泛，但不是任意罗列。如《谦卦》之《象》曰：“地中有山，谦；君子以裒多益寡，称物平施。”此卦的上卦为坤为地，下卦为艮为山，其卦象就是山在地中，虽然山是高耸的，却处于低洼之处，象征人居高不傲的态度。作为一个君子，就应当以谦让为怀，取有余而补不足。孔子也曾将人的知性特征与山水之性结合起来论述，如“知者乐水，仁者乐山；知者动，仁者静；知者乐，仁者寿。”(《论语·雍也》)还将生命情怀付诸于大川流水和松柏，如“子在川上，曰：逝者如斯夫！不舍昼夜”，“岁寒，然后知松柏之后凋也”(《论语·子罕》)。

《诗经》和《楚辞》中也大量地描述自然风物，并将之当作精神的化身。从它们对自然景物的描写中可以发现人与自然的关系的分化与走向。《诗经》中的作品形成于西周初年至春秋中叶，此时的周人敬天也敬德，对大自然既保持着崇拜和敬畏，也有一份生命与共的亲切感。其中有不少对山之崇高、水之威力的描写。如“泰山岩岩，鲁邦所詹”(《鲁颂·閟宫》)，“嵩高维岳，峻极于天”(《大雅·崧高》)，“汶水汤汤，行人彭彭”(《齐风·载驱》)，“江汉浮浮，武夫滔滔”(《大雅·江汉》)等。这些山河伟岸庄严，声势浩大，代表了大自然的强大生命力，同时也是天的意志的显现。那么人间的秩序就应该像井然有序的自然一样稳固、安定，这就需要修德。首先是君王有德才能给百姓带来福祉，否则就会给社会带来灾难。如《小雅·十月之交》曰：

日月告凶，不用其行。四国无政，不用其良。

---

① 《尚书·周书·吕刑》：“皇帝哀矜庶戮之不辜，报虐以威，遏绝苗民，无世在下。乃命重黎，绝地天通，罔有降格。群后之逮在下，明明棐常，鳏寡无盖。”

彼月而食，则维其常；此日而食，于何不臧。
烨烨震电，不宁不令。百川沸腾，山冢崒崩。
高岸为谷，深谷为陵。哀今之人，胡憯莫惩？

这是对周幽王二年的一次地震的记载。周幽王昏愦无德，用人不察，政治无道，于是上天用地震予以警示，也可看到君王无德给百姓带来了多大的痛苦。同时，一个正直的君子也是在不断修德、助人为乐中成长起来的，如《诗经·国风·周南》之《樛木》：

南有樛木，葛藟累之。乐只君子，福履绥之。
南有樛木，葛藟荒之。乐只君子，福履将之。
南有樛木，葛藟萦之。乐只君子，福履成之。

这首诗就是借用樛木与葛藟之间相互依衬的关系来展示君子与大众之间的关系。樛木有着高大的躯干，为藤蔓植物葛藟提供了依靠，而葛藟依附着樛木也显示了樛木的伟岸。同理来看，一位快乐的君子总是用善心去安抚、感化和成就大众，这位君子也正是在扶助他人的过程中成就自己，找到了快乐。

从《诗经》中可以发现，山水进入到人的生活的方方面面，如祭祀、战争、宴飨、交游与爱情等，山水在其中扮演了各种各样的角色。而在《楚辞》中，自然山水同样与人的生活息息相关，“但是北方周人所祭祀的，不论是日月星辰之神，或山林川谷之神，都是抽象的，概念化的；而在南方楚人丰富的想象里，大自然不但神格化，也人格化了”。① 尤其是屈原将个人的忧国情怀与楚国的奇山异水完美地融合，将山水虚灵化了。《湘夫人》曰：

---

① 王国璎：《中国山水诗研究》，中华书局2007年版，第23页。

沅有芷兮澧有兰，思公子兮未敢言。
荒忽兮远望，观流水兮潺湲。
麋何食兮庭中？蛟何为兮水裔？
朝驰余马兮江皋，夕济兮西澨。
闻佳人兮召予，将腾驾兮偕逝。
筑室兮水中，葺之兮荷盖。
荪壁兮紫坛，播芳椒兮成堂。
桂栋兮兰橑，辛夷楣兮药房。
罔薜荔兮为帷，擗蕙櫋兮既张。
白玉兮为镇，疏石兰兮为芳。
芷葺兮荷屋，缭之兮杜衡。
合百草兮实庭，建芳馨兮庑门。
九嶷缤兮并迎，灵之来兮如云。

这里屈原描述了一个赴约却不被接遇的美丽女神，其居、其衣、其执都是天地间的菁华。诸如沅水、澧水、白芷、白蘋、薜荔、杜蘅、辛夷、桂、蕙、荷、麋、鸟、白玉等各种自然物象，既有楚国的地域特色，也融合了楚地的民情风俗、神话传说等。这个因思念而赴约却怅然离开的女神不就是屈原自身的写照么？他何尝不是日夜思念着国君，也曾一度被重用，可是抵挡不住一些小人的诋毁，终究流浪于江边，踯躅于林中。自身的美好如何表达？高洁的品质怎样显现？这些美好的物象就是他本人的化身。与《诗经》相比，《楚辞》中的自然风物多是一些珍贵的草木，却很少关注它们的物质功用，更多关注的是精神价值。由于《楚辞》作者是高居庙堂的文臣，身处征伐不休的战国时期，既有豪情万丈，却又无处施展，因此他们的创作中既有济世扶危的抱负，也有个人情怀的抒发，尤其是仕途不顺、遭人陷害时的失落与绝望，只有独自咀嚼，有力地促进了个人想象的张扬，加深了人与自然的关系。

而与屈原同时代的庄子则代表了已对社会失望，独与天地往来的士人阶层。他们有着深厚的文化涵养，有“与天地为友”的博大胸襟，却只想保身全性，追求物我两忘的逍遥境界，现实中处处不如意的他们只能把自然当作最好的伴侣。

> 大人之教，若形之于影，声之于响。有问而应之，尽其所怀，为天下配。处乎无响，行乎无方。挈汝适复之挠挠，以游无端；出入无旁，与日无始；颂论形躯，合乎大同，大同而无己。无己，恶乎得有有！睹有者，昔之君子；睹无者，天地之友。（《庄子·在宥》）

这里的“大人”是指他反复提及的圣人、真人、神人、至人等，施行不言之教，出入天地之间。可惜的是，此“大人”并不具有可行性，没有人可以实现，自然山水也不过是庄子论述理想人生境界的一个工具罢了，只得将逍遥游的梦想寄托于超世间的“姑射之山”和“无何有之乡”。《庄子·逍遥游》曰：

> 藐姑射之山，有神人居焉。肌肤若冰雪，淖约若处子，不食五谷，吸风饮露，乘云气，御飞龙，而游乎四海之外；其神凝，使物不疵疠而年谷熟。
>
> 今子有大树，患其无用，何不树之于无何有之乡，广莫之野，彷徨乎无为其侧，逍遥乎寝卧其下。不夭斤斧，物无害者，无所可用，安所困苦哉！

在这世外之地，大树不用担心被砍伐，看似无用之木却可以享尽天年。倘若没有是非与毁誉，人也就没有什么困苦了，悠然自得而逍遥于心。可惜的是，只有神人才能做到，如同庄子在《人间世》中为了能够安住人间，尝试了种种选择，费尽了心思，可最后依然只能是遗世而独立，怡然于山水。庄子写龟怡然自适地拽尾于泥泞之中，是为了昭示自己自得其性的生活，及不愿意被人为因素束缚的自然精神。荀子说他

“蔽于天而不知人”(《荀子·解蔽》)，其实只说对了一半。庄子固然否定人为因素，要求保持自然本性，所谓“牛马四足，是谓天；落马首，穿牛鼻，是谓人。故曰，无以人灭天，无以故灭命”(《庄子·秋水》)。然而他更关心的是人的“不失其性命之情”(《庄子·骈拇》)。虽不像儒家热衷于讨论人性的善恶问题，而是致力于反对人为地扭曲、损害人的天性，他对各种自然物性的描写还是为了说明如何保持人的自然本性。还有，庄子的逍遥之境虽然没有落实于现实生活，却为后世开创了一个可以向往的精神栖居的家园，而且“‘逍遥之境’提出的突出意义，就在它首开中国文化‘以审美代宗教’以及宗教世俗化之先河”①。其后的士人们始终执着于现实，向往着能在世俗生活中逍遥人生。他们在等待着机缘的到来。

樗下悟道

到了汉武帝时代，大儒董仲舒将阴阳五行说引入儒学，并以天人感应论为理论支柱，认为“天”是有意志的至高无上的人格神，宣扬天是世界的主宰，自然界和社会的一切都出于天意的安排。君权也受命于

① 汪裕雄：《意象探源》，人民出版社 2013 年版，第 156 页。

天，天与皇帝之间的沟通，既不是神秘的启示，也不是语言的告诫，而是通过可以感知的自然现象来实现的。如《春秋繁露·必仁且智》曰："凡灾异之本，尽生于国家之失。国家之失乃始萌芽，而天出灾害以谴告之。谴告之而不知变，乃见怪异以惊骇之。惊骇之尚不知畏恐，其殃咎乃至。"人事安排与自然秩序有着类比的关系，人事得当则万物和谐，人事失败则灾害警示。这既适应了君权神授的政治需要，也呼应了万物有灵的传统思想，同时也影响了汉代赋体文学的创作。我们可以从汉代赋体文学中了解自然与文人之间的关系。

汉赋不仅继承了《楚辞》的"铺采摛文"的文体形式，也继承了它的抒情方式。首先，在汉代赋体文学中，对山水景物的描写往往占有很大的分量，它们逐渐从陪衬和附属走向中心和主位。这些汉赋作家们极尽心智地罗列奇山异水，珍禽异草，它们的主要身份就是润色宏业的婢女。

> 君未睹夫巨丽也，独不闻天子之上林乎？左苍梧，右西极。丹水更其南，紫渊径其北。……视之无端，察之无涯，日出东沼，入乎西陂。（司马相如《上林赋》）
>
> 斩丛棘，夷野草，御自汧渭，经营丰鄗。章皇周流，出入日月，天与地沓。（扬雄《羽猎赋》）

这些气势磅礴的江河，高耸入云的山峰，姹紫嫣红的芳草，与无可匹敌的帝国繁荣和不可一世的天子权威形成了紧密的呼应关系。它们实际上是帝国的象征和宇宙的缩影。与《诗经》中主要强调天的意志和神权不同，汉赋作者通过山水景物的描写颂扬的是天子的权势，张扬了人的力量，促进了人与自然山水的融合。还有，将比兴手法发扬光大的汉赋极力模山范水，除了将山水景物神化外，也用夸张的手法彰显了山水的奇异和物产的丰美，让人领略了大自然自身的魅力。

除了散体大赋外，还有模仿楚辞多用"兮"字的骚体赋。如果说散体大赋张扬了帝国的赫赫威严与作者的功名渴求，那么骚体赋则状写了文人的怀才不遇和自我疏导。其中的自然风物并不是比德之物，也非神谕的宣示之物，而是失意心灵的认同对象，“有一些骚体赋不止将山水风物当作抒发情感的媒介，而是进一步将山水所代表的‘自然’当作现实政治的对立物，使之成为与万丈红尘迥然对立的另一种生活模式或人格形态的象征”。① 孔孟式的入世固然可敬，可老庄式的出世同样让人向往，尤其是立功不成，立名无望之时，希望找到疏离政治、宣泄忧伤的出口。王莽时代的崔篆就因不满朝廷的严刑峻法，杀戮无辜，得罪了不少权贵，在《慰志赋》中表达了放弃仕途、归隐山林的愿望：

> 愍余生之不造兮，丁汉氏之中微。氛霓郁以横厉兮，羲和忽以潜晖。……乃称疾而屡复兮，历三祀而见许。悠轻举以远遁兮，托峻峗以幽处。竫潜思于至赜兮，骋《六经》之奥府。……遂悬车以絷马兮，绝时俗之进取。叹暮春之成服兮，阖衡门以埽轨。聊优游以永日兮，守性命以尽齿。贵启体之归全兮，庶不忝乎先子。

既然现实如此黑暗，人生如此危险，还不如退居山林，戏游于鸟兽虫鱼，翱翔于圣贤典籍，足以自娱。再如严忌《哀时命》曰：

> 愿退身而穷处，凿山楹而为室兮，下被衣于水渚；雾露濛濛其晨降兮，云依斐而承宇。虹霓纷其朝霞兮，夕淫淫而淋雨。怊茫茫而无归兮，怅远望此旷野。

这里的风景并不美好，淫雨霏霏，雾霭蒙蒙，人处其中难免怊怅若失，正适合不得志之人。自然而然的山山水水既没有人事的是非，也没

---

① 陶文鹏、韦凤娟主编：《灵境诗心——中国古代山水诗史》，凤凰出版社2004年版，第31页。

有政治的倾轧，它们好像一位老友，可以倾听你的郁闷，又好像一个路人，任你说什么总是一副漠然的样子，始终让你没有压抑感，而是一份轻松和自适。自然山水俨然成了文士们避世隐居时的最佳伴侣。虽说屈原也在自然山水中寄托了他的避世观念，但他自始至终不能忘怀的是楚国的安危和百姓的命运。而汉赋作者大多是文臣，大一统的汉朝既给他们提供了足够宽广的入仕天地，也限制了他们施展抱负的自由空间。在独木桥式的仕途中，这些文臣们如鱼得水的少，仕不得志的多。当他们仕途遇阻、抱负难施时，向往老庄，退归山林是再自然不过的了。而且，他们在失志之余所关心的不再是君王社稷，而是个人的进退生死，不再是寄寓山林，而是栖居田园。自幼有奇才的冯衍博览群书，在乱世中投奔刘秀，对光武帝中兴汉室的功绩非常赞赏，一心想为朝廷出力，不幸的是最后竟因与外戚交通的罪名被罢免。《显志赋》就是在他被免官去职回归故里仍然上疏自陈却终不得用时所作：

山峨峨而造天兮，林冥冥而畅茂；鸾回翔索其群兮，鹿哀鸣而求其友；诵古今以散思兮，览圣贤以自镇。

鸟索群，鹿求友，何况是人呢？可是，虽有明主却不被启用，其内心之悲何其哀哉，还要担心祸从天降之患，何不远离人世，遁迹山林呢？巍峨之山，畅茂之林，不正是人的栖居之地么？及至汉末，自然山水已经成为士人们的赏玩对象和好伙伴了。这时，一些累世公卿的世族大家占有了大量园田，积极发展私家园林，企图将自然美景留在自家园林里。如汉末仲长统《乐志论》曰：

使居有良田广宅，背山临流，沟池环匝，竹木周布，场圃筑前，果园树后……良朋萃止，则陈酒肴以娱之；嘉时吉日，则烹羔豚以奉之。蹰躇畦苑，游戏平林，濯清水，追凉风，钓游鲤，弋高鸿。讽于舞雩之下，咏归高堂之上。安神闺房，思老氏之玄虚；呼吸精和，求至人之仿佛。与达者数子，论道讲书，俯仰二仪，错综人物。弹《南风》之雅操，发清高之妙曲。逍遥一世之上，睥睨天地之间。不受当时之责，永保性命之期。如是，则可以陵霄汉，出宇宙之外矣。

显然，不少名士虽有出世之意，退隐之心，但始终不肯离开现实，既要物质生活的富足，也要脉脉亲情的呵护，这样的生活不必寄托于虚无缥缈的“无何有之乡”，就在悠游适意的园田和山水里。

由此可见，自然山水始终与人相伴，一步步地变成了人的知己，所以北魏地理学家郦道元在《水经注》中就已经把山水当成了千古知己。

常闻峡中水疾，书记及口传，悉以临惧相戒，曾无称有山水之美也。及余来践跻此境，既至欣然，始信耳闻不如亲见矣。其叠崿秀峰，奇构异形，固难以辞叙。林木萧森，离离蔚蔚，乃在霞气之表，仰瞩俯映，弥习弥佳。流连信宿，不觉忘返，目所履历，未尝有也。既自欣得此奇观，山水有灵，亦当惊知己于千古矣。(《水经注·江水》)

山水之美既有其本身的构型奇异，山峰秀美，林木繁茂，霞气缠绕，乃常人未尝可见之美景，更重要的是“山水有灵”，它们不仅仅是人的赏玩之物了，已经具有独特的灵气，与人相亲相知了。

## 二、山水有清音

经过汉代约四百年的统一王权后，中国再次陷入了大分裂、大动荡的时期，也迎来了一个文化大解放、大发展的时代。此时涌现了一大批前无古人、光耀后世的艺术精品，如王羲之父子的字入木三分，顾恺之和陆探微的画形神兼备，戴逵的佛像雕塑堪称一绝，曹操、曹植等人的诗慷慨悲凉，嵇康的广陵曲余音绕梁，洛阳的龙门石窟以及遍布各地的寺院气势恢宏。从中不仅可以领悟到魏晋士人们的风流韵致，还可发现一个极为可喜的现象，就是他们对大自然的一往情深，自然山水也以形媚人。这与魏晋时期的文化思潮有着直接的关系。

首先，祈求长生不老既是对人间世界的热切依恋，更是对死亡威胁的深深恐惧，不单普通百姓，贵如帝王的齐威王、齐宣王、秦始皇、汉武帝等都希望羽化成仙。之前的儒家“三不朽”实际上是以“名”的延续取代个体生命的短暂存在，显然与魏晋士人的个体觉醒是格格不入的。而道家试图与天地为一，可庄子塑造的真人、神人、至人依旧存留于传闻中，并没有出现于人世间。这时兴起了离世成仙的观念，不再执着于人间，祈求在另一个世界里永世长存。加之此时道教的蓬勃发展，与士人们的避世思想绾合，引导人们走向自然山水。或者在深山里偶遇仙人获赐仙药，或者采药养生，均是为了一朝升天，永离苦海。能够促动遐想，引发仙心的就是自然山水，它们的光色声响使人如同置身仙境，成了最好的伴侣。所以，当时的游仙诗中的仙境其实就是绝美的自然风景，如何劭《游仙诗》曰：

> 青青陵上松，亭亭高山柏。光色冬夏茂，根柢无凋落。吉士怀真心，悟物思远托。扬志玄云际，流目瞩岩石。羡昔王子乔，友道发伊洛。迢递陵峻岳，连翩御飞鹤。抗迹遗万里，岂恋生民乐。长怀慕仙类，眇然心绵邈。

起源于山中的松柏、岩石、峻岳、飞鹤等自然景色的触发，仙心在士人心中滋长。可惜的是，他们虽已领略到山水之美，却执着于山水为神仙所居之地，仅以山水为求仙的中介，自然之美依旧没有获得独立的价值。

其次，古已有之的隐逸之风在这时再次流行起来。与之前自发的隐逸行为不同的是，这时的隐逸不再是单纯的逃避行为，而是有着明确的政治态度。这些隐者或者是与政治不合作，退避园林来自抬身价；或者是对当政者不满甚至抗议，放浪形骸来藐视儒家教义，为了远祸全身，于是消极世务；或者身居高位却危机重重，也向往江湖的逍遥自在。他们都渴望纵迹山水，终日流连丘壑，与自然同化。如张华《赠挚仲治》：

君子有逸志，栖迟于一丘。仰荫高林茂，俯临渌水流。恬淡养玄虚，沉精研圣猷。

年少孤贫的张华才华卓越，在晋武帝时，因讨伐吴国有功，历任要职，可时局危艰，也有隐逸之志，在俯仰山水之际，冥合玄远之境。在游仙和隐逸之风的熏染下，游览之风也愈加炽热。本来，游山玩水是为了摒除俗世的是非，感悟自然的造化，却也渐渐彰显了山水之美。西晋左思《招隐》曰："非必丝与竹，山水有清音。何事待啸歌，灌木自悲吟。"此处的山水已经不再外在于人——或是神的意志之显现，或是人的德行之比拟——它们已然是自足体，与人亲善，与心徘徊。

还有重要的一点就是与他们的生活环境有关。首先是政治环境的萎靡。从汉末开始，一些士人在政治、经济上有足够的资本张扬自己的个性，不再像前期士人那样匍匐于天子脚下。在思想文化上，一方面经学的式微让他们解脱了经学和神学束缚，一直信奉的价值观念突然坍圮带来了惶恐，人的灵魂该皈依何处呢？一方面各家学说重焕新生，尤其是玄学的狂飙让他们可以自由地创造，在生活里也能够竞标风流，被压抑的个性终于得到肯定。尤其是士人南渡以后，从司马睿江东即位开始，整个东晋之世"始终没有形成一种上下一致、举国一心的恢复中原的意志"①，偏安江左成为士人们的主要心态。其次是地理环境的改变。地理环境与文化选择之间是有关联的，一个民族文化的特征与其说是造物

① 罗宗强：《玄学与魏晋士人心态》，南开大学出版社2003年版，第263页。

主的恩赐，不如说是生活在不同地理环境中的民族长期实践活动的结果。地理环境所提供的自然条件和自然资源，决定了生活于其中的民族的生产活动、生活方式和社会组织，所形成的民族文化和民族心理也有着与之相应的鲜明地域特色，①“包括审美意识在内的人类意识的产生、发展和变化就离不开自然地理环境的对象化和变化。在这个意义上讲，人的审美意识从一开始就注定要受到自然地理环境的‘纠缠’”。② 士人们从北方来到南方，宁静秀美的山水景色正好给了偏安一隅、需要精神抚慰的名士们再合适不过的环境，两者一拍即合。他们所需要的就是这样一个天地，他们似乎没有从北到南的迁徙之痛，反而有一种精神回乡的喜悦。

总体来说，此时的士人们在思想上与社会政治有了疏离感，在精神上与自然山水有了亲和感。山水之形有何魅力？又何以与人亲善？南朝梁人刘勰不仅对山水之美有着深切的感动，而且对山水与道之间的关系也有深刻的见解。

第一，山水之形以声色之美直接作用于人的感官，引起人之同情。如《文心雕龙·夸饰》曰：“至如气貌山海，体势宫殿，嵯峨揭业，熠耀焜煌之状，光采炜炜而欲然，声貌岌岌其将动矣。”这主要是大自然的美丽风光怡人，宫殿的形势宏伟高大，鲜艳的色彩如同融融火光，在视觉上给人以震撼的感觉。又如《文心雕龙·物色》曰：“灼灼状桃花之鲜，依依尽杨柳之貌，杲杲为出日之容，瀌瀌拟雨雪之状，喈喈逐黄鸟之声，喓喓学草虫之韵。”这里主要是用不同的拟声词来状写自然的声色，有桃花、杨柳、日出、雨雪的容貌，也有黄鸟、草虫的鸣叫，给人以视觉之美和听觉之乐。

在中华文化中，物色之美，山水之灵，很早就吸引着人的目光。从《诗经》《楚辞》到汉大赋、魏晋小赋直至山水田园诗，都非常重视自然，

① 参见梁一儒、户晓辉、宫承波：《中国人审美心理研究》，山东人民出版社2002年版，第3页。

② 钟仕伦：《南北文化与美学思潮》，四川大学出版社1995年版，第111页。

四时之色与人情之感很早就形成了一种对应关系。东汉张衡出身于世代大姓之家，有着卓越的才华和高洁的品行，曾模仿班固的《两都赋》，殚精竭虑十年作成《二京赋》，展现了大赋的闳衍巨侈、繁文缛采的特征。由于张衡不慕功名富贵，在官场多年都不得升迁，其心迹转向田园山水，其创作也走向短小精练、清新爽丽，实现了从体物大赋向抒情小赋的转变，为述志赋注入了清新的生命力。其《归田赋》曰：

游都邑以永久，无明略以佐时。徒临川以羡鱼，俟河清乎未期。感蔡子之慷慨，从唐生以决疑。谅天道之微昧，追渔父以同嬉。超埃尘以遐逝，与世事乎长辞。

于是仲春令月，时和气清；原隰郁茂，百草滋荣。王雎鼓翼，仓庚哀鸣；交颈颉颃，关关嘤嘤。于焉逍遥，聊以娱情。尔乃龙吟方泽，虎啸山丘。仰飞纤缴，俯钓长流。触矢而毙，贪饵吞钩。落云间之逸禽，悬渊沉之鲨鰡。

于时曜灵俄景，系以望舒。极般游之至乐，虽日夕而忘劬。感老氏之遗诫，将回驾乎蓬庐。弹五弦之妙指，咏周、孔之图书。挥翰墨以奋藻，陈三皇之轨模。苟纵心于物外，安知荣辱之所如。

功业难竞之时，不如抽身隐退，与世事长辞。不料天朗气清，百草丰茂，鱼鹰低飞，黄莺歌唱，鸳鸯交颈，群鸟飞翔，如此祥和的自然景色让人放飞心情，逍遥自得。虽然后来心情低沉，用自然中的阴险来暗喻官场的黑暗，最后还是在老庄哲学的抚慰下，寓意于物而不留意于物，宠辱偕忘。在汉代经学和神学笼罩的缝隙里，能够露出一缕阳光，让自然滋长，为人的失意找到了一片栖息园地，或星、或月，或草、或木，或鸟、或鱼……品类之丰，不一而足，或上、或下，或左、或右，或高、或低……四面八方，无一遗漏，还有莺的鸣唱，花的芬芳，山峰伟岸，溪水潺潺，令人应接不暇。正是在对山水的热情观照和极力摹写中，真正体悟了大自然本身的魅力。

第二，自然山水乃道的自然显现，人可以感受天地之生机。《文心雕龙·原道》认为天地万物皆源于“道”，而道之显均为“文”，即“日月叠璧，以垂丽天之象；山川焕绮，以铺理地之形，此盖道之文也”。天地万物各有其文，其声色之美均为自然之显现，正所谓“烟霭天成，不劳于妆点；容华格定，无待于裁熔”(《隐秀》)，天地之大美就是通过这些自然物象体现出来，不仅给人以美的享受，还能使人从中体悟道的大化流行。

自然物象之所以能令人心驰神往，其最大的魅力在于它体现了宇宙大化的生机。“生机指生命的意味，它不一定是生命本身”，它“是自然山水的灵魂”。①《世说新语·言语》就记载了许多魏晋文士与山水相亲，体验天地大化的例子，如：

> 顾长康从会稽还，人问山川之美，顾云：“千岩竞秀，万壑争流，草木蒙笼其上，若云兴霞蔚。”
>
> 王子敬云：“从山阴道上行，山川自相映发，使人应接不暇。若秋冬之际，尤难为怀。”
>
> 简文帝入华林园，顾谓左右曰：“会心处不必在远，翳然林水，便自有濠、濮间想也，觉鸟兽禽鱼自来亲人。”

万物生机盎然，人之情感充沛。此时的心物合一既不是自然对人的压迫，也不是人对外物的比拟，而是一种生命感的交融。不仅人有情，物亦有心。南齐王融曾言及物之感人时说：“臣闻春庚秋蟀，集候相悲，露木风荣，临年共悦。夫唯动植，且或有心；况在生灵，而能无感。”(《南齐书·列传第二十八》)动植有心，生灵有感，二者相遇，岂能不悦？

其实，人本来就是自然的一部分，“物之生灭即气的聚散，全宇宙

---

① 陈望衡：《当代美学原理》，人民出版社2003年版，第205页。

只是一气而已”①，只是后来被人为地分开了，经过思想的激烈冲突和社会的苦痛酝酿，终于又彼此相亲了，内心的欢快溢于言表。我们以陶渊明《饮酒》第五首诗为例：

结庐在人境，而无车马喧。
问君何能尔？心远地自偏。
采菊东篱下，悠然见南山。
山气日夕佳，飞鸟相与还。
此中有真意，欲辨已忘言。

诗中所言之“真意”就在于人与自然相契相安，物我合一，虽然无法用言语表达其具体内涵，但“见”字却透露了玄机。此句中的“见”在宋代俗本中曾写作“望”，苏轼对此进行了批评：“因采菊而见山，境与意会，此句最有妙处。近岁俗本皆作‘望南山’，此则一篇神气都索然矣。”②后来朱光潜又用现代理论作了精到的分析：“‘见’为‘见者’的主动，不纯粹是被动的接受。所见对象本为生糙零乱的材料，经‘见’才具有它的特殊形象，所以‘见’都含有创造性……凝神观照之际，心中只有一个完整的孤立的意象，无比较，无分析，无旁涉，结果常致由两忘而同一，我的情趣与物的意态遂往复交流，不知不觉之中人情与物理互相渗透。”③这份“真意”早已消退了被自然压迫的惊悚和恐惧，也不是人征服自然时的自满和骄傲，而是一种默然相会的惬意与逍遥。

魏晋文士的觉醒让人体悟到自然物象蕴含着无限的生机和真挚的情感。它们开始以一种自然而然的形态与人相亲，四时代序都能引发情感

---

① 张岱年：《中国哲学大纲》，中国社会科学出版社 1982 年版，第 40 页。
② 苏轼：《苏轼文集》卷六十七，中华书局 1986 年版，第 2092 页。
③ 朱光潜：《朱光潜美学文集》卷二，上海文艺出版社 1982 年版，第 53 页。

的波动。之前就有宋玉的“悲哉秋之为气也，萧瑟兮草木摇落而变衰”(《九辩》)，使“悲秋”成为中国文人的一大情结。潘岳《秋兴赋》也说：“四时忽其代序兮，万物纷以回薄。览花莳之时育兮，察盛衰之所托。感冬索而春敷兮，嗟夏茂而秋落。虽末士之荣悴兮，伊人情之美恶。善乎宋玉之言曰：‘悲哉秋之为气也，萧瑟兮草木摇落而变衰’。”此时，一花一石都是生命，人心亦如镜子一样映照着它们，沉湎于其中以至于不知其所以然，如湛方生《惜春赋》曰：“如荣凋之感人，由色象之在镜。事随化而迁回，心无主而虚映。眄秋林而情悲，游春泽而心令。孰云知其所以，乘天感而叩性。”无主之心可纳万千风色，何以如此？感天随性而已。《世说新语》记载了许多士人与山水之间“神与物游”的事迹，王徽之爱竹就是明证。

王子猷尝暂寄人空宅住，便令种竹。或问：“暂住何烦尔？”王啸咏良久，直指竹曰：“何可一日无此君！”(《任诞》)

王子猷尝行过吴中，见一士大夫家极有好竹，主已知子猷当往，乃洒帚施设，在听事坐相待。王肩舆径造竹下，讽啸良久，主已失望，犹冀还当通。遂直欲出门。主人大不堪，便令左右闭门，不听出。王更以此赏主人，乃留坐，尽欢而去。(《简傲》)

从王徽之(字子猷)将“竹”称作“君”便知，“竹”已非一般的欣赏物，而是一个可以与之对话的自足体，不可一日无竹，哪怕是暂住也要种下竹子。而且他对竹的欣赏已经超过了与人的交往。有一次他去一户人家赏竹时直接来到竹下，赏前不与主人打招呼，赏完竹后也不辞主人，让主人感到很难堪。于是主人让下人关上门，不准他离开。有趣的是，两人竟彼此欣赏，尽欢而散。

原来，与西方文化将世界分为主体与客体不同，中国古人从未把自然物象当作客观物体来对待，而是与人有着密切关系的伙伴，从最初的神灵显现到道德化身，再到将真情寄寓其中，自然物象一步步走进了人

王子猷赏竹

的心里。山水之美既有其本身的构型奇异，山峰秀美，林木繁茂，霞气缠绕，乃常人可见之美景，更重要的是山水有灵，与人相亲相知了。这份千古知己之感既使人的深情有了寄托之处，也使山水情致化、虚灵化了。

## 三、推天道以明人事者也

人是依据天地秩序而建立起人文的，而人文一旦制度化，就可以实现以文化人的作用。《贲卦·彖传》曰：

> 刚柔交错，天文也；文明以止，人文也。观乎天文，以察时变；观乎人文，以化成天下。

陈鼓应解“天文”为“自然物象景观”，解“人文”为“社会典章制度”。①

① 陈鼓应、赵建伟：《周易今注今译》，商务印书馆 2005 年版，第 212 页。

天的文采体现为阳刚美与阴柔美的交相错杂，人类的文采体现为社会典章制度。二者是可以相互类比的，观察天的文采可以知晓季节变化的规律，观察人类的文采可以推行教化，促成天下昌明。就此处来看，主要是用天文的运行来说明人文可以发挥的巨大作用。其中"文明以止"透露了春秋时期"文"从宇宙万物之文转到礼乐制度之文的时代信息，显示了由原生自发到人文建构的自觉意识。

天地的运行不仅生成了万物，还有自己的规律，孔子就曾说："天何言哉？四时行焉，百物生焉，天何言哉？"(《论语·阳货》)它是玄妙的，《老子》开篇就说"道"是"玄之又玄，众眇之门"，虽不可言说，却可以效法。《老子》第二十五章曰："人法地，地法天，天法道，道法自然。"这说明天地运行的自然规律就是人效法的对象，最直接的表现就是，根据自然气候的变化而制定二十四节气用于指导我们的生产与生活，并使伦理自然化。其次，万物的上下、大小、高低、明暗、阴阳、晴雨等都是宇宙秩序的象征，蕴含着丰富而重大的意义，这就是古人制作各种繁复礼仪等人文事象的根据。据《礼记·礼运》记载，有一次孔子跟言偃谈到了礼，他说："夫礼，必本于天，殽于地，列于鬼神，达于丧祭射御冠昏朝聘。"这些人文事象的制作与运用是为了教化百姓，既使人知道世间秩序是依据于天地大化的，又使人明了与天地同化乃最高境界。

2016年11月30日，历史久远且对我们的生活生产有着深远影响的"二十四节气"被联合国教科文组织列入人类非物质文化遗产代表作名录。这是世界对中国智慧的认可，也是先哲为后人留下的福祉。

二十四节气起源于黄河流域。这里有纤细的黄土，非常适于木制的锄头、耒耜及木犁等简单的工具耕耘，还有润泽大地的黄河，以及能带来丰沛雨水的季候风，为农耕文明的发轫提供了优良的地理条件。太阳的光与热，大地的风和雨，山川的河与溪，植物的花与实，动物的生与死，这些气候变化和自然现象既是先祖的生活来源，也是他们认识自然的参考。在这些现象的循环中，先哲们逐渐发现了大自然的运行规律，并依据这些自然规律制定节气用于指导农事。

作为一个古老的农业文明，农事活动完全根据太阳来进行，需要严格了解太阳的运行情况，所以节气就是依据太阳的运行情况来制定的。中国古人利用一种构造简单的计时仪器土圭来测量太阳的投影方向，并划分时刻，通过杆影的移动规律和影的长短从而确定冬至、夏至的日子。利用土圭测量日晷，将每年日影最短的一天定为“夏至”，日影最长的一天定为“冬至”，在春秋两季各有一天昼夜时间长短相等，分别定为“春分”和“秋分”。这样就将一年四季予以确定。

节气是依据太阳在黄道(即地球绕太阳公转的轨道)上的位置划分的，每运行 15 度所经历的时日称为一个节气，每年运行 360 度，共经历 24 个节气。每月 2 个，第一个节气为“节气”，第二个节气为“中气”，它们交替出现，各历时 15 天，现在统称为“节气”。二十四节气的命名反映了季节嬗替、物候现象、气候变化：反映季节的是立春、春分、立夏、夏至、立秋、秋分、立冬、冬至；反映物候现象的是惊蛰、清明、小满、芒种；反映气候变化的有雨水、谷雨、小暑、大暑、处暑、白露、寒露、霜降、小雪、大雪、小寒、大寒。

日晷与二十四节气

早在商朝时就确立了四个节气，到周朝时发展为八个，到秦朝时，二十四节气已全部确立，颁布了《颛顼历》，在汉初被沿用。因为《颛顼历》有一定的误差，元封六年(公元前 104 年)，汉武帝接受司马迁等人的建议，下令修订历法，责令邓平、落下闳等人制定《汉历》。元封七年历成，是年五月改年号为“太初”，并颁布实施新历，故此历被称为《太初历》。《太初历》正式把二十四节气订于历法，明确了二十四节气的天文位置。它是我国第一部比较完整的历法，也是当时世界上最先进的历法。

由于节气在生产活动中的重要作用，人们也依据节气开展了很多的祭祀或庆典活动，来表达对天神地祇和先祖的敬意，各地形成了形态各异的民俗活动和传统文化。在浙江绍兴过“四时八节”时有着不同的礼仪，曾给周作人留下非常美好的印象。他曾在回忆中说：“我觉得很是运气的是，在故乡过了我的儿童时代……本来已是破落大家，本家的景况都不大好，不过故旧的乡风还是存在，逢时逢节的行事仍旧不少，这给我留下一个很深的印象。”①直到晚年，他的很多“儿童杂事诗”还对其进行了深情的回忆。这些民俗活动可谓一半祭祀，一半娱乐，在各色行事和礼仪程序中既敬奉了神灵，犒劳了辛苦劳作的人们，也孕育了伦理观念。比如清明节，又称为踏青节、寒食节、扫墓节等，是祭祖和扫墓的日子。《淮南子 · 天文训》曰：

春分后十五日，斗指乙，则清明风至。

这原本是物候现象的反映，后来变成祭祖和扫墓的节日。这时春光明媚，草长莺飞，各种农事也还没有全面展开，适宜进行户外活动，如荡秋千、放风筝、植树等。此时的祭祖上坟也要到郊外去，二者的结合反映了新生与怀旧、哀伤与放松的内在关联，象征着新季节、新希望、

① 周作人：《立春以前 · 立春以前》，上海太平书局 1945 年版，第 173-174 页。

新生命的开始。再如冬至，在周代曾是新年元旦，是个很热闹的日子，直到汉武帝采用夏历后，才把正月和冬至分开。《后汉书·礼仪》曰："冬至前后，君子安身静体，百官绝事，不听政，择吉辰而后省事。"就是说冬至这天朝廷放假，军队待命，边塞闭关，商旅停业，亲朋互访。这天还要进行祭天祀祖，皇帝要到郊外举行祭天大典，百姓要祭拜父母尊长。

伴随着这些节气的祭祀和庆典活动，有着完备的秩序和严明的等级。比如在清明节的祭祖中，有添土、清理香炉、供品摆设、上香跪拜、烧纸等程序，对参与人员的衣食住行都有一些要求。在祭神时，规格和规模都要更好些，人员有献官、执事、参礼者和观礼者等，过程有斋戒、就位、迎神、奠帛、亚献、终献、饮福受胙、撤馔、辞神、望瘗等。在这些繁复的程序中，每个人都有自己的职责，共同完成祈福的愿望。当然，也不可随意祭祀和过度祭祀，孔子就说："非其鬼而祭之，谄也。见义不为，无勇也。"(《论语·为政》)《礼记·曲礼》亦曰："非其所祭而祭之，名曰淫祀。淫祀无福。"因为祭祀不当祭祀的鬼神说明你存心谄媚，而且不仅不会有福，可能还会招致祸殃。因此，基于天象地理而诞生的节气与人间的伦理礼仪相结合，正是天人合一的直接体现。

圣人通过自然物象之间的关系来推演人间事义，此乃诞生于中华文明滥觞期的《周易》之旨意。

> 昔者圣人之作《易》也，将以顺性命之理，是以立天之道曰阴与阳，立地之道曰柔与刚，立人之道曰仁与义。(《说卦》)

这里主要以《周易》为例来说明圣人是如何效仿自然而制定礼仪事象的。

易象弥纶万物，笼罩天地，其卦爻辞对社会中的各种人事有着非常全面的描述，比如农耕、狩猎、商贸、战争、婚丧嫁娶、生老病死等。

其目的正如纪昀所说："《易》之为书，推天道以明人事者也。"①即从阴阳相推的变化中，判断事物的吉凶祸福，找到人间社会的适变法则。陈来就曾言："周代所集大成而发展的'周礼''礼乐'显然早已超出宗教礼仪的范围。历史上所谓'周公制礼作乐'的礼乐，分明是指一套制度与文化的建构。"②这样也为人间秩序的合理性找到了哲学依据。

> 天尊地卑，乾坤定矣。卑高以陈，贵贱位矣。动静有常，刚柔断矣。方以类聚，物以群分，吉凶生矣。在天成象，在地成形，变化见矣。是故刚柔相摩，八卦相荡。鼓之以雷霆，润之以风雨。日月运行，一寒一暑。乾道成男，坤道成女。乾知大始，坤作成物。乾以易知，坤以简能。易则易知，简则易从。易知则有亲，易从则有功。有亲则可久，有功则可大。可久则贤人之德，可大则贤人之业。易简而天下之理得矣。天下之理得，而成位乎其中矣。(《系辞上》)

天高地低的自然秩序被赋予了天尊地卑的寓意，不仅决定了乾坤的秩序，还成为人间事理的依据。阴阳相摩，万物生焉；乾坤定位，贵贱有依。圣人将幽微的天理用卦爻显示出来，所以，"圣人设卦观象，系辞焉而明吉凶，刚柔相推而生变化。是故吉凶者，失得之象也。悔吝者，忧虞之象也。变化者，进退之象也。刚柔者，昼夜之象也。六爻之动，三极之道也。"(《系辞上》)通过六爻的变动可以洞悉天道、地道、人道的变化及相互之间的关系，进而断吉凶，明得失，知进退，为人间秩序提供参照。

万物负阴抱阳，阴阳调和则"天地絪缊，万物化醇"(《系辞上》)，阴阳关系是《易道》之根本。万物之中人最贵，男女所代表的阴阳之义

---

① 永瑢等：《四库全书总目》，中华书局1965年版，第1页。

② 陈来：《古代宗教与伦理——儒家思想的根源》，生活·读书·新知三联书店1996年版，第225页。

最为重要，阐释男女之别成为《周易》人伦思想中的首要之义。《系辞上》曰：“乾坤，其《易》之蕴邪？乾坤成列，而《易》立乎其中矣；乾坤毁，则无以见《易》。”在六十四卦中，乾为纯阳之卦，坤为纯阴之卦，象征着对立的两极。“乾道成男，坤道成女”，男女之别的大义就在乾坤两卦之中。

《周易》认为，作为一个男人，应该具备的品格是如同昼夜运行不殆的天一样刚健，自强不息。《说卦传》曰：“乾，健也。”《象》曰：“天行健，君子以自强不息。”其乾之象就是一条从蛰伏到腾飞的健龙。它虽处不利的环境（“初九：潜龙勿用”），但并不放弃，而是自我勉励（“九三：终日乾乾，夕惕若厉”），坚持到最后，处境出现转机（“九四：或跃在渊”），终获成功（“九五：飞龙在天”）。生活中的男人就应该百折不挠，即使身处逆境也能逆流而上，这样才能成就事业，成为女人的依靠。而对于女人，《周易》认为首要的品格就是柔顺。《说卦传》曰：“坤，顺也。”与乾之象为刚健的巨龙不同，坤之象是柔顺的母马。《坤》卦辞曰：“元，亨，利牝马之贞。”这实际上就是借母马的柔顺本性来喻示女人也应如此，与乾之刚健相配合，所以其《文言》曰：“坤道其顺乎？承天而时行。”在现实生活中，女子处处都要顺从男人，依靠男子，这在《随》卦中也表现得淋漓尽致。“六二：系小子，失丈夫。六三：系丈夫，失小子。”王弼注曰：“阴之为物，以处随世，不能独立，必有系也。”男女相处的总原则是建立在阴顺阳的基础之上的，“上六：拘系之乃从维之。”王弼注曰：“随之为体，阴顺阳者也。”①

男女之别是人伦之始，教化之基。《序卦传》曰：“有天地，然后有万物；有万物，然后有男女；有男女，然后有夫妇；有夫妇，然后有父子；有父子，然后有君臣；有君臣，然后有上下；有上下，然后礼仪有所错。”圣人的伦理教化就是从夫妇关系开始的，如《毛诗正义》就是通过表现后妃之德的《关雎》来开展伦理教化，说明夫妇关系是伦理的基

---

① 楼宇烈：《王弼集校释》，中华书局 1980 年版，第 304-305 页。

础，正确处理好夫妇关系具有推动社会人伦发展的重要意义，故“先王以是经夫妇，成孝敬，厚人伦，美教化，移风俗”。

天地万物，何以序列？《系辞上》曰：“天尊地卑，乾坤定矣。”天地序定，万物自分，仿照天尊地卑建立的人间秩序也有着鲜明的尊卑之分。人伦关系中的夫妇、父子、兄弟、君臣、师徒等，都有着尊卑之序。以人伦之始的夫妇关系为例，它强调的是丈夫为刚健、为尊、为主，而妻子则为柔顺、为卑、为随，这就是夫妇的长久之道。在实际生活中就是夫尊妇卑，夫主妇随，延伸到社会中就是父尊子卑，兄尊弟卑，君尊臣卑，师尊徒卑等，并且规定了从天子到庶民的权利和义务。繁盛的西周礼仪就是《易》学思想的体现，如《礼记·丧服四制》曰：“凡礼之大体，体天地，法四时，则阴阳，顺人情，故谓之礼。”在周人看来，君臣父子夫妇的尊卑等级就是宇宙秩序在人间的投影，既可以由天地落实到人伦，也可以从人伦上升到天地。在天道的主宰下，圣人借助经验性的类比和比附，形成了一套涵盖一切的礼仪秩序和人文事象。

当然，源于天道的礼也不是一成不变的，而是随着时代而有所增损的。尤其是当礼的名与实、表与里发生冲突时，心之诚是其判断的标准。比如“孝”在礼制中具有最基础、最重要的地位，建立于血缘之上的人之常情。因为礼之根本在于真心、真诚，在行礼过程中就不必在意礼物的多少与礼仪的繁易。《世说新语》记载了许多看似越礼实则真诚的故事，可以让我们更加形象地了解礼之根本。

简文崩，孝武年十余岁立，至暝不临。左右启“依常应临”。帝曰：“哀至则哭，何常之有！”（《言语》）

阮籍当葬母，蒸一肥豚，饮酒二斗，然后临诀，直言“穷矣”！都得一号，因吐血，废顿良久。（《任诞》）

阮步兵丧母，裴令公往吊之。阮方醉，散发坐床，箕踞不哭。裴至，下席于地，哭吊唁毕，便去。或问裴：“凡吊，主人哭，客乃为礼。阮既不哭，君何为哭？”裴曰：“阮方外之人，故不崇礼

制；我辈俗中人，故以仪轨自居。”时人叹为两得其中。(《任诞》)

这些故事都是不遵循孝礼之常规，阮籍葬母时竟然饮酒吃肉，王戎遭大丧却不循礼仪，孝武帝“哀至则哭”，他们违背礼仪的行为恰恰表明与父母的不渝真情。他们任由自己的性情流淌，真诚地对待自己的深情，不因各种已有的外在规定而束缚自己。在他们看来，他们的行为就是真正的孝道。同时，他们的率性行为也昭示了当时礼教的虚伪。

从以上分析可以看出，种类繁复的人文事象是基于自然物象而创立的，反映在生活的方方面面，既言之有文，又助益教化。物不远人，人也不凌物。源于天道的人文事象虽然处处彰显了人的精神痕迹，但在价值维度上又要时时退去人的精神痕迹，克服各种是非，追求与天合一的境界。

# 第三章　象的类型嬗变

与西方文化将世界主、客二分和把人的心理功能知、意、情三分不同的是，中国传统文化一直着眼于“象”，在“象”的创作和体悟中来运神构思，表情达意，体悟人生。在漫长的旅行中，“象”经历了一次次的生命涅槃。不同时代、不同学者所言之象又是各不相同的，尤为关键的是，魏晋玄学的言意之辨被陆机带入文论领域，经过挚虞、刘勰、钟嵘等人的阐发，泛指的“意中之象”嬗变为文艺创作中的“意象”，即现代文论中的审美意象。

虽然言必有意象，但语境不同，所指不同，意义也就不同了。正如韩经太、陶文鹏所说：“意象之义可以简洁地阐释为‘意中之象’，这样的阐释是‘意象’阐释史本身所积淀而成的最基础性的阐释意向，尽管它似乎显得太简单，但它的存在却是不争的事实。”①与其不顾语境地给意象下一个所谓的定义，还不如从其源头开始梳理，了解它在不同阶段的形态与义涵，这样或许能给人更加清晰的认识和启迪。

## 一、原始意象

在远古蛮荒时代，整个社会的生产力水平非常低下，人的实践范围极其狭小，认识能力也非常微弱。从人类的发展过程来看，人本身就是

---

① 韩经太、陶文鹏：《也论中国诗学的“意象”与“意境”说——兼与蒋寅先生商榷》，《文学评论》2003 年第 2 期。

大自然的产物，可当他回过头来认识这个世界时，发现整个世界都是神秘的，处处彰显着自然的伟大力量，所以从一开始就被惊奇和困惑占据了心灵，战战兢兢地匍匐于自然脚下。人该如何与自然相处，并发展自己呢？神话及其支配下的原始宗教、巫术和图腾崇拜，就是通过想象、虚拟来满足实际生活需要的一种方式。于是，万物同体、万物有灵的思想成为当时的普遍共识，世界上一切与人的生活有关的事物都被不同程度地神化了，也就形成了多种多样的崇拜形式，比如鬼神崇拜、祖先崇拜、生殖崇拜、图腾崇拜等，每一种崇拜形式又可以细分，如大自然崇拜中就有土地崇拜、动植物崇拜等。赵沛霖《兴的源起——历史积淀与诗歌艺术》就分析了鸟图腾与祖先崇拜、鱼图腾与生殖崇拜、树木图腾与土地崇拜、虚拟动物图腾与氏族图腾崇拜之间的关系。①

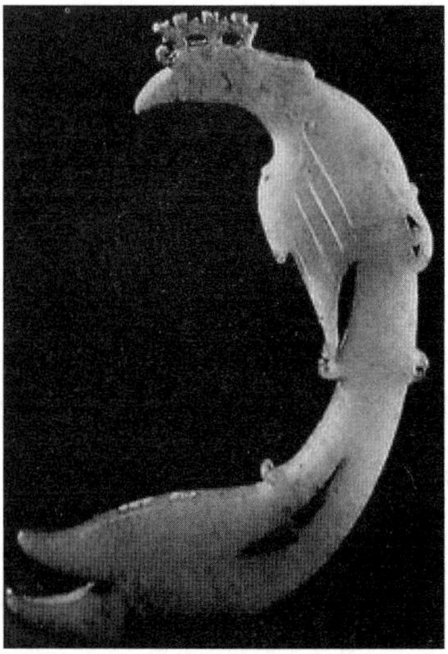

楚人的图腾凤凰

随着生产力的提高，人的认识能力和组织能力也逐渐加强，原先松

① 赵沛霖：《兴的源起——历史积淀与诗歌艺术》，中国社会科学出版社1987年版，第12-66页。

散的生活方式逐渐退出历史舞台，有较为稳定结构的氏族终于诞生了。氏族是根据血缘关系而建立起来的，其成员有着共同的祖先和姓氏。正是在氏族社会里，宗教观念才开始萌芽，图腾崇拜也逐渐形成。“图腾”一词来源于印第安语“totem”，1903 年清代学者严复在翻译英国学者爱德华·甄克思的《社会通诠》时所用，后被中国学界通用。它的原意有二：一是指“它的亲属”。由于原始初民的认识水平低下，对整个世界都充满好奇，尤其是对万物的生长和人类的繁衍感到分外神秘，于是很自然地就将人与动物联系起来，认为祖先就是某种动物的转世或化生，同时也包含着对这些动物所具有的特长的企羡，这也是动物在图腾类型中要比其他类型多的原因。二是指“它的标记”。在图腾崇拜中，它的子民形成了心理认同和文化认同，并深深地烙印在子民们的心理和行为上，代代相传。因此，图腾是一个氏族和族群的象征符号，不仅保护着、团结着它的子民，也是与其他族群区别开来的标志。

氏族社会的形成与稳定是需要某个图腾来作为精神支撑的。在他们的信仰里，认为本氏族的人是源于某种特定的物种而诞生的。这个特定的物种或为一种动物，或为一种植物，或为传说中的某种神物等，被尊奉为本氏族或胞族的祖先。由于认为本族的人与这个物种有着亲缘关系，这个物种就具有了双重身份：既是神物，又是祖先。所以，图腾崇拜既是对某个特定物种的崇拜，更是对祖先的崇拜。而作为氏族标记的图腾符号，它是一个族群的群体象征，可以起到密切血缘关系，维持社会组织的作用。

图腾崇拜具有强大的精神力量，它作为一种信仰将全氏族的人紧紧地凝固在一起。在各种图腾祭祀活动中，它不仅可以治病救人，赐予长寿和幸福，还能给人以战胜自然和抵御外敌入侵的力量。随着氏族的扩大和兼并，原始宗教也进一步发展，其崇拜形式进一步固定，适用范围进一步扩大，即使进入王朝社会后，图腾崇拜还可以成为一个王朝的基石，发挥巨大的作用。

天命玄鸟，降而生商，宅殷土芒芒。古帝命武汤，正域彼四方。(《诗经·商颂》)

这是一个关于商人始祖的古老传说。传说天帝给神燕发出指令，在人间留下一枚鸟蛋。有一天，帝喾的次妃简狄与别人外出洗澡时，看到了这枚鸟蛋。简狄吞下这枚鸟蛋后就怀孕了，后来生下了契，而契就是商人的始祖。所以商人的图腾就是玄鸟，玄鸟也是商人的庇护神和信仰支柱。再如龙，它是中华各民族共同崇奉的图腾。在漫长的历史衍变中逐渐成为一个能够上天入地、呼风唤雨的神兽。《说文解字》曰：“龙，鳞虫之长，能幽能明，能细能巨，能短能长，春分而登天，秋分而入渊。”如此神奇而又荒诞的传说并不影响国人对它的接受与赞美。我们的先祖就是龙的传人，如黄帝、尧、禹的生死都与龙有关，后来龙图腾符号成为帝王的独家专利，旁人不得觊觎和染指，即使像刘邦这样的无赖做了帝王也要杜撰一些与龙有关的传说，为自己的帝王身份增加一些砝码。

玄鸟生商

在原始社会里，几乎每个氏族都有自己的图腾符号，还伴随有相应的一套祭祀仪式。大致来说，图腾符号的造型都经历了三个阶段。第一阶段是初生阶段，这时的图腾符号与所信仰的物种极为相似，不少就是该物种的模拟。如在蒙古人的眼里，苍狼是腾格里(上天)派来保护草原的使者，他们对苍狼充满了敬畏，即使人死了也要拿尸体去喂狼，认为只有这样灵魂才能升天。所以蒙古族的图腾就是苍狼，对苍狼进行了神化，在图像上并没有进行任何改造。第二阶段是鼎盛阶段，这时的图腾符号已经融合了人的想象力，有意识地将图腾符号与祖先崇拜结合起来，对图腾崇拜的对象进行拟人化的处理，图腾符号开始演化为半人半兽的形象。如在古代传说中人首蛇身的伏羲，他结绳为网，教会人们渔猎的方法，尤其是创制了八卦和文字，功绩卓著，最后演化为中华民族人文始祖。第三阶段是图腾崇拜被祖先崇拜替代，并建立起比较完整的社会制度，整个族群被各种权力束缚在相应的制度里。比如在各个祠堂里往往供奉着一个宗族的祖先，在祠堂里除了举行祭祀活动外，还可以在祠堂里商议族内事务，开设宗祠学堂，行使族长族权，实施族规家法等，甚至还可以办理婚、丧、寿、喜等活动。

蒙古族图腾苍狼

生产力的发展也促使其他的意识形态以及自然科学相应的发展，它们与原始宗教交织在一起，既相互斗争，也相互利用。一方面，作为一种虚妄的保守力量，原始宗教借助神灵的无上权威，紧紧地控制着氏族成员的心理状态和意志行为。应该说在最初的原始宗教或图腾崇拜中，族人都有一种畏惧心理，害怕灾祸的降临，只能虔诚地对图腾符号进行膜拜。这无疑会限制认识能力的发展，其他的意识形态和自然科学也自然发展缓慢甚至受阻。另一方面，原始宗教本身作为一种支配思想，为其他意识形态和自然科学的发展提供了方法和动力。在图腾崇拜中，族人借助图腾标志获得了一种集体归属感，这份认同感将有助于人的自我意识的萌发。同时，原始宗教还借助当时所取得的文明成果为己所用，又为它们提供了发展空间，促进了原始艺术如诗歌、音乐、舞蹈、绘画、雕塑、纹身等的发展，正如鲁迅所说："神话大抵以一'神格'为中枢，又推演为叙说，而于所叙说之神，之事，又从而信仰敬畏之，于是歌颂其威灵，致美于坛庙，久而愈进，文物遂繁。"①这些所谓的原始艺术是以包括审美意识在内的神秘观念为基础，再物化为各种艺术形式的意象。

当然，这些原始宗教遵循的不是逻辑原则，而是情感原则。卡西尔说："神话的真正质素不是思维的基质而是情感的基质。……它们的条理性更多地依赖于情感的统一性而不是逻辑的法则。"②基于此我们不难理解为什么女娲补天要用五色石，还要认真锻炼一番，这是为了象征补天的艰难，也不难理解为什么仓颉造字时"天雨粟，夜鬼哭"，这是为了象征文字的发明具有伟大的意义，其他的神话也可以如此类推。这样就形成了许多的神话意象，它们使各类物象与想象的观念内容在人们的心理上建立起某种联系。这种联系一开始是有神秘性的，"不管在他们的意识中呈现出的是什么对象，它必定包含着一些与它分不开的神秘属性；当原始人感知这个或那个对象时，他是从来不把这对象与这些神秘

---

① 鲁迅：《中国小说史略》，上海古籍出版社 1998 年版，第 6 页。

② ［德］恩斯特·卡西尔著，甘阳译：《人论》，上海译文出版社 2003 年版，第 127 页。

属性分开来的”。① 这些神秘属性是超现实、超自然的宗教观念，当人们看到这些物象时，绝对不会产生怀疑，“惊恐的人们一旦凭空夸张地想象出什么，他们马上就信以为真”②，还会在他们的心理上产生相应的情感活动。

这里需要对图腾崇拜中的认同性情感和审美活动中的认同性情感作一简单的区别。在审美活动中，人在自己创造的作品中实现了本质力量的对象化，获得一种形式的愉悦感和富足的成就感。而在图腾崇拜中，人感受到的是血缘上的认同感和因得到图腾庇护而产生的安全感，是基于实用而生发的喜悦感。比如现代艺术中的一件石雕，里面融入了作者的人生体验和情感表达，其形式的塑造并不以实用为目的，而是追求一种有意味的形式，或曰一种情感形式。而不少地方出土的原始器物中有许多石器，它们首先是生活用品或生产工具，然后再追求人的想象力的表达。

应该说原始社会里最有可能成为审美对象的是图腾标志。在图腾崇拜中，人通过想象来建立自己与崇拜对象之间的关系，进而与整个天地建立起联系，图腾实际上承担起了某种中介的作用。而且在图腾的演变中，人的想象力不断得以发挥和加强，其造型也逐渐奇异，如《山海经》就记载了许多造型怪诞的半人半兽形象。同样的心理联系经过成千上万次的重复，不断得以加强，就可以在人的心理上形成习惯性的联想，超越时空的限制而积淀下来，成为一种集体无意识的意象，代代相传，持续发挥或实用或审美的作用。比如我们熟悉的饕餮，它是上古四大凶兽之一，其突出特性就是贪婪，其记载有：

周鼎著饕餮，有首无身，食人未咽害及其身，以言报更也。

① ［法］列维-布留尔著，丁由译：《原始思维》，商务印书馆 1981 年版，第 34 页。

② ［意］维科著，朱光潜译：《新科学》，人民文学出版社 1986 年版，第 163 页。

(《吕氏春秋·先识览》)

有兽焉，其状如羊身人面，其目在腋下，虎齿人爪，其音如婴儿，名曰狍鸮，是食人。(《山海经·北山经》)

饕餮，兽名，身如牛，人面，目在腋下，食人。(《神异经·西荒经》)

这种怪兽真的是太能吃了，以至于它把自己的身体也吃掉了，只剩下一个大头和一张大嘴，最后竟然被撑死。在诞生之时，它就是贪欲的象征，常用来形容贪婪的人，在商周时期的鼎器上就常用饕餮纹来寄寓修身治国之意。进入文明时代后，饕餮纹依然成为艺术的常客，但已经没有了神秘的色彩，而是纯粹的艺术形式。通过对饕餮贪吃的部分加以夸张，其凶恶之象退于其次，竟增添了几分贪吃的可爱。

饕餮纹铜器

所以，神话意象刚开始所激起的虽是神秘的宗教情感，源于对神灵的屈服与虔诚，但以想象的形式来激发情感意识的路径为后来审美意识的发展铺平了道路，同时也为后来的审美活动提供了大量的意象原型。

再来说“鱼”。闻一多《说鱼》指出，“以‘鱼’来代替‘匹偶’或‘情侣’的隐语”①，根源于鱼的繁殖功能。人类出于繁衍后代的渴望，艳羡鱼的强大的生殖能力，希望自己的子孙跟鱼一样绵延不绝。鱼也就成为生殖崇拜的图腾。如今科技发达，早已破除了生育的神秘色彩，但许多新人结婚时，所贴的喜联中常说“鱼水合欢”，在新房里还往往贴有“娃娃抱鱼”的图画，或者使用印有这种图案的面盆，这些图像除了象征喜得贵子的寓意和“年年有鱼(余)”的祈福蕴含外，已经没有了神秘属性，而是有着很强的审美意味，并进入到文学作品里，如晋乐府《江南曲》“鱼戏莲叶间，鱼戏莲叶东，鱼戏莲叶西，鱼戏莲叶南，鱼戏莲叶北”。

## 二、礼仪意象

随着人认识与利用自然的力量逐渐提高，也慢慢销蚀着对大自然的崇拜。氏族内部开始分化，氏族结构的解体之势不断加强，图腾崇拜的威力也随之淡褪。尤其是随着文字的发明和使用，人类的思维能力得到极大发展，自我意识进一步加强，哲学理性思潮也悄然兴起。星星之火，可以燎原，自我意识的加强和哲学理性的兴起不断否定神灵的权威。总之，“神话赖以生存的精神支柱动摇了。神话归于解体，它日渐走上人为宗教化、历史化、哲理化和世俗化的道路”。②

文明时代的到来意味着神话时代的结束。王国维曾说：“中国政治与文化之变革，莫剧于殷周之际。”③殷代巫风盛行，鬼神的威力很大，周代则不同。《礼记·表记》曾就商、周两代对待鬼神的不同有过比较：

殷人尊神，率民以事神，先鬼而后礼，先罚而后赏，尊而不亲。其民之敝，荡而不静，胜而无耻。周人尊礼尚施，事鬼敬神而

---

① 闻一多：《闻一多讲国学》，华文出版社2009年版，第353页。

② 汪裕雄：《审美意象学》，人民出版社2013年版，第61页。

③ 王国维：《观堂集林(外二种)》，河北教育出版社2001年版，第287页。

远之，近人而忠焉，其赏罚用爵列，亲而不尊。

西周原为西北的一个蕞尔小国，曾接受殷商的册封，周文王的母亲和妻子均来自商室，所以周人接受殷商的政治、文化等影响是自然不过的了。但这样一个经济、文化都比较落后的小邦，最后竟取代了强大的殷商，成为天下共主，肯定有着不一样的过人之处。比如古公亶父作为首领，因为戎、狄的威逼，率领族人从豳城迁徙到了岐山下的周原，备受欺辱。但他励精图治，不仅实施“务耕织、行地宜”的农业发展政策，实现了“行者有资，居者有畜积，民赖其庆”的局面，关键是他本人德义高尚，深受国人爱戴，趋附者日益增多，周族也逐渐强盛起来。因此，一方面周人继承了殷商时期的宗教观念，依然重视祖灵之佑。他们承袭殷人对天帝（喾）的崇拜，自称是帝喾的后裔，其先祖后稷是帝喾的上妃姜嫄所生①，将自己的祖先与天帝结合，为其统治找到了先天的合理性。另一方面，周人反复宣明“天命靡常”“天难忱斯”，认识到人自身的力量和价值，进一步认识到，“除了‘天’的意志是价值的终极依据之外，‘人’的感情也是价值的合理依据，于是，亲情及其向外扩展是人际和谐的基础，血缘及其应有的远近分别是社会秩序的本原，而‘礼’则成了社会认同的象征性规则，凭借这套规则，世界确立秩序”。② 唐君毅曾对夏殷礼乐与西周后的礼乐对人的作用进行过比较，“夏殷之礼乐较重祀鬼神，表示中国人之先求与神灵协调。此时之礼乐，当主要是和神人之礼乐。至周而后礼乐之意义，更重在通伦理，成就人与人间之秩序与和谐。故文之观念之自觉，亦当始于周”。③ 从周公“制礼作乐”到孔子“克己复礼”，这是先秦理性文化对原始巫术文化

① 如《诗·大雅·生民》说“履帝武敏歆”，即姜嫄踩着帝喾的足迹感孕而生下了后稷。

② 葛兆光：《中国思想史》卷一，复旦大学出版社2001年版，第34页。

③ 唐君毅：《中国人文精神之发展》，广西师范大学出版社2005年版，第6-7页。

的突破，标志着旧的巫术宗教文化逐渐被新的礼乐文化取代。虽然周礼继承了夏商之礼，但其内涵已经得到了更新和充实，人开始从自身寻找礼乐文化的内涵，并最终将人的德行、仁爱作为礼乐的基石，对人的吸引力也愈发浓厚。与祖先崇拜有着渊源的血缘关系就成为社会秩序的基点，通过血缘远近来确定人际关系，并用相应的规范来予以象征，这就是“礼”。

制礼作乐的周公

“礼”的繁文是“禮”，左边为“示”，右边为“豊”，是一个会意字。“示”在甲骨文中写作“丅”，陈梦家认为“应是石主的象征”①，即象征祭祀对象的石制神主，故《说文解字》曰：“天垂象，见吉凶，所以示人也。……垂日月星也，观乎天文以察时变，示神事也。凡示之属皆从示。”再看“豊”字，《说文解字》曰：“行礼之器也，从豆，象形。”二者合为“礼”字，就是指按照一定的仪式，运用一定的器物来祭祀神灵的活动。所以《说文解字》曰：“礼，履也，所以事神致福也。从示，从

① 陈梦家：《殷墟卜辞综述》，科学出版社1956年版，第440页。

豊。豊亦声。”要完成礼的活动，就要有合理的形式，即“仪”，所以，“礼仪”经常合用。《说文解字》曰：“仪，度也。”段玉裁注曰：“度，法制也。毛传曰：仪，善也。又曰：仪，宜也。又曰：仪，匹也。”可见，仪就是按照一定程序进行的礼之准则、姿态等，使礼合乎法度。

源于祭祀的礼其实继承了在原始社会里反复操演的各种巫术、图腾崇拜等活动的形式，在原始意象的神秘意味渐渐消退后，这些仪式被保留下来，并在后续的实践活动中被反复改造和增设。礼仪不仅是通过一定的程序得以与天地相通，与祖先相通，寻求庇护，更重要的是建立一种上下有别、等级有次的社会格局，并作为一种制度来规范人间的秩序。社会生活的方方面面，人际关系的远近亲疏，地位的高低贵贱，都表现在各种礼仪之中，人们也在这些礼仪形式里不断地被激起和加固与之相应的道德情感。我们且看《礼记·曲礼》的说法：

> 道德仁义，非礼不成。教训正俗，非礼不备。分争辩讼，非礼不决。君臣、上下、父子兄弟，非礼不定。宦学事师，非礼不亲。班朝治军，莅官行法，非礼威严不行。祷祠祭祀，供给鬼神，非礼不诚不庄。是以君子恭敬撙节，退让以明礼。

经过殷周之际的巨变后，在继承夏商时期的各种原始礼仪的基础上，周代又根据伦理实践的需要创制了许多新的礼仪，经年的积累造成了周穆王时“礼经三百，威仪三千”①的繁荣局面。我们可以从“五礼”中窥见当时的盛况，《周礼·春官·大宗伯》曰：

> 大宗伯之职，掌建邦之天神、人鬼、地示之礼，以佐王建保邦国。以吉礼事邦国之鬼神示，……以凶礼哀邦国之忧，……以宾礼

① 《汉书·礼乐志》：“周监于二代，礼文尤具，事为之制，曲为之防，故称礼经三百，威仪三千。”

亲邦国，……以军礼同邦国，……以嘉礼亲万民，……以礼乐合天地之化，百物之产，以事鬼神，以谐万民，以致百物。

大宗伯的职责是至关重要的，因为掌管一个王朝对天神、人鬼、地神的祭祀之礼，可以辅佐天子建立王朝，安定邦国。他掌管的礼仪非常繁复，可以归为五类："吉礼"是五礼之冠，主要是对天神、地祇、人鬼的祭祀之礼；"嘉礼"是沟通人际关系、联络感情的礼仪；"宾礼"是接待宾客之礼；"军礼"是师旅操演、征伐之礼；"凶礼"是哀悯吊唁之礼。周代大规模的礼仪形式不仅运用于祭祀、朝聘等重大活动中，也普遍实施于人们的日常生活中，如饮食、冠昏、丧祭、射御等，成为一种普遍的社会行为，不仅体现为人的仪容、动作、语言等，也体现为礼物、礼器、仪式等，还可以表现为虚幻、神秘性的时空等。① 因此，"'礼仪时代'确立的礼仪制度、盛行的礼乐仪式成为后世政治、文化制度模式的结构原型，开启了中国上古社会以礼乐文明为核心的人文精神的建构旅程。"②国家的祭祀征伐，人的婚丧嫁娶，全都在礼仪之象的伴随下进行，这些可以感知的礼仪之象就是礼仪意象。

礼仪原是人们根据对现实的认识和需要而建构起来的一套秩序与制度，实际上就是一些象征符号或象征仪式。"象征行为的出现，标志着人类进化中超生物变革的开始，而象征行为的发展，促进了人类改造世界、改造自身的历史进程。简言之，象征行为使人成为人。"③因为象征，人们逐渐失去了对原有事实的认知和感动，在反复的象征运用实践中，"这种'象征'久而久之在人们心中却取代了事实世界，成了事实世

---

① 参见王秀臣：《礼仪与兴象：〈礼记〉元文学理论形态研究》，社会科学文献出版社 2013 年版，第 25-40 页。

② 王秀臣：《礼仪与兴象：〈礼记〉元文学理论形态研究》，社会科学文献出版社 2013 年版，第 1 页。

③ 叶舒宪：《探索非理性的世界——原型批评的理论与方法》，商务印书馆 2006 年版，第 47 页。

冬至祭祖

界本身，它的地位越发地崇高，它的形式越发地隆重，它的作用也越发地巨大"①。人们通过符号来解释和说明事实世界，最后导致的结果就是，与其说生活在事实世界里，不如说生活在一个象征符号的世界里。礼之建构实际上是天地秩序在人间的投射，作为秩序象征的礼仪因为依托天地秩序也就具备了深厚的背景支持，正如孔子所说"夫礼，必本于天，殽于地，列于鬼神，达于丧祭射御冠昏朝聘"(《礼记·礼运》)。因为在孔子看来，"礼仪不仅是一种动作、姿态，也不仅是一种制度，而且它所象征的是一种秩序，保证这一秩序得以安定的是人对于礼仪的敬畏和尊重，而对礼仪的敬畏和尊重又依托着人的道德和伦理的自觉，没有这套礼仪，个人的道德无从寄寓和表现，社会的秩序也无法得到确认和遵守"。② 循此思路，我们就能理解孔子对礼的恪守与虔诚，他常说"不学礼，无以立"(《论语·季氏》)，要求"非礼勿视，非礼勿听，非礼勿言，非礼勿动"(《论语·颜渊》)，也能理解他对越礼行为的愤怒，

① 葛兆光：《中国思想史》第 1 卷，复旦大学出版社 2001 年版，第 60 页。
② 葛兆光：《中国思想史》第 1 卷，复旦大学出版社 2001 年版，第 93 页。

如“八佾舞于庭，是可忍，孰不可忍也”(《论语·八佾》)。

随着地方诸侯的势力逐步强大，周天子的权威不断面临挑衅，僭越礼乐的行为愈发普遍，为老子之“道”的横空出世提供了温床。它“先天地生”，“为天下母”，尽扫一切权威，说明人的理智彻底战胜了鬼神，而且“道生一，一生二，二生三，三生万物”的宇宙生成模式，捣毁了人们对神灵的信仰。夏曾佑对老子之“道”的伟大功绩曾有精辟的说明：

> 老子之书……大约以反复申明鬼、神、术数之误为宗旨。“万物芸芸，各归其根，归根则静，是谓复命”，是知鬼、神之情状不可以人理推，而一切祷祀之说破矣。“有物混成，先天地生”，则知天地山川、五行、百物之非原质，不足以明天人之故，而占验之说废矣。“祸兮福所倚，福兮祸所伏”，则知祸福纯乎人事，非能前定之者，而天命之说破矣。①

《老子》不一定就是“以反复申明鬼、神、术数之误为宗旨”，但在事实上却刺破了人们对“祷祀之说”“占验之说”和“天命之说”的迷信，中国哲学也由此发轫。这样伟大的转折在《周易》中体现无遗。《周易》原本为占筮之术书，经过阴阳思想的改造，完成了哲学化的转折，其标志就是《易传》的诞生。《周易》认为世界本原于阴阳二气的和合与转化，万物都是相生相待的，人的吉凶祸福也在阴阳之中，天地的运行规律与人间的吉凶祸福有着同生同构的关系。这样的天人合一已经没有了往日的神秘，通过人的努力是可以达到的。然而，《周易》表达这样深邃的思想并没有运用概念符号进行逻辑言说，而是运用象符号进行系辞言说。易象正是借助各种自然物象和人文事象来表达天地之微和圣人之意

---

① 夏曾佑：《中国古代史》，生活·读书·新知三联书店1955年版，第71-72页。

的，尽管它没有使用“意象”一词，却“是名副其实的‘意象’”①。

礼仪本来是一种象征，贯穿了过去、现在与未来，融合了真实与虚幻，一旦被人们认同和习惯，就可以起到建立秩序、维持权威的作用。维系礼仪运行的基石有两个，一是精神支柱，一是强力政权。当孔子看到作为天子专享的八佾舞也出现在一些诸侯的宫廷里，他痛心疾首，不顾自身安危，带着弟子们周游列国，寻求诸侯的支持以推行他的学说，恢复他所向往的周礼。孔子给礼仪注入的新内涵就是仁。《论语·八佾》曰：“人而不仁，如礼何？人而不仁，如乐何？”若没有仁德作为基础，其礼乐不过是一些花里胡哨的把式，甚至成为娱乐助兴的工具。故《论语·阳货》曰：“礼云礼云，玉帛云乎哉！乐云乐云，钟鼓云乎哉！”玉帛、钟鼓是实施礼乐的器物，但实施者没有仁义之心，心中没有敬意，它又如何能起到规范天下的作用呢？

从建立在神灵与祖宗崇拜的基础上的西周礼仪，到皈依内心仁义的孔子之礼，礼仪的形式没有多大变化，但本质却发生了根本性的内倾。“仁”首先是基于血缘关系的亲情。孔子说：“予之不仁也！子生三年，然后免于父母之怀。夫三年之丧，天下之通丧也。予也有三年之爱于其父母乎？”(《论语·阳货》)因为父母对我们有养育之恩，我们小时候也常在父母的怀抱里得到呵护，这是出于父母的诚心；父母去世后，我们的心情是悲痛的，守孝三年也是人之常情，这是出于子孙的诚心。“仁”也是一种视人如己的亲近之情。《论语·颜渊》曰：“樊迟问仁，子曰：爱人。”不仅要爱自己的亲人，还要推己及人。它不是由外而内的强制与威严，而是由内而外的生发与推衍。在此心理基础上建立起来的“礼”，就不仅是被迫遵守的秩序，更是自觉认同的规范，而“仪”实际上就是仁心之象。比如礼的核心就是“孝”，人们往往会将祖先的牌位供奉在祠堂里，以寄托对祖先的哀思。

---

① 汪裕雄：《审美意象学》，人民出版社 2013 年版，第 40 页。

礼：宗庙之主，以木为之，长尺二寸，以象先祖。孝子入庙，主心事之，虽知木主非亲，亦当尽敬，有所主事。土龙与木主同，虽知非真，亦当感动，立意于象。(王充《论衡·乱龙篇》)

“以象祖先”之“象”即象征之意。此牌位实际上就是“长尺二寸”的木牌，既不是祖先的图像可以引发回忆，也不是祖先的饰物、衣物等可以引发接触律似的感想。但它象征着先祖的存在，就成为后人祭拜祖先的“礼象”，在孝子完成一套祭拜仪式时，想象祖先的神灵真的可以依附于子孙的身上，看见此木牌就想象祖先如在眼前，也就能实现“祭神如神在”(《论语·八佾》)的效果。

何氏祠堂

在礼仪中，不同的形式、礼器、乐曲、姿态等都象征着特定的关系，并与相应的情感形成契合关系。如果不能做到心之诚，此“仪”也就失去了意义，正所谓皮之不存毛将焉附。有一次，鲁国人林放向孔子请教礼的根本，孔子说：“礼，与其奢也，宁俭；丧，与其易也，宁戚。”(《论语·八佾》)礼之根本在于内在情感，与其隆重不如节俭。比如最为重要的丧礼，其关键不在于形式的铺张浪费，而在于心有悲戚。

这一点我们可以在《世说新语》中“生孝”与“死孝”的对比中一窥究竟。

> 王戎、和峤同时遭大丧，俱以孝称。王鸡骨支床，和哭泣备礼。武帝谓刘仲雄曰：“卿数省王、和不？闻和哀苦过礼，使人忧之。”仲雄曰：“和峤虽备礼，神气不损；王戎虽不备礼，而哀毁骨立。臣以和峤生孝，王戎死孝。陛下不应忧峤，而应忧戎。”(《德行》)

王戎丧母悲至吐血，哀毁骨立，是为死孝，何其诚也；而与之同时遭大丧的和峤虽哭泣备礼，却神气不损，是为生孝，何其虚伪。“和峤生孝”将孝礼当成了一场表演，在乎礼之仪式；“王戎死孝”源于对亡者的深情，直抵礼之根本。因此，从俗辈中人视为“不崇礼制”的行为中，我们感受到了生命力的疯狂涌动和真性情的自然流露，体验到一种诚明的人生境界。

总之，礼是仪与义的结合，仪作为义的外在显现，义作为仪的内在蕴含。周公在借鉴夏商之礼的基础上，将自然神灵与祖先崇拜结合作为礼之义，形成了令孔子向往不已的礼仪时代。或许正是这份向往推动他在礼崩乐坏之时，赋予礼仪之象新的内涵，将基于血缘关系的亲情及由此扩散开去的亲近之情作为礼义，完成了礼义的内倾。礼仪之象在反复的实践中，积淀为可以传承的象征符号，代代延续。

## 三、审美意象

自汉武帝采纳董仲舒的“罢黜百家，独尊儒术”主张开始，在“天人感应”学说的笼罩下，自然与人事都受制于天命，当时的文学创作也以润色鸿业为己任。或许士人们的心思被捆在了经学上，因为皓首穷经可以通达仕宦，还来不及思考自己的所见所闻，以至于在《诗经》与《古诗十九首》之间鲜有佳作。《诗大序》中的“志”与“情”已有分别，由于功利主义文学观的束缚，文学创作的价值取向终究以“发乎情，止乎礼义”为鹄的，将“情”限定在道德情感的苑囿里。而从汉末开始的大动乱，不仅使大一统的政权处于风雨飘摇之中，也动摇了人们曾经不可置疑的信仰。思想的转向给文学的创作带来了新的血液，其中玄学兴起的影响尤为显著。

当儒学变为经学后，尤其到了东汉后期，一方面空守章句，注疏堆积，繁琐不堪，一方面与阴阳五行、谶纬之说结合，荒诞不经，所以“东京以降遂逐渐不足以厌切人心，其为人所厌弃则尤是事有毕至”①。时代的大转折往往是一些大事件合力完成的，但也会从一些看似偶然的小事件中透露出端倪来。建安五年(公元 200 年)，融会古今文经学、博学多才的一代鸿儒郑玄离世了。他在去世之前，“梦孔子告之曰：起，起，今年岁在辰，来年岁在巳”。② 庚辰与辛巳，虽然只是一年的转换，却是两个世纪的交替。这显然是后人的编造，却也是时人心态的反映。之前的两次党锢之祸对思想界的人士造成了巨大的创伤，“一方面它给知识阶层的理想主义带来了阴影，并使知识与权力抗衡的想象彻底幻灭，从而引出个体生存为中心的思路，一方面它使得一批士大夫厌恶了群体认同互相标榜的方式，转而寻求一个更个人性的独立与自由的精神境界”。③ 郑玄是思想界的大儒，他在世纪之交去世也就具有了结束一个旧时代和开启一个新时代的象征意义。

思想的裂变有时是从内部开始的。虽然有礼乐刑罚等制度的护航，儒学却有一个最薄弱、最柔软的地方：自始至终都忽视了对宇宙和人的终极的追问。

> 子贡曰：夫子之文章，可得而闻也；夫子之言性与天道，不可得而闻也。(《论语·公冶长》)

---

① 余英时：《士与中国文化》，上海人民出版社 2003 年版，第 303 页。
② 范晔撰，李贤等注：《后汉书》，中华书局 2000 年版，第 813 页。
③ 葛兆光：《中国思想史》第 1 卷，复旦大学出版社 2001 年版，第 315 页。

我们知道，两汉时期是一个经学时代，言意之辨没有成为经学家关心的重点，因为“汉人最重师法。师之所传，弟之所受，一字毋敢出入；背师说即不用”。① 在经学的笼罩下，六经之义和经师之说成为政治和学术上的权威，执着于现实生活，并将历史中形成的群体的社会价值置于不容置疑的地位。即使在著书立说中遇到了言不尽意的困境，也没有质疑的必要，援经立说即可，长此以往，也就逐渐失去了质疑的勇气和意识。

当残酷的现实带来巨大的群体分裂时，这个长期被掩盖的、薄弱而柔软的地方也就成为最易被怀疑和击破的地方。

荀粲曰：“常以为子贡称夫子之言性与天道，不可得闻，然则六籍虽存，固圣人之糠秕。”(《三国志》)

何晏曰：“性者，人之所受以生也。”“天道者，元亨日新之道，深微故不可得而闻也。”(何晏《论语集解》)

魏晋文士们开始对圣人之言加以怀疑，将其看作糠秕，他们追问的就是以前儒学所忽视的地方。他们被玄远微妙的“道”和“性”深深地吸引了，“道”与“性”成了谈论的核心命题。他们关注的不再是伦理道德和礼乐制度的秩序与规则，而是这秩序与规则何以成立的依据，从形而下的执着转移到了形而上的思辨。《世说新语》记载了他们的心声：

每与之言，言皆玄远。(《德行》注引《家戒》)

傅嘏善言虚胜，荀粲谈尚玄远。(《文学》)

高才逸度，善言玄妙。(《文学》注引《管辂传》)

① 皮锡瑞著，周予同注释：《经学历史》，中华书局2004年版，第46页。

当讨论这些幽深而抽象的问题成为思想的潮流时，玄学也就顺势而生了。当魏晋士人们认识到儒学的致命伤，开始反思道与性这样的本体性问题时，他们不自觉地回望老子和庄子。老子是中国最早以“道”为最高理念来建构宇宙本体论的人，可从一开始就面临着“道不可言”的困境，《老子》第二十五章说：“有物混成，先天地生。寂兮寥兮，独立而不改，周行而不殆，可以为天地母。吾不知其名，强字之曰道，强为之名曰大。”赓续老子思想的庄子也承接了同样的尴尬处境，发出了“可以言论者，物之粗也；可以意致者，物之精也。言之所不能论，意之所不能察致者，不期精粗焉”(《庄子·秋水》)的感叹，但他又睿智地认识到，与其纠缠于言的表达功能能否尽意，不如将言当作达意的桥梁，到达了“意”这个目的又何必还要留恋走过的桥呢？所以庄子又说：“筌者所以在鱼，得鱼而忘筌；蹄者所以在兔，得兔而忘蹄。言者所以在意，得意而忘言。”(《庄子·外物》)“言”只是为“意”服务的工具，既已用之，则可忘之。

以反经学面目出现的魏晋玄学，绕开经学的路障，接续老庄的言意之辨。汤一介曾指出：“魏晋玄学这种新的哲学思潮的流行和完备，是由于一种新的哲学方法的出现而发生的。这种新的哲学方法称之为‘言意之辨’。”①玄学是以“三玄”为文本依据的，比如玄学的开创者何晏和王弼主要注释的是《老子》，玄学的集大成者向秀和郭象主要注释的是《庄子》。《周易》位居儒家群经之首，将之与《老子》《庄子》二书并用并立，显示了玄学援道入儒、以道解儒的思想取向。这样可以增加玄学的权威和地位，毕竟儒学还是统治者所提倡和维护的。

从总体上看，玄学与美学的连接点在于超越有限追求无限，针对的问题是人生的意义和价值，“目的是在对人格理想作一种本体论的解释或建构”②，最终实现人生的自由。在玄学家看来，美就是超越有限而

---

① 汤一介：《郭象与魏晋玄学》，湖北人民出版社 1983 年版，第 7 页。

② 李泽厚、刘纲纪主编：《中国美学史》第 2 卷上，中国社会科学出版社 1987 年版，第 109 页。

少年奇才王弼注《道德经》

达到的一种自由境界，因此它并不停留在有形有色的可见可闻的具体事物身上，而是追求一种超越可见可闻的东西，以心无所适的自由心态去体验事物的最高本体。当时，征战连年不休，生活流离失所，生命朝不保夕，整个社会笼罩在“白骨露于野”“千里无鸡鸣”的悲惨景象里，加剧了人们生命短暂、人生无常的感慨。摆脱了经学束缚的人们，格外想抓住这稍纵即逝的生命，养生以延寿，任诞以肆情，对个体人生的价值的思考很自然地成为魏晋玄学的主题。他们渴望在现实的人生中超越有限的生命，获得对人生的无限体验，特别是在情感体验中进入自由的人生境界，这就是审美的境界。这种通过内在自我精神超越有限而实现的自由，与先秦道家顺应自然从而与道合一的自由相比，高扬了人的主体性和个体性。

玄学思潮对中国文学的影响主要体现在言意论、形神论和才性论三个方面①，其中言意之辨的影响更为直接。

---

① 参见李建中主编：《中国古代文论》，华中师范大学出版社 2007 年版，第 116-119 页。

中国先哲虽然很早就认识到了语言的作用，但与道相比，对语言并不重视。可在人类所有的表意符号中，语言的表达功能最强，并可以传之久远。先哲们最初选择了卦爻画符，后来不得不选择了语言来表情达意。魏晋文士们遇到了和《易传》作者们一样的问题：言意悖论。万物之本、终极之无都不在语言和形象之内，也不在时空之内，于是，“言意之辨”再次成为玄谈的中心话题。从玄学家们的言论来看，可以分为四派。①

“言意之辨”使“言不尽意”居于主导地位，王弼的“得意忘言”占据上风。他在言意之间引入了“象”，认为“尽象莫若言”“尽意莫若象”。王弼的“得象忘言”“得意忘象”看似是对庄子的“得意忘言”的补充和延伸，但包含了对“立象以尽意”的追问，暗示着意象说自我突破，为追求象外之意做好了铺垫。

“意”与“象”组合成一个词最早为东汉王充使用，其《论衡·乱龙篇》曰：“天子射熊，诸侯射麋，卿大夫射虎豹，士射鹿豕，示服猛也。名布为侯，示射无道诸侯也。夫画布为熊麋之象，名布为侯，礼贵意象，示义取名也。”这些熊、麋、虎、豹等兽类的画像是供天子、诸侯、卿和大夫们射猎用的，以此象征他们可以降服这些猛兽。关键之处在于，这些画像是与不同等级的人相对应的，也就具有了君臣上下的等级之分，是立“意”于“象”的“意象”，重在意而非象，与礼仪意象并无实质分别。在整个汉代时期，虽然也出现了许多恢弘的艺术品，一些艺术实践和评论已经涉及意象的产生方式和结构特点，如汉赋和乐府不仅创造了情深意浓的文学形象，也成功地实践了赋、比、兴等艺术手法，还有《毛诗序》也谈论到诗歌的产生和社会功能等。但由于经学的统治地位，文艺创作依附于儒家政治伦理，并不是自觉的行为，作为美学范畴的意象还是没能诞生。

---

① 注：第一，言以尽意，以欧阳建为代表。第二，言不尽意，以荀粲为代表。第三，得意忘言，以王弼为代表。第四，寄言出意，以郭象为代表。

时间来到了魏晋时代。旧的秩序已然坍塌，新的规范尚未建立，思想自由奔放，情感浓郁热烈。追求人格独立成为魏晋时期的主旋律，对个体自由生命的肯定也影响到了当时的文学创作，不再以政治内涵为旨皈，而是注重抒发个人情怀和生命感受，这样的写作同样被当作保持生命不朽的方式，“那种建基于比德方式的喻象思维便转向了立足个人情思的意象思维”①。

玄学的“言意之辨”再次确定了“立象以尽意”的命题，直接影响了魏晋文学批评。由于玄学认为“道”是无名、无形，亦即无限，如何用具体形象和名言概念来加以表述的问题，就引发了“言”“象”能否“尽意”的问题。王弼首先肯定了“言”是能“尽象”的，“象”也是能“尽意”的，但是，“言”的作用在于“明象”，得象即可忘言；“象”的作用在于“存意”，得意即可忘象。因为固定的言和象都是有限的，若言不可忘，象也是有限的，若象不可忘，则意也是有限的，这样就不能实现象对言、意对象的超越，无以从有限进入无限的境界。王弼说：“触类可为其象，合义可为其征”②，就是说只要符合象征的意义，完全不必拘泥于某一固定的象。

首次将“言意之辨”引入文论的是陆机，《文赋》说：“恒患意不称物，文不逮意。”通过对文学三要素“文”（言）、“意”（运思）、“物”的辨析，确立“意”为文学创作的核心范畴，如“情曈昽而弥鲜，物昭晰而互进”，是讲情与物的互动互进；“虽离方而遯员，期穷形而尽相”，“相”即“象”，“穷形尽相”就是把文学意象的塑造当作创作目标。

正式在文学创作中提出意象范畴的是刘勰。《神思》曰：“然后使玄解之宰，寻声律而定墨，独照之匠，窥意象而运斤；此盖驭文之首术，谋篇之大端。”对此处之“意象”，不少人提出异议，如钱锺书说：“刘勰用‘意象’二字，为行文故，即是‘意’的偶词，不比我们所谓‘image’，

---

① 陈伯海：《释“意象”（上）——中国诗学的生命形态论》，《科学战线》，2005年第9期。

② 楼宇烈：《王弼集校释》，中华书局1980年版，第609页。

广义得多。只能说刘的‘意象’即‘意’，不能反过来。”①敏泽踵续此说②。的确，刘勰只有一次提到意象，且没有进行界定，但结合《文心雕龙》来看，刘勰的意象论是很丰富的。

刘勰论文虽然强调“征圣”“宗经”，这是从文学的功能来说的，但所原之“道”并非儒家之道，而是道家之太极，或曰“天地”。《原道》论述了天文、地文和人文，前两者都是自然生成的，后者却是人自觉运用语言创造的，于是就有了自发与自觉的分野。在魏晋玄学的洗礼下，个人之深情成为文学创作的主要动力和表现内容，刘勰说“窥意象而运斤”，这个意象就是在情感的推动下，“神用象通，情变所孕”，通过艺术想象使内在深情与外在物象融合在一起。这里所表之“意”，既不是原始宗教的神秘体验，也不是精深的义理，就是个体的、独特的生命体验。“和传统‘意象’说的区别在于：审美意象所表之意，既非玄妙的天意、天道，亦非宗教社会的礼教、人伦，而是创作者个人的情意，是他从自己的生命活动中感发出来的生命体验和审美体验。”③当然，这还是一种心象，尚未物化在文本中，变化多端，“登山则情满于山，观海则意溢于海”，既可以“情以物兴”，也可以“物以情观”。张晶也说：“刘勰第一次把‘意象’合成为一个稳定的审美范畴，指出意象的创造乃是‘驭文之首术，谋篇之大端’，即文学创作的关键。这在中国美学思想史上是有首创之功的。”④将“意象”放在创作的首要位置，与“声律”并

① 敏泽：《钱锺书先生谈“意象”》，《文学遗产》2000年第2期。

② 敏泽认为：“应该说明的是，‘意象’作为一个组词虽然被刘勰第一次提了出来，但他所说的‘意象’和我国文论史后期所说的‘意象’，或西方所谓的‘image’含意并不尽同，比之要广泛得多。《文心雕龙》由于是用骈体文写成的，‘意象’实际上是一个偶词，其内含实即一个‘意’(包括艺术想象)，其实唐代司空图的《诗品·缜密》中提到的‘意象欲生，造化已奇’，同样是如此。”见《中国古典意象论》，《文艺研究》1983年第3期。

③ 陈伯海：《释“意象”(上)——中国诗学的生命形态论》，《科学战线》2005年第9期。

④ 张晶：《刘勰的审美意象论》，《吉林大学社会科学学报》1997年第1期。

列为文学运思的两大要素，一表一里，这是文学自觉的表现。

意象的诞生确立了文学的本体。在中国哲学里，“本”与“末”相对，指事物的根源，“体”与“用”相对，指事物的原因；所谓“本体”，“它寻求事物最初的根源与最高的原因”。① 文学之所以为文学，就在于意与象的不离关系，其他的一切都是围绕它而生发的。否则的话，文学意象与原始意象、礼仪意象就没有区别了。

刘勰深受《易传》的影响，其“意象”渊源于“易象”，但是二者之间有着本质的不同。钱锺书曾经以“貌同心异”来比拟二者：“《易》象虽包《六艺》，与《诗》之比兴，尤为表里。’然二者貌同心异，不可不辨也。”②为何说它们一表一里，有本质的区别呢？钱先生又说：

> 《易》之象，义理寄宿之蘧庐也，乐饵以止过客之旅亭也；《诗》之喻，文情归宿之菟裘也，哭斯歌斯、聚骨肉之家室也。③
>
> 《易》之有象，取譬明理也，“所以喻道，而非道也”（语本《淮南子·说山训》）。求道之能喻而理之能明，初不拘泥于某象，变其象也可；及道之既喻而理之既明，亦不恋着于象，舍象也可。到岸舍筏、见月忽指、获鱼兔而弃筌蹄，胥得意忘言之谓也。词章之拟象比喻则异乎是。诗也者，有象之言，依象以成言。舍象忘言，是无诗矣。④

原来，“易象”为“义理”之象，只是义理寄宿的蘧庐，得意可忘也；“意象”乃“文情”之象，是人之生命的诗意栖居地，不可弃也。看似同一，其实相差甚远。尤其是刘勰将“意象”与“隐”的审美追求结合起来阐释，极大地深化了意象的审美内涵。

---

① 陈望衡：《当代美学原理》，人民出版社 2003 年版，第 122 页。
② 钱锺书：《管锥篇》第 1 册，中华书局 1999 年版，第 11 页。
③ 钱锺书：《管锥篇》第 1 册，中华书局 1999 年版，第 14 页。
④ 钱锺书：《管锥篇》第 1 册，中华书局 1999 年版，第 12 页。

夫心术之动远矣，文情之变深矣，源奥而派生，根盛而颖峻，是以文之英蕤，有秀有隐。隐也者，文外之重旨者也；秀也者，篇中之独拔者也。隐以复意为工，秀以卓绝为巧。斯乃旧章之懿绩，才情之嘉会也。夫隐之为体，义主文外，秘响傍通，伏采潜发，譬爻象之变互体，川渎之韫珠玉也。故互体变爻，而化成四象；珠玉潜水，而澜表方圆。始正而末奇，内明而外润，使玩之者无穷，味之者不厌矣。(《隐秀》)

可见，文学审美意象的根本在于"隐"，要有"文外"之义，从而实现"玩之者无穷，味之者不厌"的审美效果。刘勰将传统文化中的"意象"与艺术想象和审美情感联系起来，以"文外之重旨""义主文外"为皈依，建立起文学本体论，对唐代"象外之象""境生象外"等审美传统的形成具有直接的启发作用。因此，"《文心雕龙》是'象'范畴确立和衍化过程中的关键性环节，对中国古代文学形象及文学意境的创造起了重要作用，同时也对意境理论的建构起着重要作用"。①

审美意象的诞生还推动了"兴象"的诞生与发展。刘勰所论之文学是杂文学、大文学，"意象"并不是文学艺术的专用术语。由于唐代诗歌繁荣，诗歌逐渐从大文学中独立出来，唐人在意象论的基础上，创作出一个专指诗歌意象的术语——兴象。此人就是殷璠，他在《河岳英灵集》中反复使用"兴象"一词来评论当时的诗坛现象和诗人作品，这里的兴象实际上就是诗歌意象，之所以要从"意象"引申出"兴象"来，就在于审美意象追求"文外之重旨""象外之象""文外之旨"，而"兴"正好符合了这一审美追求。前已指出，中国文化语境中的"兴"不只是一种创作方法，还具有丰富的美学内涵。"兴"最初是托物起情，后来转义

① 杨星映：《〈文心雕龙〉的"象"范畴》，《重庆师范大学学报》(哲学社会科学版)2009年第6期。

兼指“起情”和“所起之情”，“情兴”合用，而“兴必取象”是起情抒情的必要条件。关键是，意象追求象外之意，钟嵘谓“文已尽而意有余，兴也”使“兴”具备了“有余之意”，“兴在象外”就是此余意的自然延伸。“兴象”实际上具有“表情之象”和“余意之象”的双重内涵，显现了凭藉意象又超越意象的特点，这对意境的诞生具有至关重要的意义。

易象与意象之别实际上体现在意与象之间的关系上，钱锺书称前者是“不即”，后者为“不离”。“故《易》之拟象不即，指示意义之符也；《诗》之比喻不离，体示意义之迹也。不即者可以取代，不离者勿容更张。”①《周易》以绞龙喻乾之刚健，以母马喻坤之柔顺，从《说卦传》也可以看出，它们不过是乾坤的主要喻象，还有很多喻象可以使用。所以《易》之义是固定的，而作为其符号的象是流动的，二者始终没有形成不离的关系。而文学作品的意并不是固定的，而是在与象的互生互发中形成的，此象不仅是体悟意义的载体，其本身就是目的，所以文学作品中的意和象绝对不能是不即的关系。如温庭筠的《商山早行》：

晨起动征铎，客行悲故乡。
鸡声茅店月，人迹板桥霜。
槲叶落山路，枳花明驿墙。
因思杜陵梦，凫雁满回塘。

就整首诗来说，如果只是为了表达题旨，前面两句即可。该诗的妙境就在于，全诗没有一个“早”字，却通过鸡声、茅店、月、人迹、板桥、霜、槲叶、山路、枳花、驿墙等物象词组，共同营造出旅客早行、悲伤离乡的凄凉氛围。这些看似独立自足的物象却又是不可置换的，不仅需要考虑它们彼此之间的关联，还要符合五言绝句的节奏要求，共同

① 钱锺书：《管锥篇》第 1 册，中华书局 1999 年版，第 12 页。

《商山早行》写意图

完成悲凉羁旅的意象。蒋寅曾指出："意象是经作者情感和意识加工的由一个或多个语象组成、具有某种意义自足性的语象结构，是构成诗歌本文的组成部分。"①就是说意象是由多个物象共同构成的，这些物象不可拆开，也不能置换，牵一发而动全身。如果这些物象可以被其他物象替换，或者就是另外的一首诗，或者与易象没有区别，并不是一首诗了。

通过对"意象"的简单溯源，我们知道"意象"是中国传统文化的核心范畴之一，在它的发展和嬗变过程中，"象"的范围不断扩大，类型不断增多，它们虽是意象的重要内容，但起决定作用的是"意"。从原始意象的宗教情感到礼仪意象的宗教情感与道德情感的相混，再到审美意象的个体性情感，"意"不断地摆脱神灵的约束，也是人的自我意识逐渐觉醒的表现。

我们也不能否认一个事实，就是"五四"以后西方的意象理论，尤其是英美意象派理论的引入，对中国的新诗创作和文学批评曾经产生过

① 蒋寅：《语象·物象·意象·意境》，《文学评论》2002 年第 3 期。

巨大影响，以至于有学者认为中国传统文学中没有“意象”①。这显然是特定时代里的文化策略，但必须指出这一策略严重地忽略了中国文化传统。还有学者认为，中国的意象论在20世纪初被英美意象派诗人学习和运用，后被胡适等人带回国内，促进了中国新诗的发展，因此意象是“出口转内销”的结果。② 也有学者采用了折中的方法，认为中国虽然早已有了“意象”范畴，但古人对意象的认识并不充分，也没系统，而美国以庞德为首的一些诗人和学者通过研读中国古典诗歌，发现意象的精彩，并掀起了意象主义运动，其研究水平超出了中国传统意象论，被当时的留学生带回国内，引起了国人对传统意象的重新认识。③ 以上这些认识都是基于20世纪的意象论研究实情的，使我们认识到传统意象论的发展在现代社会遭遇到了不小的挫折，尤其是在文学批评实践中，其使用频率和范畴地位也明显不如西方文论术语。所以，研究“意象”的发展历程和审美意象的诞生是有积极意义的。

---

① 如敏泽先生认为：“‘五四’以后直至八十年代初期的当时，一些最重要的学者如：梅光迪、闻一多、梁实秋、朱光潜等等几乎众口一词地认为：中国传统文学中没有‘意象’的语汇，‘意象’一语产生于西方，是英文 image 的译名；国外的一些华人学者，如高友工、梅祖麟以至叶维廉等等师承这一说法，在六、七十年代所写的一些学术著作中，凡涉及‘意象’问题的，也不加思索地视之为‘意象主义’的副产品。”见敏泽：《钱锺书先生谈“意象”》，《文学遗产》2000年第2期。

② 如刘新民认为，20世纪初崛起于英美诗坛的意象派主将艾兹拉·庞德和此派主要成员的洛威尔，“相当充分地学习借鉴了中国古典诗歌”，而且“他们深入解剖中国古诗的‘意象元件’，在创作中运用发展中国诗的技巧”，“总结出一系列与中国古诗创作经验十分吻合的理论原则”。而此时留学美国的胡适等人将英美意象派的诗歌理论带回中国，“对中国新诗的崛起起了催生作用”。见刘新民：《意象派与中国新诗》，《国外文学》1994年第2期。

③ 如邹建军认为，“意象，虽然是中国古代文论中的常用术语，但古人对意象的认识是并不太充分的”，“并没有系统论述”。而“美国以庞德为首的一批诗人和理论家在研读中国古典诗歌时，发现其意象之精彩，叹为观止，于是那里掀起了一个规模较大的意象主义运动，进而对意象有比较系统和独到的研究，几乎同时，英美意象派的创作和理论通过留美学生传进中国，对当时正在兴起的新诗运动产生影响。英美意象派的创作和理论，虽然始受中国古典诗歌的影响，但其理论和创作与中国古代的创作和理论相比，已经有较大的发展。”见邹建军：《意象的模糊、可解与诗歌的生命张力》，《葡萄园诗刊》1997年冬季号。

# 第四章　象的艺术绽放

从前面几章可以看出，“象”充盈在世间的每个角落，始终伴随着我们。究其本质而言，它是展示我们生存境遇的基元符号，而在艺术之象中的体现最为集中。艺术在人类的早期主要用于祭神，所以早期的歌舞往往是巫术歌舞，比如《尚书·舜典》记载有“击石拊石，百兽率舞”，古希腊的悲剧形式为“山羊之歌”，这些歌者或舞者戴着野兽的角或皮之类的饰物。随着人的理性精神的觉醒与上升，艺术逐渐由娱神转变为娱人。据董志强考证，“艺术”的本来面目是起一种描述的功能，其描述的对象极其广泛，涵括了所有的人类生命活动及其产品，“因此，它所描述的不仅仅是某一种事物的某种性质，而是人的生命活动及其产品所共同体现出来的某种性质”①。简单来说，艺术是人的生命活动的建构与呈现，艺术之象最能集中展现人的生命活动与所在文化的源初境遇。任何艺术都是以形之于外的“象”呈现出来的，如书法之造型、音乐之旋律、绘画之线条与色彩等。本章将从汉字之象、文学之象和书画之象三个方面来予以探析。

## 一、汉字之象

在文字产生之前，人们曾用画图和说话的方式来记事或传递信息。

---

① 董志强：《消解与重构——艺术作品的本质》，人民出版社 2002 年版，第 63 页。

但是这些图画会在风侵雨蚀中散了痕迹，也随之消散了其所蕴含的意义。还有一些事物是可以画图的，但同类事物共用一个图画又难以细分和辨识，如外形相近的树、鱼、鸟等。而且，同样是三条道线或三个点子，有时表示三个人，有时表示三天时间，有时也可以表示三头鹿等，意义无法确定，如果数量很多的话又无法记数了。人类说话的历史比使用文字的历史要长很多，但声音随风而逝，口耳相传也舛误颇多。因此，文字的诞生是一个民族从蒙昧阶段进入文明时代的重要标志。

### （一）象形而生

文字的发明绝对是一件惊天动地的大事，往往会伴随着一些神话或传说，从而增加了它的神秘性。在文字诞生之前，相传上古的伏羲氏创作了八卦图像，接着各地出现了多种字体的文字。传说是仓颉对当时的各种文字进行了整理和规范，故《荀子·解蔽》曰："好书者众矣，而仓颉独传者，壹也。"仓颉并不是创造汉字的人，但只有他的名声流传下来，就是因为他专一地整理汉字，被尊称为"文祖仓颉"。因为功绩伟大，在传说中仓颉逐渐被神化，具有异于常人的地方。王充《论衡·骨相篇》说"仓颉四目，为黄帝史"，将仓颉与我们的始祖黄帝联系起来，说他是黄帝的史官，有四只眼睛。仓颉造字虽然是一个神话传说，"对于相信神话的人来说，神话本身就是对现实界（它是与非现实界相对的）的揭示和认识"。① 这说明汉字的创造是众人集体整理的结晶，是在艰苦而漫长的过程中孕育出来的，"仓颉造字"一说实际上就是将这一伟大功绩归诸于一位代表人物罢了。在秦朝统一全国之前，中华大地上出现了许多不同字体的文字，整体来看，它们遵循了相同的创作法则——象形。但字形的不一致既不利于百姓的交往，也不利于国家的统

---

① ［意］克罗齐著，朱光潜等译：《美学原理·美学纲要》，外国文学出版社1983年版，第217页。

一。因此，仓颉造字的传说可以说是秦始皇“书同文”的另一个神话版本而已。

文字始祖——仓颉

对于汉字的诞生及过程，被誉为“五经无双”①的许慎在《说文解字·叙》中如是说：

> 古者庖羲氏之王天下也，仰则观象于天，俯则观法于地，视鸟兽之文与地之宜，近取诸身，远取诸物，于是始作《易》八卦，以垂宪象。及神农氏结绳为治而统其事，庶业其繁，饰伪萌生。黄帝之史仓颉，见鸟兽蹏远之迹，知分理之可相别异也，初造书契。……仓颉之初作书，盖依类象形，故谓之文。其后形声相益，即谓之字。字者，言孳乳而浸多也。著于竹帛谓之书，书者如也。

许慎无疑吸收了《周易》的观点，认为仓颉是受到了八卦的启发，从鸟兽蹄爪的痕迹中悟出纹理有别，按照依类象形的原则创造了最初的

---

① 《后汉书·儒林传》曰：“（许慎）少博学经籍，马融常推敬之。时人为语曰：‘五经无双许叔重。’”

“文”，接着与口语相符，形声结合而为“字”，后来写在竹帛等物体之上是为“书”。从中可以看出，汉字之根本是象形，与八卦所遵循的原则是一样的，都是象形而生。因此，“这些神话认为汉字系统不是人为设计的结果，而是从自然现象中发现的，书写是宇宙自然秩序的一个元素”。① 睿智的上古圣贤并不是造物主，而是从天象地理以及鸟兽之文等自然现象中得到启示，将自然秩序改造后变成了书写的秩序，并从一开始就让仓颉具备了先知的觉悟。《韩非子·五蠹》曰：“古者仓颉之作书也，自环者谓之私，背私谓之公。公私之相背也，乃仓颉固以知之矣。”“自环者谓之私”即指专为自己打算的行为叫作“私”，与之向背的就是“公”。与其说是仓颉从作字开始就明白了公私相对的道理，不如说是汉字的形体反映了这个道理。

意大利学者维柯将象形文字称为“实物文字”，他认为世界各民族最早的文字都是“实物文字”，“用与所要指的意思有些自然联系的姿势或实物来使人们懂得自己所要说的意思”，这是“象形符号或象形文字的原则”②。象形文字作为一种主要的文字类型，曾广泛存在于世界各地，除汉字外，还有古埃及的楔形文字、苏美尔文、古印度文等。古希腊文明的发源地克里特岛就曾出土大批新石器时期的文物，其中有图形印章、账目清单等，与甲骨文有些相似，从中也可以了解象形文字的初始情况。令人惊叹的是，在人类早期的所有象形文字中，只有汉字一直赓续至今，绵延不绝。

清末发现的殷墟甲骨文为我们打开了一扇窥视汉字雏形的窗口。先看一些具体的字，如“气”，甲骨文写作“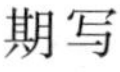”，春秋战国时期写作“”。《说文解字》曰：“气，云气也，象形。”段玉裁注曰：“象云起之

① ［美］孙康宜、［美］宇文所安主编，刘倩等译：《剑桥中国文学史》卷上，生活·读书·新知三联书店 2013 年版，第 31 页。

② ［意］维柯著，朱光潜译：《新科学》（上册），商务印书馆 1989 年版，第 84、124 页。

古埃及楔形文字

貌。三之者，列多不过三之意也。”一些表示动物的字与实物就更像了。如“虎”字，甲骨文写作，突出了大嘴、利爪和有力的尾巴。在甲骨文中写作的“马”字，则突出其大眼、鬃毛和奔跑中飘逸的尾巴。还有“羊角象其曲，鹿角象其歧，象象其长鼻，豸象其竭尾，犬象其修体，虎象其巨口，马象其丰尾长颁，兔象其长耳厥尾，虫象其博首宛身，鱼象其枝尾细鳞，燕象其籋口布翅，龟象其昂首被甲，且也或立或卧，或左或右，或正视或横视，因物赋形，恍若图画无异”。① 就其字形来看，这些文字实际上就是对相应事物的特征的抽象和勾勒，如同一幅幅写意画。

然而，天地万物，难以穷象，仅靠象形而生的法则无法表达数词、虚词以及表示属性的词，还有一些表示抽象意义的词，于是在实际运用中又增加了新的造字法。《周礼·地官·保氏》列举了周代用来教育贵族子弟的“六艺”，这些项目中有“六书”：“六艺：一曰五礼，二曰六

① 容庚：《甲骨文字之发现及其考释》，何九盈等主编《中国汉字文化大观》，北京大学出版社 1995 年版，第 49 页。

乐，三曰五射，四曰五驭，五曰六书，六曰九数。”可惜没有列举六书的具体内容。到汉代时，六书被解释为汉字构造的六种基本法则。《汉书·艺文志》曰：“古者，八岁入小学，故周官保氏掌养国子，教之六书，谓象形、象事、象意、象声、转注、假借，造字之本也。”六书之中，仍然以“象”为基本，不断拓展构字能力。《说文解字·叙》对此有说明：

《周礼》：八岁入小学，保氏教国子先以六书。一曰指事。指事者，视而可识，察而见意，上下是也。二曰象形，象形者，画成其物，随体诘诎，日月是也。三曰形声。形声者，以事为名，取譬相成，江河是也。四曰会意。会意者，比类合谊，以见指抙，武信是也。五曰转注。转注者，建类一首，同意相受，考老是也。六曰假借。假借者，本无其字，依声托事，令长是也。

“六书”之根在于“象”，彼此之间相互牵连。在众多文字学家们的阐释中，以廖平的解释最得真谛。

《六书旧义》曰：“造字之序，始形、次事、次意、次声，四门而止。最初造字，只如作画，象形在先；象形皆实字。有物即有事，故于象形外，别出象事一门；象事在半虚半实之间。至象意则全为虚字，但有其意，并无形事之可言；故象意皆虚字。一实、一虚、一半虚半实：可造之字，尽此三门。至于象声，则后来续造，以济形事意之穷者；初无深意，最滋繁衍。……假借因无为有，转注化多为少；假借所以济穷困；转注所以驭繁难；假借异实而同名，转注异名而同实；假借为象声之古法，转注为象意之旧章。”①

① 廖平：《六书旧义》，转引自庞朴：《当代学者自选文库：庞朴卷》，安徽教育出版社 1999 年版，第 333 页。

以象形为基础，半虚半实的事，全虚的意与声，都象之以形，虽然在象值上有等差，但极大地增强了文字的表意能力，也为语言的创造发挥提供了更大的选择空间。“六书”中，“象形”居首，这是汉字的基本法则和最大特点，它用简明的符号来概括自然万物，既反映了人们想象中的自然结构，也体现了人们面对自然时的内在情感。这种象形文字绵延不绝的使用，不仅使我们得以自然自如地融入到宇宙秩序里，也将我们牢固在象的世界里。

### （二）汉字类象

汉字与卦象有着深厚渊源，也遵循着类比方式来分门别类。“‘类’字在古代中国逻辑思想中占有极重要位置。”①刘咸炘认为这是人与动物的区别所在：“知具体而不知抽象，禽兽是也。若人则知抽象，且能极其能。人之应事接物，莫非恃抽象之理以行，自形色之长短黑白，以至于价值之善恶美丑，皆抽象也。”②正是在纷繁复杂的具象中抽取出相似性质、共同成分并分类开来，才将整个世界化繁为简。《说文解字》曰：“字，乳也。”段玉裁注曰：“人及鸟生子曰乳，兽曰产，引申之为抚字。亦引申之为文字。叙云字者言孳乳而浸多也。”汉字的衍生过程呈树状，最早的是“文”，章太炎称之为“初文”，成为汉字之根。接着以初文为基础，在实际运用中又增加了新的造字法，有“六书”说。字之本意为“生”，每个“初文”都可以产生出的一批字，它们的意义相近或相关，这些字可以归类为同一个“部首”，这些字所表示的现象或事物，就是古人对事实世界所划分的“类”。比如“火”（），就其字形来看是燃烧时产生的光焰，而光焰的形态在不同的燃烧状态下是不一样的，因此在火的类字中，有的是指火的状态，如“烈”（火猛）、“颖”（火光）、“爚”

① 沈有鼎：《墨经的逻辑学》，中国社会科学出版社 1982 年版，第 42 页。

② 刘咸炘：《推十书》，上海图书馆、上海科学技术文献出版社 2009 年版，第 123 页。

（火飞）等，有的是指火的用法，如“炮”（用毛炙肉也）、“熬”（煎也）、“熹”（炙也）、“炼”（冶金也）等，有的是指用火的产物、效果、感觉等，如“烟”（火气也）、“炳”（明也）、“炜”（赤盛也）、“热”（温也）、“黑”（火熏之色）等，于是“火”与现代物理学的属性如热、明、干乃至黑色等性质联系起来，构成了中国古代的“类”概念。① 许慎在《说文解字》中共收录了 9353 个篆文字符，如何对其进行分门别类呢？他依据 540 个初文部首将之分为 540 类，一个偏旁或部首就是一个可以感知的表象或现象，将部首确定后，后造之字就可以纳入其中，归为同类，以类从字。如《说文解字》收录“衣”部之字 116 个，“食”部之字 62 个。“字”数可以不断增加，但“类”却没有必要增加。

这些以类相从的“字”，因象征意义的初文部首始终与原初的形象无法割舍，从其形象中就能视而可识，察而见意。如“示”部，原意为祭祀时用石头制作的神主，凡是带有“示”部的字，如禄、祥、祺、祸、社、祖、宗、祭、祀、神、祝、福、禅、礼、祷、禧、祠、祐、祚等，虽然读音有别，字形有异，但每个字的含义都与祭祀有关，因此它们都属于同一类字。这种归类的方法是从可以感知的表象出发，尽管并不像现代意义上的门类种属那样有科学的依据，但通过广泛的联想，以譬喻的方式使这些同属一个类的字之间具有某种神秘的联系。可以说，就个体来看，汉字是画象，就群体来看，是类象。

汉字之象不仅体现在字形里，也嵌入了它所表达的思想里。一个字（词）就是一幅画，就是一个独立的意思，所以中国书法作品里经常就只有一个字，如“寿”“福”等，甚至还可以一字一文，从这个字中就可以得知丰富的信息。早期的殷商卜辞中鲜有长句子，甚至只有一个字，如“为”，甲骨文写作“”，其形为“以手牵象”。殷人跟象有着非比寻常的关系，他们的最高宗祖神舜就有“象耕”的传说。《史记·五帝本纪》曰：“舜耕历山，渔雷泽，陶河滨，作什器于寿丘，就时于负夏。”

① 参见葛兆光：《中国思想史》卷一，复旦大学出版社 2001 年版，第 44-45 页。

舜在历山耕耘用的是大象，唐人陆龟蒙释曰：“世谓舜之在下也，田于历山，象为之耕，鸟为之耘。”基缘于此，象在殷人眼中就是神物，在殷墟的发掘中出土了大量的象骨和象器，他们很早就形成了以象祭祀的习俗。现代诗中也有一字诗，如北岛的《生活》，就一个字“网”。“网”字在甲骨文中写作“”，金文写作“”，从字形来看就是用绳、丝、线等物织成的捕鱼或捉鸟的器具。用它来阐释生活，可以引发很多的联想，既有各种外在的关系之网，也有内在的情感之网、欲望之网等，还有将地球变成村落的网络更是把人网得严严实实，人如同被网住的鸟儿一样，难以展翅翱翔。东晋陶渊明早就将红尘比作尘网，《归园田居》(其一)曰：“少无适俗韵，性本爱丘山。误落尘网中，一去三十年。羁鸟恋旧林，池鱼思故渊。”仅仅一个“网”字，它自身就具备了足够的想象空间，可以承载你对生活的爱恨情仇。因此，汉字之象本身就具备了“独立呈意性”，“它的独立呈意性使它在任何场合，均无需严密的句法即可表现意义”①，这对形成独特的中国文学之象具有至关重要的作用。

## 二、文学之象

从甲骨文和铭文中可以看出，汉字最初是用于各种祭祀和占卜等宗教性活动中，而且学习文字的权力往往垄断在贵族手里。这些卜辞语言简短，形式不定，鲜有文学之美。随着文字的普及和书写经验的积累，逐渐将文字书写与人的日常生活联系起来，发掘语言运用的技巧，感悟文字表达的魅力，文学之美成为人的追求之一。既然汉字是对自然秩序的再现，用汉字连缀而成的文学，其意义之本仍然在于自然秩序的再现。

人最有价值的东西是生命，却是短暂的，所谓“人生忽如寄，寿无

① 葛兆光：《中国思想史》卷一，复旦大学出版社 2001 年版，第 47 页。

金石固”(《驱车上东门》)，如何在有限的生命里追求不朽的价值，获得超越个体生命的精神满足，就成为人的最高需求。何以实现不朽，不同的文明和学派有着不同的方式，归途只有一条，就是留下自己创造的意义符号。孔子说“君子疾没世而名不称焉”(《论语·卫灵公》)，屈原说“老冉冉其将至兮，恐修名之不立”(《离骚》)，司马迁说“立名者，行之极也”(《报任安书》)。何以立名？立德、立功、立言，可以不朽也。① 孔颖达曾对“三不朽”分别做了界定：“立德谓创制垂法，博施济众”；“立功谓拯厄除难，功济于时”；“立言谓言得其要，理足可传”。② 其中，“言”之所以能够使人不朽，是因为人通过“言”来传达“理”，由此形成了“理—言—名”的可行路径。

自有文字以来，不少人总是试图留下一些彰显天地之道的文字，一字千钧，也借以彰显自己的存在。身为贵胄的曹丕都感叹“年寿有时而尽，荣乐止乎其身，二者必至之常期，未若文章之无穷”(《典论·论文》)，对出身寒门的读书人来说更是如此。比如刘勰，即使身处门阀森严的时代，低微的出身也无法磨灭他对声名的渴望，其《序志》曰：“形同草木之脆，名逾金石之坚，是以君子处世，树德建言。”刘勰曾因家贫而寄寓寺庙多年，跟随名流僧佑才有机会研读佛书和儒家经典，但一直没有剃度出家，在集聚了一些资历后出任东宫舍人，在仕途上却始终不得志。因此，对他来说，通过立言以求不朽既是他最为擅长的一条路径，也是他仕途失败后的无奈选择。

---

① 《左传·襄公二十四年》记载：二十四年春，穆叔如晋。范宣子逆之，问焉，曰：“古人有言曰：‘死而不朽’，何谓也？”穆叔未对。宣子曰：“昔匄之祖，自虞以上为陶唐氏，在夏为御龙氏，在商为豕韦氏，在周为唐杜氏，晋主夏盟为范氏，其是之谓乎？”穆叔曰：“以豹所闻，此之谓世禄，非不朽也。鲁有先大夫曰臧文仲，既没，其言立，其是之谓乎！豹闻之，‘大上有立德，其次有立功，其次有立言’，虽久不废，此之谓不朽。若夫保姓受氏，以守宗祊，世不绝祀，无国无之，禄之大者，不可谓不朽。”

② 阮元校刻：《十三经注疏》(清嘉庆刊本)，中华书局 2009 年版，第 4297 页。

> 夫宇宙绵邈，黎献纷杂，拔萃出类，智术而已。岁月飘忽，性灵不居，腾声飞实，制作而已。(《序志》)

“制作”就是创作文学、写作文章。生命短暂，声名无涯。在刘勰看来，文章具有重大的意义，足以使他青史留名，《程器》曰：“摛文必在纬军国，负重必在任栋梁。穷则独善以垂文，达则奉时以骋绩。”他企望彩云若锦的梦想可以凭借一篇篇锦绣文章而得以实现。

可惜的是，他的文章创作总则是“经纬区宇，弥纶彝宪，发挥事业，彪炳辞义”(《原道》)，将不符合这一原则的文章斥为“繁采寡情”“采滥辞诡”(《情采》)和“无所匡正”“无益时用”(《谐隐》)之作。这与当时的世族文学情趣是相抵牾的。在刘勰所处的时代，骈文流行，重视辞藻和音律之风盛行。同样也是从东宫通事舍人做起而较他稍晚的庾肩吾，因撰写了许多《咏美人》《咏美人看画应令》之类的宫体诗，备受时辈推崇，最后飞黄腾达，竟封武康县侯。可喜的是，刘勰在生前虽然没有体会到《文心雕龙》给他带来的显赫声名，但给他带来了至高的身后荣誉。

作为立言之一的文学可以使人千古留名，首要就在于文学之象，也就是文学体现于外的各种言语形式，刘勰谓之“体貌”①，《练字》曰：“夫文象列而结绳移，鸟迹明而书契作，斯乃言语之体貌，而文章之宅宇也。”屋宇别致方能引人入住，文学精美才能引人入胜。因此，追求精美的文学之象是文学传之久远的必要条件，也是顺应天地之化的表现，《原道》曰：

> 傍及万品，动植皆文：龙凤以藻绘呈瑞，虎豹以炳蔚凝姿；云霞雕色，有逾画工之妙；草木贲华，无待锦匠之奇。夫岂外饰，盖

① 还可以称为“声貌”，如“故自天地以降，豫入声貌”(《夸饰》)、“及灵均唱骚，始广声貌”“极声貌以穷文”(《诠赋》)等。

自然耳。至于林籁结响，调如竽瑟；泉石激韵，和若球锽。故形立则章成矣，声发则文生矣。夫以无识之物，郁然有彩，有心之器，其无文欤？

不论是天上之龙凤、云霞，还是地上之虎豹、草木，抑或林间之泉流，都要有自己的纹饰来彰显其存在。连这些没有意识的事物都有自己的精美纹饰，万物之灵的文学岂能没有文采呢？《夸饰》曰："自天地以降，豫入声貌，文辞所被，夸饰恒存。虽诗书雅言，风格训世，事必宜广，文亦过焉。"自开天辟地以来，凡涉及声音状貌的，只要用文辞来表达，就有夸张和修饰的方法存在，即便雅正如《诗》《书》，也需要夸饰来增强教化效果。这是人文与天文、地理一致的体现。

圣贤书辞，总称文章，非采而何？夫水性虚而沦漪结，木体实而花萼振：文附质也。虎豹无文，则鞟同犬羊；犀兕有皮，而色资丹漆：质待文也。(《情采》)

圣贤的著作之所以叫做文章，就是因为它们具有文采，顺应了天地之化。水的柔顺本性可以产生波纹，树木的坚实根本可以开放花朵，好比圣贤的智慧可以著作文章。倘若圣贤的文章没有文采，就好比拔了毛的皮，是很难区分虎豹与犬羊之不同的。尽管自从有了文学，就开始追求文采，但自觉追求文章之丽采是从魏晋开始的，"这是我们所见到的把'文章'与文采直接联系到一起定性的最早的例子，也是最令人震惊的例子"。①

文章何以有"采"？作为表现人的情意的符号，文学之象就是由语词的声采组合变化而呈现出的风貌。每个语种都有自己独特的文字，以

① 詹福瑞：《中古文学理论范畴》，中华书局2005年版，第87页。

及与之相应的形式特征。刘勰曾将“文”分为“形文”“声文”和“情文”①，形文诉诸视觉，声文诉诸听觉，情文诉诸内心感受。这里借用刘勰之三“文”，来分析文学之象的三个方面，即声文之美、形文之美、风貌之美。

我们常说“阅读”文章，实际上包含“阅”和“读”。阅文章注重字形的组合，读文章注重字音的协调。《练字》曰：“心既托声于言，言亦寄形于字；讽诵则绩在宫商，临文则能归字形矣。”就是说，人的思想感情有赖于有声的语言，语言又借助于有形的文字。诵其声，在于音节的协调；观其文，在于文字的选择。“言为心声，书为心画”②，如果语言文字运用精确，作品自然文采飞扬，所谓“声画昭精，墨采腾奋”。阅和读关注的都是文学的外在形象，我们就先从形文说起。

第一，形文之美。

字形的选择与安排直接关系到文章的形态美，为此刘勰提出了“四忌说”：“一避诡异，二省联边，三权重出，四调单复。”(《练字》)因为语言文字和思想感情有着直接的关系，字形的组合直接影响到人的观感，通过语言技巧的运用，避免诗句形成堆砌、松散、怪异等形式。为了造成华美绚丽的视觉美感，《文心雕龙》广搜天地万象，并遵循“自然成对”③的原则，讲究上下文的对偶。如《诠赋》曰：

原夫登高之旨，盖睹物兴情。情以物兴，故义必明雅；物以情

① 《情采》曰：“故立文之道，其理有三：一曰形文，五色是也；二曰声文，五音是也；三曰情文，五性是也。五色杂而成黼黻，五音比而成韶夏，五情发而为辞章，神理之数也。”

② 扬雄《法言·问神》曰：“面相之，辞相适，捈中心之所欲，通诸人之嚍嚍者，莫如言。弥纶天下之事，记久明远，著古昔之㫚㫚，传千里之忞忞者，莫如书。故言，心声也；书，心画也。声画形，君子小人见矣。声画者，君子小人之所以动情乎？”“声”谓字音，“画”谓字形，声画即表达思想感情的文字。

③ 《丽辞》曰：“造化赋形，支体必双；神理为用，事不孤立。夫心生文辞，运裁百虑。高下相须，自然成对。”

观，故词必巧丽。丽词雅义，符采相胜，如组织之品朱紫，画绘之著玄黄，文虽新而有质，色虽糅而有本，此立赋之大体也。

这段话的旨意是阐释赋体文的特点，但行文中所用的语词物象丰富，颜色鲜亮，尤其是语言的上下文对仗工整，凝练端庄。古代的诗词更是讲究字的排列组合，既有形式的规范，也有字词的呼应。如杜甫《绝句》："两个黄鹂鸣翠柳，一行白鹭上青天。窗含西岭千秋雪，门泊东吴万里船。"此诗行文不仅对仗工整，如黄鹂与白鹭，翠柳与青天，彼此呼应，千秋雪与万里船，而且时空一体，言简意深。还有巧妙利用部首相同的字来凸显对象的特征，如柳宗元《小石潭记》：

全石以为底，近岸，卷石底以出，为坻，为屿，为嵁，为岩。

为突出小石潭周边卷石的特征，柳宗元一连用了四个"为"字，同时四个宾语都是一个字，而且是带有"山"部首的字，至简的语言突出了卷石的复杂形态，给人一种山石错乱而多姿的感觉。

现代文学作品虽然不像古典诗词在字形上有严格的规范，但巧妙利用象形字的特点，将一些有同样特征的字部署在一起，可以形成一种强烈的画面感。如余光中《听听那冷雨》：

惊蛰一过，春寒加剧。先是料料峭峭，继而雨季开始，时而淋淋漓漓，时而淅淅沥沥，天潮潮地湿湿，即连在梦里，也似乎把伞撑着。而就凭一把伞，躲过一阵潇潇的冷雨，也躲不过整个雨季。连思想也是潮润润的。每天回家，曲折穿过金门街到厦门街迷宫式的长街短巷，雨里风里走入霏霏令人更想入非非。想这样子的台北凄凄切切完全是黑白片的味道……

余先生大量使用跟"水"和"雨"有关的字，尤其是带"氵"之字的反复运用使人如置身于雨季，不仅看到了雨的梦境，也感受了雨的潮湿。正是汉字的独立呈意性可以根据需要自由组合，形成不同的词语和句式，造成文学行文之象的多元化。

第二，声文之美。

就汉字的声调而言，由于汉字多是单音字，字调也就是声调，不同发音的汉字组合就形成了不同的节奏。而且，汉字在形、音、义上具有灵活性，有的一字多音多义，抑或多字一音一义，在文章创作中，恰当地运用声调规律，可以形成多种多样的韵律，展现出不同的感情特质，增强对读者的感染力。

> 夫音律所始，本于人声者也。声含宫商，肇自血气，先王因之，以制乐歌。故知器写人声，声非学器者也。(《声律》)

“音律本于人声”是刘勰声律论的基础，说明其论述不是就技法论而言，而是论其根本。其原则是“宫羽相变，低昂互节”，即诗文的音节要起伏转折，声调有高低却前后相应。“浮声”与“切响”，是从声调上来讲的，也就是我们常说的平声和仄声，在诗文中平仄的交替运用，可以形成一种音乐美，即“若前有浮声，则后须切响”。

内心之情与外发之声相互和谐的效果就是“和韵”。《声律》曰：“是以声画妍蚩，寄在吟咏，滋味流于下句，风力穷于和韵。异音相从谓之和，同声相应谓之韵。”范文澜指出，“异音相从谓之和”指句内双声叠韵及平仄之和调，“同声相应谓之韵”指所用之韵。① 二者之间，“和声”相对较难，“用韵”相对容易，所谓“韵气一定，则余声易遣；和体抑扬，故遗响难契”(《声律》)。选定句末之韵，其他的韵脚也就容易安排；若使文句整体上平仄和谐，就是较难的事情了。

语音的和谐使人听之悦耳顺畅，读之朗朗上口，还可以造成一种气

---

① 范文澜：《文心雕龙注》，人民文学出版社 1958 年版，第 559 页。

势，使人感受情感的波动，形成荡气回肠的效果。如苏轼《前赤壁赋》：

> 壬戌之秋，七月既望，苏子与客泛舟游于赤壁之下。清风徐来，水波不兴。举酒属客，诵明月之诗，歌窈窕之章。少焉，月出于东山之上，徘徊于斗牛之间。白露横江，水光接天。纵一苇之所如，凌万顷之茫然。浩浩乎如冯虚御风，而不知其所止；飘飘乎如遗世独立，羽化而登仙。

这段文字整体的韵脚是“ang”，读起来一唱三叹。还有对“乎”字的使用，虽为语气助词，并无实际的含义，但置于一句之中，则形成前后两个语音独立的节奏形式，而且前后带“乎”字的两个句子形成对仗，这样既有节奏的变化，又因节奏的规整而造成了错而不乱、整而不滞的独特风格。

第三，风貌之美。

正如人之有体，文学亦有体制。体制即体裁，即文字的多少长短所排列而成的形体，如诗之四言体、五言体、七言体等，赋之大赋、小赋、骈文等。胡应麟《诗薮》曰：“文章自有体裁，凡为某体，务须寻其本色，庶几当行。”不同的体裁有不同的本色和规范。除了可见的形式规范外，中国文学之体还有着鲜明的诗性特征，既要考虑表达内容的需要，也受到主体的生命精神的制约，它不仅以其自身形式成为审美评价的直观对象，同时也表征着作者的才气与性情，这就是文学的整体风貌。

就历史实情来看，中国文学最初与“乐”“舞”不分，它建立在礼乐制度的基础上，非常注重政治性和实用性。它最早出现于《论语·先进》①，本是孔子当年教学的分类之一，与“德行”“言语”“政事”合为

① 《论语·先进》：“德行：颜渊，闵子骞，冉伯牛，仲弓。言语：宰我，子贡。政事：冉有，季路。文学：子游，子夏。”

四科。直至近代章炳麟还说，“文学者，以有文字著于竹帛，故谓之文；论其法式，谓之文学”。① 比如在《文心雕龙》中，刘勰既论有韵之文，也述无韵之笔，“文”与“笔”都在他的杂文学、大文学的视野之内。所以，在中国文学体系里，除了西方纯文学所包含的诗歌、散文、小说、戏剧等体裁外，还有赋、乐府、书、疏、传、词、诏、策、奏、启、表、铭、箴、诔、碑、赞、檄等。其代表作有：“赋”之屈原《离骚》、宋玉《风赋》、张衡《归田赋》，“乐府”之《陌上桑》《十五从军征》，“书”之李斯《谏逐客书》，“疏”之晁错《论贵粟疏》，“传”之司马迁《廉颇蔺相如列传》、班固《苏武传》，“表”之诸葛亮《出师表》，“说”之韩愈《师说》等，“词”就不胜枚举了。这些不同风貌的作品使文学园地百花争艳，分外妖娆。

这些不同的体裁给文学创作带来了自由，作家们不必拘谨于特定的格式，可以因表达需要而换用不同的文体形式。比如苏东坡，擅长各种文体，除了诗、词、赋、文外，其他文体也运用自如，均有佳作。这里仅以铭、赞、表、跋为例。

铭：东坡砚，龙尾石。开鹄卵，见苍璧。与居士，同出入。更险夷，无燥湿。今何者，独先逸。从参寥，老空寂。（《卵砚铭》）

赞：彼三士者，得意忘言。卢胡一笑，其乐也天。嗟此小童，麋鹿狙猿。尔各何知，亦复粲然。万生纷纶，何鄙何妍。各笑其笑，未知孰贤？（《石恪三笑图赞》）

表：消长有时，德刑并用。庆一阳之来复，知万物之向荣。中贺。恭惟太皇太后陛下，道配皇王，化行夷夏。以用人而考治忽，自正身而刑家邦。何劳五物之占，坐知岁美；不待八音之奏，始验人和。臣率职海壖，驰城天阙。默诵万年之庆，远同百辟之欢。

① 章炳麟：《国故论衡·文学略论》，见郭绍虞主编：《中国历代文论选》（第4册），上海古籍出版社2001年版，第302页。

(《贺冬表》)

跋：李公择初学草书，所不能者，辄杂以真、行。刘贡父谓之鹦哥娇。其后稍进，问仆："吾书比来何如?"仆对："可谓秦吉了矣。"与可闻之大笑。是日，坐人争索，与可草书落笔如风，初不经意。刘意谓鹦鹉之于人言，止能道此数句耳。十月一日。(《跋文与可草书》)

他既娴熟于各种文体的规范，同时也造成了文学作品的别样风姿。曹丕《典论·论文》早就对不同文体的风貌作出概述："盖奏议宜雅，书论宜理，铭诔尚实，诗赋欲丽。"意思是说，奏章、驳议适宜文雅，书信、论说适宜说理，铭文、诔文崇尚事实，诗歌、赋体应该华美。这些是就文体的整体风貌而言的，正是文体的自由给中国文学带来了万紫千红。

在整体风貌上，刘勰提倡的"六义"之美，给我们重要启示。《序志》篇道出了刘勰写作《文心雕龙》的直接原因："去圣久远，文体解散，辞人爱奇，言贵浮诡，饰羽尚画，文绣鞶帨，离本弥甚，将遂讹滥。"当时的文坛乱象在于"文体解散"和"言贵浮诡"，前者是说不良文风破坏了各种文体的正常规格，后者是说片面追求新奇，文辞浮诡淫丽，这实际上就是从整体风貌上对写作提出的要求。

故文能宗经，体有六义：一则情深而不诡，二则风清而不杂，三则事信而不诞，四则义直而不回，五则体约而不芜，六则文丽而不淫。扬子比雕玉以作器，谓五经之含文也。夫文以行立，行以文传；四教所先，符采相济。励德树声，莫不师圣；而建言修辞，鲜克宗经。是以楚艳汉侈，流弊不还；正末归本，不其懿欤！(《宗经》)

"六义"之中，情深、风清、事信、义贞是针对内容空洞而言，体约与文丽是针对文辞华侈而言。然而去圣久远，近世以来的创作，文风愈加奇诡。《通变》曰："榷而论之，则黄唐淳而质，虞夏质而辨，商周丽而雅，楚汉侈而艳，魏晋浅而绮，宋初讹而新。从质及讹，弥近弥淡。何则？竞今疏古，风末气衰也。"商周相传为"五经"产生的年代，"五经"是各类文章的源头和范本。文质兼备，既丽且雅，是商周之文的特点，也最合乎刘勰的理想。"楚汉侈而艳"是文风的转折点，主要在于内容凭空虚构，不合事理，文辞堆积重叠，冗长繁复。宗经可以恢复体制、事义等对文章创作的主导，对文风也有重要的引导作用，从而形成六义之美。

## 三、书画之象

### （一）书法之象

汉字是象形字，与拼音文字的纯符号形式不同，它起源于对事物的模拟，字形里蕴含着丰富的意义，可以说是一字一世界。人们可以根据对字义的理解，以及自己所擅长的书体形式，创作出形态各异、风格不同的书法艺术来。仓颉造字虽然是一个传说，但古人从未怀疑它的真实性，或者说根本就没有必要去怀疑，因为此说认为文字是受到鸟兽之迹的象形启发而创作的，根源于拟法自然，故虞肩吾在《书品论》中认为书法可以"与圣同功，参神并运"。

书法之象始于最基本的笔画，对其进行理论总结也是基于象形的特点，如王羲之《题卫夫人〈笔阵图〉后》曰：

> 每作一波，常三过折笔；每作一点，常隐锋而为之；每作一横画，如列阵之排云；每作一戈，如百钧之弩发；每作一点，如高峰坠石；□□□□，屈折如钢钩；每作一牵，如万岁枯藤；每作一放纵，如足行之趣骤。

这里的笔画描述没有对技法的说明，而是以不同自然物象的形态来启发。后来的隋僧智永对笔画进行了系统的整理，总结出中国书法基石的“永字八法”：

> 侧法第一，如鸟翻然侧下；勒法第二，如勒马之用缰；努法第三，用力也；趯法第四，跳貌与跃同；策法第五，如策马之用鞭；掠法第六，如篦之掠发；啄法第七，如鸟之啄物；磔法第八，笔锋开张也。

八笔合成一个“永”字，构建起书法的基石。而且，从一开始，中国书法就是追求一种“势”，一种反映生命运动的走势和自由感。

隋僧智永的“永字八法”

字的笔画如同建筑使用的砖瓦檩梁，书写一个字就如同建构一栋屋宇，除了笔画的得当，更要在字的结构上做到虚实结合。“实”是字的笔画，“虚”是笔画的空白处。实的笔画很重要，虚的空白处和笔画具有同等的价值，所以才有“计白当黑”的说法。笔画与空白的关系好比是阴与阳。如果说笔画是阳的话，空白处就是阴，既要关注笔画的结构和韵律，也要感悟空白的层次与深邃，所以阴阳协调方可谓上乘。空白处不仅仅是为了凸显出画笔，而且将平面的纸张变成了立体的空间环境，甚至对书法的书体和风格都有影响。①

书法有多种“体”，如商周的篆文、秦人的小篆、汉人的隶书、魏晋的行草、唐人的真书、宋明的行草等。而“体”的本义是指人的身体的十二个部分及其组合，有着强烈的整体感和生命感。不同体的书法就是笔画的不同组合，实际上是不同的空间构造。如何组合好字的空间结构，唐人有着卓越的研究。根据清人戈守智撰著的《汉溪书法通解》记载，相传大书法家欧阳询曾留下真书结字三十六法，分别是排叠、避就、顶戴、穿插、向背、偏侧、挑㧓、相让、补空、覆盖、贴零、粘合、捷速、满不要虚、意连、覆冒、垂曳、借换、增减、应副、撑拄、朝揖、救应、附丽、回抱、包裹、小成大、小大成形、小大与大小、各自成形、相管领、应接、褊、左小右大、左高右低与左短右长、却好。其他各体的书法也都有自己的结字规律。

书法之象的形成与其工具有着紧密关系，更是书家审美心境的凝结。书(書)和笔(筆)都从“聿”，像手把笔，笔杆下扎毛。《说文解字·聿部》曰：“聿，所以书也。”段玉裁注曰：“聿者，所用书之物也。”在一定意义上可以说是“笔”成就了“书”。早在商代时期，中国人就利用大自然发明了笔，主要是用竹和各种兽毛，以兔毛和狼毫为主。毛笔极富弹性，以毫蘸墨，其笔迹可浓可淡，笔痕可粗可细，笔锋可徐可疾，为书家的自由发挥创造了巨大的空间。

汉字之所以可以演化为书法艺术，并成为独特的艺术形式，在于它是“有意味的形式”。汉字的造字法则有六书之说，但以象形和指事为本源。一个字的形成既包含它所代表的一类对象或事实，也包含这类事实的发展过程，还包含创立者的期望和要求。所以，汉字并不是简单地模拟对象，还包含有以模拟对象为基础而衍生的抽象的符号意义。也正因为其所特有的抽象意义、价值和功能，汉字的形体就可以因人而异地

---

① 陈振濂：《书法美学》，山东人民出版社 2006 年版，第 109 页。

展示出多种模拟形态来。笔画简单的一个“之”字，在仅有 324 字的“天下第一帖”《兰亭序》中竟然出现了 21 次。王羲之根据上下文的关系使每个“之”都形态各异，妙趣横生。“即是说，汉字形体获得了独立于符号意义(字义)的发展途径。以后，它更以其净化了的线条美——比彩陶纹饰的抽象几何纹还要更为自由和更为多样的线的曲直运动和空间构造，表现出和表达出种种形体姿态、情感意兴和气势力量，终于成为中国特有的线的艺术。”①

王羲之《兰亭序》

书法之象不以线条的整齐对称为胜，相反追求多样流动的自由美。每一个字都可以变化多端，我们也经常看到不同的人在同一个字的书法作品中，显示出不一样的风采，如启功先生的《虎》与欧阳中石先生的《虎》。所以，每一幅作品都展示出书家的创作个性，既是状物更是抒情，“通过结构的疏密、点画的轻重、行笔的缓急，表现作者对形象的情感，发抒自己的意境，就像音乐艺术从自然界的群声里抽出纯洁的‘乐音’来，发展这乐音间相互结合的规律”。②

由初文衍生出的字，始终是以初文的象为基础，除了实用目的，还

① 李泽厚：《美的历程》，天津社会科学院出版社 2001 年版，第 65 页。

② 宗白华：《中国书法里的美学思想》，宗白华：《美学散步》，上海人民出版社 1981 年版，第 165 页。

《虎》——(左为启功手迹，右为欧阳中石手迹)

具有审美价值。书法作品主要是追求审美价值，而主导其审美价值的是书家的审美心境。所以同样一篇作品，不同的书家会使用不一样的书体，现出不一样的神态。

> 夫欲书者，先乾研墨，凝神静思，预想字形大小，偃仰平直，振动令筋脉相连，意在笔前，然后作字。若平直相似，状如算子，上下方整，前后齐平，此不是书，但得其点画尔！(王羲之《题卫夫人〈笔阵图〉后》)

作书不是写字，不以传达字面信息为主，也不以点画整饬为胜，而以神态活泼、渲染精神为优。“二王”的书法代表了南朝时期的最高水平，至今为人崇拜。唐太宗李世民就对王羲之书写的《兰亭序》情有独钟，以至于临死时希望他的儿子将其放入他的棺椁里，永世相伴，这份依恋足以说明书法的魅力。

东汉大书法家蔡邕说：“凡欲结构字体，皆须像其一物，若鸟之形，若虫食禾，若山若树，纵横有托，运用合度，方可谓书。”而“意在笔前”说明书法家的胸襟具有决定性的作用。《老子》第十六章曰：“致虚极，守静笃。万物并作，吾以观复。”只有排除私欲的干扰和诱惑，回归空明宁静的状态，才能明了万物循环往复的道理。虚静的胸襟是所有艺术创作的前提，如陆机《文赋》就说“伫中区以玄览”，同时他也是著名的书法家，其《平复帖》是我国古代存世最早的名人书法真迹。刘勰曾论《练字》，祖保泉就说：“刘勰谈练字，从书法角度而论，是当时重视书法的文化思想在《文心雕龙》中的反映。”①而且在魏晋时期，书法已经成为被社会追捧的一门技艺，不少世家即以此闻名于世，如王氏就有王羲之、王献之，还有不少人作文论述书法，如索靖《草书势》、卫铄《笔阵图》、王羲之《书论》、王僧虔《论书》、江式《论书表》、陶弘景《与梁武帝论书启》、袁昂《古今书评》、庾肩吾《书品》等。

综上可见，书法之象不仅仅是表达概念的符号，更是一个个鲜活的生命体，书法家们就是通过它们表达物象的生气和自己的热情。风姿万千的书法作品实际上就是人与物交感的反映，书法于是成为文士们感物抒怀的宠儿。

### （二）绘画之象

中国绘画的历史可以追溯到远古时期，自古就有书画同源之说，张彦远《历代名画记》之“叙画之源流”说：“是时也，书画同体而未分，象制肇创而犹略。无以传其意，故有书；无以见其形，故有画。天地圣人之意也。”一是基于神话传说认为汉字与绘画的起源有共同之处，二是两者的使用工具均为笔墨及所展现出来的形式特征有共同之处。目前可以看到的古老绘画有仰韶时期的彩陶纹饰和殷商时期的青铜器花纹。基于“两者皆系图案的、抽象的性质，反不如原始象形文字之追求物象”，徐复观推断出“文字与绘画的发展，都是在两种精神状态及两种目的中进行”，由此对书画同源或书出于画之说予以否定。② 在起源上，二者

---

① 祖保泉：《文心雕龙解说》，安徽教育出版社 1993 年版，第 771 页。

② 徐复观：《中国艺术精神》，华东师范大学出版社 2001 年版，第 87-88 页。

的关系至今仍在争讼，对神话传说也需要用辩证的眼光来看待，但用笔墨所画出来的形迹却有着许多共同的特征。

中国绘画的工具也是笔和墨。笔用毛制成，舞蹈出造型各异的线条，墨给笔痕赋予生命和精气。《尔雅》曰：“画者，形也。”说明画是根据物体的造型和作者的理解来进行描绘的。著名的仰韶文化陶器代表——人面鱼纹彩陶盆中就有用笔画的鱼，线条娴熟匀称，而且其造型极富想象力。荆浩《笔法记》从笔墨的性能对其作出了界定：

> 笔者，虽依法则，运转变通，不质不行，如飞如动；墨者，高低晕淡，品物浅深，文采自然，似非因笔。

笔是柔软的，用笔时要使之成为张弛有度的有流动感的活笔；墨是单色的，用墨时要使之成为浓淡相宜的有立体感的活墨。这样，看似简单的笔和墨，就能构造出形态各异的造型，也能渲染出层次不一的画面。

中国绘画开始并不注重写实，“一直到战国时代，才有一部分铜器上的狩猎、动物的花纹，带有活泼的写实意味”。① 但这些花纹并不是审美的对象，而是具有某种象征目的。直到汉末的大动乱时代，经学的权威被玄学的魅力所取代，加之品鉴之风日益炽烈，趣味欣赏代替实用目的，绘画也实现由形入神的渗透。《世说新语》之“艺巧”篇曰：

> 顾长康画人，或数年不点目睛。人问其故，顾曰：四体妍蚩，本无关于妙处。传神写照，正在阿堵中。

从现存的顾恺之《女史箴图》临摹本来看，他的人物画布局合理，用线精细如春蚕吐丝，但他的关注中心却不是在形，而是“传神”。神

① 徐复观：《中国艺术精神》，华东师范大学出版社 2001 年版，第 88 页。

晋顾恺之《女史箴图》(部分)

是一个人或事物的本质与特性，身体的四肢与人的神韵关系不大，而神之关键在于眼睛。至于如何点好目睛，这里并没有谈，但点明了绘画之本在于传神，这也成为中国人物画的不可撼移的传统。

进入南朝后，南迁的士人们在秀美山水的浸染下，在林鹤鸣禽中驰思骋情，自然风景摆脱了以往的象征目的，也成功进入人的审美视野里，与人畅神。宗炳《画山水序》对此有着至为精当的概说：

> 夫以应目会心为理者，类之成巧，则目亦同应，心亦俱会。应会感神，神超理得，虽复虚求幽岩，何以加焉？又神本亡端，栖形感类，理入影迹，诚能妙写，亦诚尽矣。于是闲居理气，拂觞鸣琴，披图幽对，坐究四荒，不违天励之丛，独应无人之野。峰岫峣嶷，云林森渺，圣贤映于绝代，万趣融其神思，余复何为哉？畅神而已，神之所畅，孰有先焉？

天地之间的峰岫、云林，甚至一草一木都有了灵魂与情思，可以与人唱和。当然，其根本在于此时的人已经与物通情，所以在画中用山水来表现其创作个性，这在第三章已有论述。所以，用笔所画出的线条不一定是对事物的客观描摹，而是以画家的构思为主，可以说是画家的生命节奏，也是天地大化流行的韵律。五代荆浩论画时就说："画者，画也。度物象而取其真。物之华，取其华，物之实，取其实，不可执华为实。"意思是说，绘画就其表现来看，其形象来自于外界的物象，就其实质来看，是透过事物表象取其精华，要做到形神并茂。南朝谢赫在《古画品录》中就以"气韵生动"来统领绘画"六法"：

> 画有六法：一曰气韵生动，二曰骨法用笔，三曰应物象形，四曰随类赋彩，五曰经营位置，六曰传模移写。

从这六法的顺序来看，绘画的最高境界是"气韵生动"，要从画面中流露出画家的感情、心态甚至生命力，生气淋漓。然后是对事物的形态、外貌、色彩、位置等进行构图，最后是对古画进行临摹。由于对"神"的重视远远超过了"形"，在所画对象的难易程度上，顾恺之认为，"画人最难，次山水，次狗马，其台阁一定器耳，差易为也"。因为楼阁等物体是固定的，比较容易画，只需要考虑它们在画面上的位置及向背关系即可，而人物形象必须画出他的气度和神韵才是上乘之作，这也是最难做到的。为了突出所画对象的神韵，画家往往会对事物的外形进行一些改动，比如古代宫女手臂纤细以展示其柔弱温情，而魏晋时期男子的服装宽松肥大以展示其闲散的生活和飘逸的风度。后来山水画兴起，这些看似平常的自然风物也有了灵魂，同样是以神韵作为最高准则。

在中国传统文化看来，上古时期的圣王知天命，应天理，因此创立文字、图画等文化符号来予以表达。唐代张彦远《历代名画记》在阐述绘画历史时推溯至黄帝的臣子史皇：

> 史皇，黄帝之臣也。始善图画，创制垂法，体象天地，功侔造化，首冠群工，不亦宜哉。

"体象天地"实际上就是感物的初始，绘画的精髓也不在于技法，

倪瓒的山水画

而是与自然交感。可见绘画的诞生并不是源于追求技能，而是承载天命。早在汉武帝时期就设立了秘阁，用来收集各类群书和图画。东汉明帝对绘画尤其喜好，特意在宫中开设了画室，而汉灵帝更是在鸿都门设立学校，聚集了全国各地的优秀艺术家，其中就有很多卓越的画家。不幸的是，董卓叛乱导致东汉献帝西迁都城，大量的图书、画卷被毁，一些绘画绢帛被将士们用作了幔幕，加之征途颠簸，遗存几微。

魏晋时期思想自由，文化繁荣，艺术精神熏染了帝王将相们，他们很多人都是绘画爱好者，宋、齐、梁、陈的君主们也都非常喜好绘画。因为有他们的支持与爱护，绘画得以很好地发展，名家辈出，曹不兴、卫协、顾恺之、陆探微等人名重一时，其后还有董伯仁、展子虔、孙尚子、杨契丹等人也以精美的画作流芳后世。南齐高帝萧道成还对战后余生的精妙绘画进行了品第排次。

南齐高帝科其尤精者，录古来名手，不以远近为次，但以优劣为差，自陆探微至范惟贤，四十二人为四十二等，二十七秩，三百四十八卷。

“不以远近为次，但以优劣为差”，说明已经认识到绘画的技艺、思想与境界，进入到绘画艺术的本体，并能够根据水平的差异评出高低等次。

然而，这些绘画图册却抵挡不住政权更迭与战火纷飞的创伤，加之各种自然灾害及人为破坏等原因，遗留下来的绘画作品与实际存在过的数量相比，是少之又少，却更显弥足珍贵。

但是，不论世事如何沧桑变化，源远流长的中国绘画始终得到世人的喜爱，上至帝王将相，下至寒门学子，或在其中找到治国理家的道理，或在其中寄托升迁贬谪的情思，不论对国家，还是对个人，都具有重要的作用。唐代张彦远《叙画之源流》对绘画的作用作了至为精当的概述：

> 夫画者，成教化，助人伦，穷神变，测幽微，与六籍同功，四时并运，发于天然，非由述作。

所以，绘画有教化社会的重大作用，可以帮助人们维护伦理纲纪，探究细微而玄妙的万物变化之理，和“六经”的教义有着同等的功效，顾恺之的《女史箴图》就是寓教于画的杰作。它可以根据季节和时间的推移而不断演化，这都是一种自然而然的感应，而不是根据既有的理论而创作的。因此，中国历代都非常重视绘画，画家也是群星璀璨，遗憾的是那些优秀的画本命运多舛，留存不多。

当然，象的艺术绽放远不止上述的几类，在其他领域也有不同形态、不同风格的艺术之象。虽然不同的艺术之象所用的媒介各有不同，或文字，或线条，或声音，或色彩，其风格或雄浑或自然，或典雅或轻靡，或浓艳或轻淡，终归一点都是天地之象。我们也正是通过这些各有千秋的艺术之象进入到人的生存境遇，从而与天合一。

# 第五章　象的言说主体

在中国哲学中，人与天地是一体的。《周易》将天地人称之为“三材”，如《系辞下》曰：“有天道焉，有人道焉，有地道焉，兼三材而两之，故六；六者，非它也，三材之道也。”《老子》有“四大”之说，如第二十五章曰：“故道大，天大，地大，人亦大。域中有四大，而人居其一焉。”天地不是实体，而是大化流行、生生不息的过程，弘扬这一过程的就是人，所谓“人能弘道，非道弘人”（《论语·卫灵公》）。因此，人虽与天地并生，却是为天地立心的主体，正是因为有了人，才有了天地。刘勰就对人的这一崇高伟绩进行了高度赞扬：

> 仰观吐曜，俯察含章，高卑定位，故两仪既生矣。惟人参之，性灵所钟，是谓三才。为五行之秀，实天地之心。心生而言立，言立而文明，自然之道也。（《原道》）

“惟人参之”中的“参”字，有人认为是“参（三，sān）”，即人以第三者的身份参与天地之间；① 有人认为是“参（cān）”，是效法、模拟

① 郭晋稀先生认为：“参，既有三义，也兼有参入义。”见郭晋稀：《文心雕龙注译》，甘肃人民出版社 1982 年版，第 3 页。又，王更生先生认为：“参，有三的意思。惟人参之，就是说，人以第三者的身份参与天地之间。”见王更生：《文心雕龙读本》（上篇），台湾文史哲出版社 1999 年版，第 5 页。

之义①。本书取“参(cān)”之音义。从起源的角度来看，是先有天地，后有人效法天地；从认识的角度来看，则是先有了人，才能确立天地的本源性，然后再去效法天地，建立起人间秩序。能够洞悉宇宙奥妙、效法天地的人，必是非凡之人，故这里的“人”首先是指“圣人”，其后才泛指诗人和凡人。

## 一、由巫而圣

中国人有着非常浓郁的崇圣情结，各家学说在追溯思想起源时往往把历史向上推至三代或更为邈远的远古时代，将传说中的人物当作自己的始祖，他们可以用一个符号予以概括——圣人。因为天地万象中的玄妙暗示，百姓日日用之而不自知，只有睿智的圣人才能够仿效之，然后垂范天下。

圣人的出场并不是一帆风顺的，而是通过艰苦卓绝的努力击退了巫觋的统治后才赢得的。我们先从“圣”字的造型中来探寻远古的信息。圣(聖)在甲骨文中写作，像一个人竖起了耳朵在听人说话。赵诚《甲骨文行为动词探索(一)》说：“(圣)从人突出耳朵，旁边有一个口，当表示有所听闻之义，当是听闻义之引申。……卜辞的圣、闻、听在某种意义上相通。”②郭沫若也说：“古听、声、圣乃一字，其字即作耶，从口耳会意，言口有所言，耳得之而为声。其得声之动作则为听。圣声听均后起之字也。圣从耶壬声，仅于耶之初文附以声符而已。《左传》‘圣姜’，《公》《穀》作‘声姜’，知声圣为古今字，后乃引申为贤圣字，三字遂分化矣。”③李孝定《甲骨文字集释》曰：“契文从，象人上着大耳，

---

① 如罗宗强先生认为：“惟人参之”就是“人仿效天地。参，参拟、模拟、效法”。见罗宗强：《释“惟人参之”》，《读文心雕龙手记》，生活·读书·新知三联书店 2007 年版，第 18 页。还可参见夏静：《关于〈文心雕龙·原道〉的“惟人参之”》，《文学评论》2009 年第 3 期。

② 于省吾主编：《甲骨文字诂林》，中华书局 1999 年版，第 664 页。

③ 郭沫若：《卜辞通纂》，科学出版社 1983 年版，第 489 页。

从口，会意。圣之初谊为听觉官能之敏锐，故引申训‘通’；贤圣之义又其引申也。许君以形声说之，非是。听、声、圣三字同源，其始当本一字。”①圣、声、听的繁体字形分别为聖、聲、聽，都有一个“耳”，原为一字应当不妄。从这些释义可知，圣的本义就是听闻声音，圣人就是具有敏锐听觉能力的人。但从听觉之敏锐引申为圣人之意，说明圣人听声应当不是一般的行为，而是有着特定而深刻的意义。这会引发人们的猜想：圣人到底听闻到了什么声音？他们又具有什么样的特殊能力？

在人的心智初开之时，认为世间万物都是有神统治的。《国语·楚语下》曰：“于是乎天、地、神、民、类物之官，谓之五官，各司其序，不相乱也。民是以能有忠信，神是以能有明德，民神异业，敬而不渎。故神降之嘉生；民以物享，祸灾不至，求用不匮。”这里说的虽然不一定是真实的情况，但当时的社会状况与思想水平也可由此窥见一二。在“绝地天通”②之前，民神不杂乱，民众中有极少数人生来就有神秘的通神能力，女为巫，男为觋。在《山海经》中多有记载，如《大荒南经》曰：“有䵍民之国。帝舜生无淫，降䵍处，是谓巫䵍民。巫䵍民朌姓，食谷，不绩不经服也；不稼不穑食也。”这表明巫觋能通天地，交鬼神，不事纺织而有衣可服，不事耕种而有物可食，以歌舞愉悦鬼神是他们的职责。而且他们各有名称，如《大荒西经》曰：“有灵山，巫咸、巫即、巫朌、巫彭、巫姑、巫真、巫礼、巫抵、巫谢、巫罗十巫从此升降，百药爰在。”他们中间懂得各种知识的人称为“祝”，了解各种礼仪规范的称为“宗”。他们是民众中的精英分子，扮演人神沟通的使者，负责传达神的旨意，民众通过他们来获得神的庇护和惩戒。这样就避免了人人通神的混乱局面，也逐渐建立起有权威的信仰和有等级的秩序。随着部落的形成和政务的分工，他们逐步成为各司其职的官员，民众也随之失去了参与神灵世界的权利，只剩下对神的忠诚和义务。

---

① 于省吾主编：《甲骨文字诂林》，中华书局1999年版，第664页。

② 《尚书·周书·吕刑》：“皇帝哀矜庶戮之不辜，报虐以威，遏绝苗民，无世在下。乃命重黎，绝地天通，罔有降格。群后之逮在下，明明棐常，鳏寡无盖。”

巫与觋

祭祀通神可是当时与战争并列的最大权力，它代表了思想世界的核心。如何通神？用怎样的礼仪？如何传达神谕？这些都是统治必不可少的权力。为了加强对部落的统治，部落首领或酋长往往身兼巫师，将王权与神权合为一体。比如大禹曾被认为是巫师，其步法被称之为“禹步”，以至于“俗巫多效禹步”①。《国语·楚语》记载了这些能够通神的巫觋所具有的特殊能力：

> 昭王问于观射父，曰：“《周书》所谓重、黎实使天地不通者，何也？若无然，民将能登天乎？”对曰：“非此之谓也。古者民神不杂。民之精爽不携贰者，而又能齐肃衷正，其智能上下比义，其圣能光远宣朗，其明能光照之，其聪能听彻之，如是则神明降之，在男曰觋，在女曰巫。是使制神之处位次主，而为之牲器时服。”

楚相观射父向昭王描述的能够得到神明青睐的巫觋，具有智、圣、明、聪的特征。其二为“圣”，即“能光远宣朗”，徐元诰注曰：“光远者，广远也。光与广同义。宣朗者，明朗也。明与朗同义。”②此“圣”就是广远明通的意思。结合其他三个特征，尤其是“其聪能听彻之”，

① 韩敬：《法言注》，中华书局1992年版，第223页。

② 徐元诰、王树民等点校：《国语集解》，中华书局2002年版，第511页。

是指能听到神的旨音，“圣听”也由此而来。

绝地天通意味着王权对神权的垄断，除了王者成为最高的祭司外，以前“传统的个体化的、随机发挥作用的巫觋，被有组织、规则化且具有持续性的祭司阶层(所谓祝、宗、卜、史)所取代”①。尽管后来还有巫觋，不少史官就是巫觋的后裔，但在社会中的地位已然倒置。《周易·巽》曰：“用史巫纷若。”孔颖达疏曰：“史，谓祝史；巫，谓巫觋，并是接事鬼神之人也。”周代之史沿自商代之巫，他们的职责都是交通鬼神以辅佐王权，但将“史”置于“巫”之前，说明在周代史的地位已经高于巫了。还有如《尚书·金縢》曰：“史乃册祝。”(孔传：“史为册书祝辞也。”)《礼记·玉藻》曰：“动则左史书之，言则右史书之。”史官的职责就是编纂、保管和使用典籍，记载王者的行踪、语言以及国家大事，所以《说文解字》曰：“史，记事者也。”在西周，太史掌祭祀，小史辨昭穆，太卜掌三《易》，史的职责范围上至天庭，下至凡尘。史巫的地位置换标志着周代进入到一个人文自觉的时代。

周代虽然摆脱了神学的支配，但为了配合王权对神权的垄断，周代开始将君主神格化，崇拜对象开始从“天帝”向“圣王”转移。“这个转移是通过神话历史化的进程实现的。天帝和人间先王的谱系被捏合在一起，伏羲、神农、尧与舜，同禹、汤、文、武在血统上相互承接，于是周人的统治，便成为三皇五帝赫赫功业的必然继续。”②通过将先王的谱系改造后，现世的王者就有了神祇的血统，自然就禀赋了天神的特性，成为唯一能够与上天沟通的人，同时又有着凡人的光辉人格，于是他们被称之为圣王。其实，在打破殷人对神权的垄断时，周人开始奉行敬德原则。他们在取代殷商之后竟然把成汤和太甲列为祭祀对象，前者为殷商创业的君主，后者是有太宗之称的商初少有的贤王，说明周人充分肯定二者的功绩和品德。天命来自于家庭出身，可以说是先天的，德行来自于人为努力，则为后天因素，它们是同等重要的。将天命眷顾与人为

---

① 白欲晓：《圣、圣王与圣人——儒家“崇圣”信仰的渊源与流变》，《安徽大学学报》(哲学社会科学版)2012年第5期。

② 汪裕雄：《意象探源》，人民出版社2013年版，第69页。

努力完美结合的代表人物就是实现了维新大业的周文王。他能代天行事，遵循着天帝的教诲，《诗·大雅·大明》称颂他“小心翼翼，昭事上帝”，并得到了天帝的佑助，“文王陟降，在帝左右”。而他之所以能够得到天帝的垂青，主要在于他“聿修厥德”，即践行着至高的道德伦理。从文王的事例可以看出，在周人的观念里，天帝派至德者来统治和教化百姓，也只有至德者才能遵循着天帝的旨意，完成天帝的使命。

德国思想家卡尔·雅斯贝尔斯曾提出“轴心时代”一说，用以指称同时发生在中国、印度和西方等地区的文化突破现象。他说：“发生在公元前八百至二百年的这种精神的历程似乎构成了这样一个轴心，正是在那个年代，才形成今天我们与之共同生活的这个‘人’。”①这个时期正是中国的春秋战国时期，文化的突破表现于“神本观念的明显衰落和人本思潮的广泛兴起”②。李泽厚也指出：“它(先秦时期)以氏族公社基本结构解体为基础，是中国古代社会最大的急剧变革时期。在意识形态领域，也是最为活跃的开拓、创造时期，百家蜂起，诸子争鸣。其中所贯穿的一个总思潮、总倾向，便是理性主义。正是它承先启后，一方面摆脱原始巫术宗教的种种观念传统，另一方面开始奠定汉民族的文化—心理结构。”③理性精神的萌发与成长使人逐渐摆脱神灵的束缚，开始睁眼看世界。

春秋以降，诸侯争霸，王权遭到极大地僭越，圣的观念也在悄然发生变化。刘泽华说：“中国传统思想文化观念，以春秋战国为界，此前以崇拜上帝、上天为主；其后，以崇圣为主。”④西周延续了传统的宗教观念，圣王是天帝意志与道德规范的合体，到春秋之时，“圣王”观念日益人间化、世俗化，实现了我国文化由崇神到崇圣的大转型。

---

① ［德］卡尔·雅斯贝斯著，柯锦华等译：《智慧之路》，中国国际广播出版社 1988 年版，第 68 页。

② 陈来：《古代思想文化的世界——春秋时代的宗教、伦理与社会思想》，生活·读书·新知三联书店 2002 年版，第 9 页。

③ 李泽厚：《美的历程》，天津社会科学院出版社 2001 年版，第 80 页

④ 刘泽华：《中国的王权主义》，上海人民出版社 2000 年版，第 429 页。

> 五事：一曰貌，二曰言，三曰视，四曰听，五曰思。貌曰恭，言曰从，视曰明，听曰聪，思曰睿。恭作肃，从作乂，明作晰，聪作谋，睿作圣。(《尚书·洪范》)

郑玄对“睿作圣”注曰：“于事无不通谓之圣。”孔颖达疏曰：“思通微，则事无不通，乃成圣也。”又说：“睿、圣俱是通名，圣大而睿小，缘其能通微，事事无不通，因睿以作圣也。”①《中庸》亦曰：“唯天下至圣，为能聪明睿知，足以有临也。”从这里可以看到，“圣”已经摆脱了听闻声音以通神的本义，而是从思之明睿通微而扩大为无所不通，比如在《易传》中，“圣人”多次出现，如《系辞》中有“圣人设卦观象，系辞焉而明吉凶，刚柔相推而生变化”，“夫《易》，圣人所以崇德而广业也”，“圣人有以见天下之赜，而拟诸其形容，象其物宜，是故谓之象”，“《易》有圣人之道四焉”等，俨然取代了“神”的地位。而且对上古之神进行了祛神性处理，如伏羲。《系辞下》曰：“古者庖牺氏之王天下也，仰则观象于天，俯则观法于地，观鸟兽之文与地之宜，近取诸身，远取诸物，于是始作八卦。”“庖牺氏”即伏羲，在传说中是人首蛇身，是燧人氏之子。他创作了八卦，教人结网渔猎，对人类贡献卓越，是“三皇之首”，“百王之先”。在《易传》中，他已经淡褪了神灵的色彩，而与“圣人”同一。如《系辞》说“圣人立象以尽意”，此处的“圣人”并没有具体的所指，而是指传说中与《周易》关系密切的伏羲、仓颉、文王、周公等人，他们都是圣人的化身和代名词，在将文王、周公神格化的同时，也将伏羲、仓颉等传说人物世俗化、人间化了。

虽然经历了由神而圣的文化转型，但并不完全是由圣取代了神，而是出现了二者的融合，彼此需要，相互调适。先以《周易》中的“神”字为例。在《易经》中并没有“神”字的使用，而在《易传》中却频繁地使用“神”字，或单独使用，或连用如“神明”“神物”“鬼神”“神武”“神道”

---

① 阮元校刻：《十三经注疏》(清嘉庆刊本)，中华书局2009年版，第400页。

传说中周公在羑里演绎出《周易》

等。而且，神的意义已经出现了明显的分化。神之本义为神灵之神、鬼神之神，《说文解字》曰："天神，引出万物者也。从示申声。"又曰："示，神事也。"除了在"鬼神""神灵"之义上使用外，《周易》更多的是在神妙、精微之义上来使用"神"字，如"阴阳不测之谓神""神也者，妙万物而为言者也"等。此时还有一个明显的现象就是"神"与"圣"并用。如商末周初的《尚书》，与《易经》的成书时间大致相当，《尚书·大禹漠》说"乃神乃圣，乃武乃文"。还有《礼记·乐记》亦曰："乐者敦和，率神而从天；礼者别宜，居鬼而从地。"郑玄注曰："居鬼，谓居其所为，亦言循之也。鬼神谓先圣先贤也。"《白虎通·圣人》亦曰："圣者，通也，道也，声也。道无所不通，明无所不照，闻声知情，与天地合德，日月合明，四时合序，鬼神合吉凶。"神与圣结合有着现实和学术的双重需要。从现实政治的需要而言，虽然王权失去了以往的神秘性，王者也不再被看作神人之间的沟通者，但统治者需要君权神授的观念的支持，所以"王权的理性化总是适可而止的，圣王一旦在理性化的过程中实现了对必然性的垄断……理性化便会裹足不前，因为彻底的理性化最终必将否定王权。这样王权便从理性化转向神秘化。"①给王者披上神

① 李冬君：《孔子圣化与儒者革命》，中国人民大学出版社2004年版，第128页。

的霞帔，王权的合法性也就增加了筹码。从学术思想的发展来看，儒家所推崇的圣人在现实中从未实现过，以至于人们将圣人看成了一种带有神秘性的理想对象，加之面临着道家、佛学等其他学术思想的挑战与冲击，为了强化圣人的合理性，在建构自家的圣人谱系时，将孔子与传说中的尧、舜等人物并列，又逐渐走上了一条反理性的道路。朱熹就说："盖尧舜治天下，夫子又推起道义垂教万世。尧舜之道，非得孔子，则后世亦何所据哉？"①孔子本为诸子之一，浪迹列国，游说其学，终其一生也多是穷途困厄，但后学将他与尧舜等圣人列为一脉相承后，他也就被圣化了，进而在后世被不断神化了。《易经》形成于西周初期，其思想来源可追溯到上古，相传《易经》一书历经伏羲、文王、孔子三圣才得以完成，《汉书·艺文志》就说"易道深矣，人更三圣，世历三古"。其实《易传》形成于战国中后期，为集体所作。② 之所以这样做无非是为了通过神化孔子来增加儒学的合法性和神圣性而已。因此，尧舜也好，周公也罢，我们不必特意去考证古代文明是否为这些传说人物的成就，正如李镜池所说："所谓伏羲作八卦，只意味着八卦的来源很古远而已。"③这些圣人在文献中的意义就是告诉我们，远古文明是多人创造的结果，他们只是其中的代表而已，象征着中国思想史进入了"人"的时代。

在《周易》中，天地之微尽在卦象之中，圣人的良苦用心也在其中。圣人用卦象比拟天地万物，用阴阳解释卦爻之象，揭示宇宙发展、变化的规律，并不是圣人的目的，其真正的目的是要通过认识外在的自然规律，找到使人生幸福、社会繁荣、道德昌明、天下太平的正确途径。从《易经》到《易传》的几百年间，恰好是中国处于大动乱、大分裂的春秋战国之时。为了使百姓安居乐业，社会繁荣太平，诸子纷纷著书立说。

---

① 朱熹：《四书章句集注》，中华书局 1983 年版，第 234 页。

② 李镜池先生认为，《易经》成书于西周后期，为卜史所作，系占筮书，《易传》成书于战国至西汉中叶，作者多为儒家后学，系哲学书。参见李镜池：《周易探源》，中华书局 1978 年版，第 151-177 页。

③ 李镜池：《周易探源》，中华书局 1978 年版，第 152 页。

《庄子·天下》曰："《诗》以道志，《书》以道事，《礼》以道行，《乐》以道和，《易》以道阴阳，《春秋》以道名分。"这"六经"均是为了人间长治久安而提出的治世之道。其中，《易经》本为卜筮之术，阴阳观念的引入使得《周易》走出了神学背景。《周易》的基本因子阴(--)、阳(—)二爻，还有八经卦和六十四变卦，其原初的意义已经不可考，也无须考证，《易传》的作者们只是利用易卦图式来构筑起自己的宇宙图式。

以阴阳说天地也改变了以往有目的、有意志的"天"的主宰地位①，人开始用自己的理性去解释天地之道。

> 天何言哉？四时行焉，百物生焉，天何言哉？(《论语·阳货》)

这里的"天"不曾言说，但四季风云的更替变换，万物生长的往返循环，都是天的运行法则的体现。天的运行法则生成了自然万物，它是宇宙善意的象征，也成了建立人间秩序的依据背景和借鉴对象。

> 天生烝民，有物有则。民之秉彝，好是懿德。(《诗·大雅·烝民》)

"烝民"就是庶民、百姓；"秉彝"就是秉持常道；"懿德"就是美好的德行。意思是说，上天生养了芸芸众生，无论什么事物都有它自己的生长法则，遵循各自的法则就能顺利成长。民众如果通过长期的教化学习，遵守大道，也可以树立良好风尚，因为人们本身就是向往美好的。可见，"天"本身就是有秩序的，而且充满了善意。与之相似的是，只要人类遵循常道，向往美好，就会好善。天道的运行法则与人间的社会秩序形成了互衬的关系。因此，"如果说人类在自身中本来就具有'天'所具有的法则与方向的话，那么，只要人类所抱的希望是合理的，就合

---

① 如《论语·八佾》曰："获罪于天，无所祷也。"可见孔子继承了周代的天命观。

于天的法则。假如说天是有意志的，那末‘天’当然就会赞助这种希望”。① 天的法则一直运行着，但对天的解释是由人决定的。当先哲发现天的运行法则时，实际上是为自己的思维与行动找到了一个天然合理的庇护者。可以说，正是因为需要一个有运行法则的天，所以天就有了运行法则，而不是天的法则决定了人的秩序。

天又是如何运行的呢？先哲们接着又发明了阴阳，从此天没有了以往的神秘，成为可以仿效的对象。如《乾·彖传》释“天”曰：“大哉乾元！万物资始，乃统天。云行雨施，品物流形。”意思是说，天是充沛宇宙间的阳气，万物都是依靠它而生长，比如夏天云朵漂移、霖雨降落，各类事物因阳光和雨水的滋润而不断变化发展，逐渐壮大成形。这是多么伟大啊！再如《坤·彖传》曰：“至哉坤元！万物资生，乃顺承天。坤厚载物，德合无疆；含弘广大，品物咸亨。”意思是说，地是充盈宇宙间的阴气，配合天（阳气）的意志开创万物。地体深厚所以能普载万物，各遂其性。真是美德至极啊！天地孕育万物实际上就是阴阳生长出万物，人也就依据天地建构起社会秩序，体现为夫妇、父子、君臣等。

对“天地”的自然主义解释说明春秋以降神学天命观的动摇和人文理性精神的觉醒，而且，这并非个例，已是西周末年出现的普遍征兆，《国语·周语》中伯阳父对地震的释言可为佐证。

> 幽王二年，西周三川皆震。伯阳父曰：“周将亡矣！夫天地之气，不失其序，若过其序，民乱之也。阳伏而不能出，阴伏而不能烝，于是有地震。今三川实震，是阳失而其所镇阴也。阳失而在阴，川源必塞，源塞国必亡。夫水土演而民用也，水土无所演，民乏财用，不亡何待？”

---

① ［日］吉川幸次郎著，章培恒等译：《中国诗史》，复旦大学出版社 2001 年版，第 27 页。

在此之前，地震往往被认为是人间失道、天帝震怒的表现，而伯阳父却认为是阴阳二气失调的结果，并从自然变化中推断出“周将亡矣”。李存山认为，伯阳父用“天地之气”来解释自然界现象以及对社会人事的影响，“是与‘天启的、给予的知识和权威的真理’相反对的新的世界观，是传统哲学产生的标志”。①以往之“天道”被“阴阳之道”代替了，或者说“天”被赋予了阴阳之内涵。当圣人用阴阳来解释万物运行时，“圣”之神性就彻底消退了，而其人性正式显明，所以后来用圣人来指称道德上的完人或将某种德性发挥到极致之人则是水到渠成。

## 二、由圣而凡

中国的圣人是充满了忧患精神的。正如天有自己的运行法则，可人时常偏离甚至违背这些法则，各种天崩地裂的灾害就是喻示。人也是如此，理想是丰满的，现实是骨感的，人人都向往美好的生活和崇高的理想，可抵御不了各种惰性、贪欲、野心的侵蚀。这样巨大的反差能不让圣人感到忧患吗？《系辞下》曰：“作《易》者，其有忧患乎？”圣人的忧患正是基于对现实社会的认识，同时又包含着对理想社会的向往。他们的职责就是要将天道的运行法则与人间的秩序建设结合起来，并时时鼓励天下苍生，只要人所抱的理想和希望是合理的，就是与天的法则一致的，与天合一是可以通过努力达到的。

广泛吸收诸家学说精华的《周易》，其卦象所展示的圣人之意之所以具有深微神妙的特征，“其根本的原因在于这种‘意’显示了具有同样特征的宇宙生命的运动、变化、发展规律”。② 圣人这样做的目的在于“推天道以明人事”，涉及个体和社会两个层面。就个体来说，与个人的志向、情感、理想、成败等密切相关。《系辞下》曰：“设卦以尽情伪”，“作《易》者，其有忧患乎？”作为一个积极有为的人，不应躲避痛

---

① 李存山：《中国气论探源与发微》，中国社会科学出版社 1990 年版，第 2 页。

② 刘纲纪、范明华：《易学与美学》，沈阳出版社 1997 年版，第 66 页。

苦的乱世，而应将个人的志向、情感和作为与所处的时代相连，君子当自强不息，与天任运。也不要回避人性中的阴暗面，就是要勇敢地直面这些惰性、贪欲等，通过礼乐教化而使人成为高尚的人。就社会来说，应当形成一种经邦济世、治国平天下的集体理想。《系辞上》曰："子曰：'夫易何为者也？夫易开物成务，冒天下之道，如斯而已者也。'是故圣人以通天下之志，以定天下之业，以断天下之疑。"由此可知，诞生于乱世的《易传》，其作者所设想的圣人，既有对人世间的忧患和悲悯，又充满着自强不息的精神与厚德载物的情怀。他们不仅自己力求实现弘道的伟业，更重要的是教化大众，引导社会，让大众个体和社会集体都具有这种忧患精神，共同实现理想社会。

自春秋以降，中国文化实现了由神到圣的大转型，圣人成为新的理想人格。然而，这些被推崇的圣人毕竟大多都是传说中的人物，在现实中鲜有出现。孔子就非常无奈地说："圣人，吾不得而见之矣；得见君子者，斯可矣。"(《论语·述而》)但是，圣人已成为君子经过人格修炼可以达到的人生境界，有德的君子就是圣人的候补者。孟子认为由"尽心"可以"知性"，从而实现"知天"，将孔子的君子人格修养原则进一步内倾化，即以与生俱来的善心为起点，按照仁、义、礼、智、信等德性的要求去修炼，就可以达到圣人境界，实现即凡而圣，同时也将圣人进一步世俗化了，人人皆可以为尧舜。如《孟子·离娄上》曰："规矩，方圆之至也；圣人，人伦之至也。欲为君尽君道，欲为臣尽臣道，二者皆法尧舜而已矣。""人伦之至"即为圣人，尧舜之所以能为后世效法的对象，就在于他们恪守为君为臣之道。此后，只要遵循道德伦理规范，注重个人心性的修养，哪怕没有王者之尊，也可以成为圣人。

伯夷，圣之清者也；伊尹，圣之任者也；柳下惠，圣之和者也；孔子，圣之时者也。孔子之谓集大成。集大成也者，金声而玉振之也。金声也者，始条理也；玉振之也者，终条理也。始条理者，智之事也；终条理者，圣之事也。(《孟子·万章下》)

在孟子看来，如伯夷、伊尹、柳下惠、孔子四人均为圣人的共同之处，就在于他们体现了圣人的某种德性。而孔子之所以为集大成者，成为儒家的精神象征，就在于他能够将这些德性集于一身，被尊为孔圣人、素王。还有勇武而忠义的关羽，被民众尊为关公、关老爷，又多次被后代帝王褒封，直至尊为"武帝"，故也被称为关帝、关圣帝君、关圣帝等，逐渐由一介平民羽化为与孔子并立的圣人，形成"文拜孔子，武拜关公"的格局。

由平民上升为武帝的关羽

尽管如此，圣人依然是可望不可及，而且少之又少，因为儒家德行的修养是艰难的。在汉代，儒学与政治的联姻已经使之发生了变异，而汉末以来的社会大动乱，被置于神圣位置的儒教观念也随之垮掉了，儒学思想渐趋式微，新的思想纷纷涌现。此时个人独立意识的兴起，个体的小我逐渐从集体的大我中迈出，寻求自己的精神栖居地。

历史有时是惊人的相似。作为文化元典的《周易》主要成书于春秋战国时期，而作为文学经典的《世说新语》诞生于南北对峙时期，彼时中国都处于大分裂、大动荡的局面。如果说春秋战国时期的礼崩乐坏促进了人的理性精神的发展，那么魏晋时期的南北分裂则促进了人的感性生命的勃发。个人的觉醒将崇圣的价值诉求转化为在日常生活中的独特生命体验，曾经以美刺为己任的诗人群体也扩大到所有从事诗歌创作的人。宗白华曾以《世说新语》为例，对魏晋时期的社会状况与士人风流的关系做过诗性的描述与独到的分析。关于魏晋士人的觉醒，原因很多，本书也以《世说新语》为例来说明魏晋士人觉醒的原因。

首先，“皇帝”被抛弃。这里不是说皇帝本人被抛弃，而是指皇帝的权威思想的坍塌。“所谓权威思想，就是能够赋予人们共同的信仰、价值、符号、模式，指导人们的行为，主宰人们心灵的思想。”①它对稳定社会和平衡内心具有重要作用，既是人类与自然、个体与社会、自身与他人之间的联系纽带，也是平衡人的心理、稳定人们情绪的主要工具。皇帝的权威思想曾经是士人们的精神归宿，它的倒塌必然给士人们带来思想上的流浪感、焦虑甚至痛苦。《世说新语·方正》曰：“高贵乡公薨，内外喧哗。”高贵乡公是司马氏称帝的最后一道障碍，也是魏晋时期第一个被权臣所杀的皇帝。这个“吾不能坐受废辱”的皇帝的被害引起“内外喧哗”，给士人们造成了巨大的心理伤痛，直到晋明帝时，此痛犹在。《尤悔》曰：“王导、温峤俱见明帝，帝问温前世所以得天下之由。温未答。顷，王曰：‘温峤年少未谙，臣为陛下陈之。’王乃具叙宣王创业之始，诛夷名族，宠树同己。及文王之末，高贵乡公事。明帝闻之，覆面著床曰：‘若如公言，祚安得长？’”可见，高贵乡公事对士人们的伤害之深。但是，从这些权臣的角度来讲，皇帝的权威思想的破灭意味着皇帝回归真实的面貌。

> 秦初并天下，……寡人以眇眇之身，兴兵诛暴乱，赖宗庙之灵，六王咸伏其辜，天下大定。今名号不更，无以称成功，传后世。其议帝号。……臣等谨与博士议曰：古有天皇，有地皇，有泰皇，泰皇最贵。臣等昧死上尊号，王为“泰皇”。……王曰：去“泰”，著“皇”，采上古“帝”位号，号曰“皇帝”。（《史记·秦始皇

① 马良怀：《崩溃与重建中的困惑：魏晋风度研究》，中国社会科学出版社1993年版，第165页。

本纪》)

原来，皇帝本是对具有重大功绩之人的尊号，并不是什么天之子。这些权臣左右着局势，连皇帝的废立也在他们的掌握之中。如《尤悔》曰："桓宣武对简文帝，不甚得语。废海西后，宜自申叙，乃豫撰数百语，陈废立之意。既见简文，简文便泣下数十行。"简文帝虽为皇帝，但没有实权，只是一个傀儡，在权臣桓温的摆布下苟且生存，对桓温的犯上行为也无可奈何，只有以泪相对。实际上，这些权臣已经具有皇帝的功能，扮演着皇帝的角色。

皇帝的被弃导致统治集团内争不断。从《后汉书》和《三国志》的记载中可以看出，自灵帝中平元年(184年)爆发黄巾起义之后，大规模的战争和政争从不间断，《世说新语》中亦有许多记载。三国纷争还没结束，魏朝也立国不长，中后期有曹爽与司马懿争权，刀光剑影，杀伐不断，出现了"天下名士，少有全者"的局面，及至司马昭杀掉高贵乡公。晋代魏后，有灭吴之举，统一全国后不久，相继出现了八王之乱、五胡乱华和永嘉之乱。偏安江左、在世家大族拥立下建立起来的东晋，皇帝自身的力量难以驾驭局面，权臣跋扈，接着有苏俊之乱、王敦之乱、桓玄之乱。在如此险峻的环境里，士人们难以年寿而终，即使能苟全性命，也是满目疮痍。哪怕是当时的权臣或名士，也时刻为生命之短暂而感叹，为社会之悲痛而伤怀。金谷宴上的"感性命之不永，惧凋落之无期"的无奈和兰亭集会中的"固知一死生为虚诞，齐彭觞为妄作"的叹息，俱是他们内心的真实写照。

其次是政治地位和经济地位的凸显。累世公卿的局面在魏晋时期已经形成，我们以谢安为代表的谢氏家族为例。他的父亲谢褒为尚书，其兄谢弈"辟太尉掾、剡令，累迁豫州刺史"，其弟谢万"历吏部郎、西中郎将，豫州刺史、散骑常侍"①，其侄谢玄也为安西将军。王氏更不用说，曾有"王与马，共天下"之说，庾氏亦为一望族。这样的局面导致

---

① 余嘉锡：《世说新语笺疏》，中华书局2007年版，第41页。

在选士入朝时，从以前的“每寻前世举人贡士，或起畎亩，不系阀阅”①变为“贡荐则必阀阅为前”②，“以族举德，以位命贤”③。门第之别成为衡量人的准则，也是维系他们政治垄断的保障。同时，士人的经济地位也得到极大的改观，可以说这是中国古代士人经济地位最让人企羡的时代。士人们不必像汉代士人那样唯唯诺诺地向皇帝乞讨，他们获取巨额财富的方式不一而论，比如官俸④，爵位，贸易⑤，甚至抢劫⑥。这让他们在精神上具有极大的自信，甚至可以傲视王侯。

武帝尝降王武子家，武子供馔，并用琉璃器，婢子百余人，皆绫罗绔罗，以手擎饮食，烝豚肥美，异于常味。帝怪而问之，答曰：“以人乳饮豚。”帝甚不平，食未毕，便去。王、石所未知作。(《汰侈》)

“帝甚不平，食未毕，便去”的原因之一是因为他身为帝王却未想

① 范晔：《后汉书》，中华书局1965年版，第133页。

② 王符著，汪继培笺，彭铎校正：《潜夫论笺校正》，中华书局1985年版，第355页。

③ 王符著，汪继培笺，彭铎校正：《潜夫论笺校正》，中华书局1985年版，第34页。

④ 西晋统一后，制定了官俸制，据《晋书·职官志》记载，一品食俸日米五斛，太康二年开始给绢三百匹，绵二百斤。元康元年开始给菜田十顷，天驺十人。二品食俸日米四斛，太康二年开始给绢二百匹，绵一百五十斤。元康元年开始给菜田八顷，天驺八人。三品食俸日米三斛，太康二年开始给绢一百五十匹，绵一百斤。元康元年开始给菜田六顷，天驺六人。西晋四品以下官员官俸虽不详，但官制官俸同其他制度一样，各代之间有着继承和连续关系。参见房玄龄等撰：《晋书》，中华书局1974年版，第726-730页。

⑤ 《俭啬》曰：“王戎有好李，卖之，恐人得其种，恒钻其核。”可见王戎之富与他的经济贸易活动有关。

⑥ 《任诞》曰：“祖车骑过江时，公私俭薄，无好玩服。王、庾诸公共就祖，忽见裘袍重叠，珍饰盈列，诸公怪问之。祖曰：‘昨夜复南塘一出。’祖于时恒自使健儿鼓行劫钞，在事之人，亦容而不问。”又《汰侈》注引王隐《晋书》曰：“石崇为荆州刺史，劫夺杀人，以致巨富。”可见当时为了获取巨额财富是不择手段的，虽为官员却对抢劫行为采取一种参与实施且不以为耻的态度。

到“以人乳饮豚”，可见王武子的奢侈甚于晋武帝。更重要的是，王武子敢在晋武帝面前如此竞奢、炫耀，如果联系到儒家礼制对财富使用的严格规定，这类活动就具有了一定的反礼教意义。社会地位的显著提高，让魏晋士人们拥有了傲视皇权的底气和蔑视礼制的资本，为保持独立人格提供了坚实的基础，所以他们能够以自我取向作为行动的准则。

再次是经学的式微。人的觉醒除有外在条件之外，还与主流思潮自身的变异有关。到汉代，儒学变为了经学，发展趋势有两种：“一是空守章句师说以至烦琐迂阔”，“另一发展趋势是与阴阳五行灾异谶纬之说紧密结合，援天道以证人事以至荒诞不经。”①儒学逐渐丧失了对现实生活的干预和影响，其思想魅力也随之丧失殆尽，为士人所弃则为必然，正如余英时所说：“一种学术思潮之流行除其具有实用之价值外，又必须能满足学者之内心要求。而汉儒说经既羼以阴阳五行之论，复流于章句繁琐之途，东京以降遂逐渐不足以厌切人心，其为人所厌弃则尤是事有毕至。”②皇帝神话破灭后，通经以致用，施之世务的实用价值虽仍存在，也一直被统治者所提倡，不少人因此名利双收，但已经无法“满足学者之内心要求”。其实，有危必有机，旧学说僵化之时，也是新思想萌发之际。出于自我安慰的需要，士人们急需在思想上给自己找一个新的归宿，而且这种新思想往往就是在外部因素的刺激下，从原思想中萌发出来的。魏晋士人改变儒学发展的方向，离弃这两种发展趋势，不再谋求通达圣人之意，只要畅情即可。《文学》曰：“傅嘏善言虚胜，荀粲谈尚玄远，每至共语，有争而不相喻。裴冀州释二家之义，通彼我之怀，常使两情皆得，彼此俱畅。”士人们的共谈能够做到“两情皆得，彼此俱畅”，源于在思想上已经不再有所执着，新思旧想可以彼此通畅，故而在心理上得以畅怀了。

外在因素的刺激和内心诉求的涌动，合力促进了魏晋士人的个体自觉。圣人的人格理想让位于凡人的个性展现，“我与我周旋久，宁作

---

① 马良怀：《崩溃与重建中的困惑——魏晋风度研究》，中国社会科学出版社 1993 年版，第 51-52 页。

② 余英时：《士与中国文化》，上海人民出版社 2003 年版，第 303 页。

我”(《品鉴》)成为当时的最强音。

## 三、诗人之心

“诗”字并没有出现于现在的甲骨文和金文中，与“寺”相比，它是一个后造的字，所以要了解“诗”的含义，须先了解“寺”的含义。关于“寺”的解释有很多，比如叶舒宪认为，“‘寺’的本义指主持祭仪的祭司或巫师”①，那么由“言”和“寺”组合而成的“诗”字，“原本是具有祭政合一性质的礼仪圣辞”②。刘士林认为，“寺”的本义是指特定的空间场所，“集上古社会的政、教、兵、农于一身”，在这个场所里举行议事、教习、练兵、祭祀等各种集体活动，从所发挥的功能来看，“‘寺’也就是中国历史上最初的‘明堂’”③。其后，这些集体性的社会活动为王所垄断，“寺”成为帝王集居住、行政、祭祀功能于一体的宫廷，如《周礼·寺人》曰：“寺人掌王之内人及女宫之戒令。”“寺人”负责掌管居住在王宫内的人，那么“寺”就是宫廷，而“诗”就是在宫廷内的言说和言辞。最初，言说者是王与宫廷官员，言辞内容是与国家相关的各类大事，所以从诞生的那一刻起，诗和诗人就禀赋了政治功能，跟西方的诗和诗人有着本质的不同。如维柯《新科学》说：“诗的最崇高的工作就是赋予感觉和情欲于本无感觉的事物。”“因为能凭想象来创造，他们就叫做‘诗人’，‘诗人’在希腊文里就是‘创造者’。”④可见，在西方文化里，“诗”不过是人之情感的抒发，与社会政治无关，其“诗人”也没有中国诗人的社会承担，与其说是一个创造者，不如说是一个文辞工匠。又如《国语·周语上》曰：“天子听政，使公卿至于列士献诗……而后王斟酌焉。是以事行而不悖。”这些所献之诗就是《诗经》的源头，其功能

---

① 叶舒宪：《诗经的文化阐释》，陕西人民出版社 2005 年版，第 147 页。

② 叶舒宪：《诗经的文化阐释》，陕西人民出版社 2005 年版，第 157 页。

③ 刘士林：《中国诗性文化》，海南出版社 2006 年版，第 125-126 页。

④ [意]维柯著，朱光潜译：《新科学》，人民文学出版社 2008 年版，第 97 页、第 159 页。

主要是“美”和“刺”，诗人也从一开始就担负着宗国兴衰、社稷存亡的道义精神，尤其是在国难之时，刺世更是难能可贵。因此，以周公继承者自许的孔子对诗人十分景仰，曾说“诗人疾之不能默，丘疾之不能伏”①，对《诗》格外重视，认为“诗，可以兴，可以观，可以群，可以怨”(《论语·阳货》)，他作《春秋》就是受到诗人刺世精神的感召，效法《诗》的作者，应周之衰世而述作的。尤其是在汉代，士人们秉持诗人的刺世精神，将自己的人生价值与国家命运紧密相连。史书也高度弘扬诗人的刺世精神，如《史记·周本纪》曰：“公刘虽在戎狄之间，复修后稷之业……百姓怀之，多徙而保归焉。周道之兴自此始，故诗人歌乐思其德。”《史记·十二诸侯年表》亦曰：“周道缺，诗人本之衽席，关雎作。”诗人的刺世精神逐渐成为士人们以道自任的精神凭藉，关心君王之政和抒发百姓之情也成为中国文人的一种文化气质。

汉末以降，国家动乱，豪强专政，两次党锢之祸不仅让士人凋零蔽野，也动摇了他们的信仰。到了魏晋时期，士人们更是朝不保夕，他们开始积极寻找新的精神家园。他们的精神取向也逐渐从诗人的刺世精神走向建立在个体生命体验基础之上的情感抒发，诗人的范畴也逐渐扩大。此时，人们对诗的理解也出现了转折。周代以来，诗的价值取决于政治和社会，里面抒发的主要是集体的道德情感。到了魏晋，诗人开始抒发个人的苦闷、生命的短暂、美好的易逝等。其中陶渊明的诗歌创作起到了非常重要的过渡作用，他在归隐田园的生活中为士人的叛逆与苦闷找到了栖居的园地，也为其后文人领略山水之美作了积极的开拓和有益的尝试。钟嵘《诗品》将他评为“古今隐逸诗人之宗也”，说明在当时的观念中，“诗人”的概念已经从《诗三百》的创作者扩大到所有从事诗歌创作的人。而对于中国古代诗学而言，“从《诗经》时代到汉代的诗歌史，都是以群体诗学为主流的诗歌史，汉代为群体诗学成熟期。而魏晋南北朝的诗歌史，则转入以个体诗学为主体。此后的整个文人诗史，其

---

① 张宗祥：《论衡校注》，上海古籍出版社2010年版，第571页。

最基本的事实是个体诗学的高度发展”。①

刘勰曾高度赞扬人为天地立心，其所立之心究竟为何？要为天地立心，人自己必须先要有心。王元化指出，“在刘勰的文学起源论中，‘心’这一概念是最根本的主导因素。从‘心生而言立，言立而文明’基本命题看，他认为‘文’产生于‘心’。‘心’环节使道—圣—文三者贯通，构成原道、征圣、宗经的理论体系”。② 这需要从“心”开始考察。

“心”，甲骨文写作。《说文解字》曰：“人心，土臧也。在身之中，象形。博士说，以为火臧。”这里有一点值得注意的是，把“心”当作“火藏”，可见这里的“心”不是指生理上的心，而是指人的精神的心灵。早在春秋战国，这就是一个较为流行的观点，如《左传·襄公九年》曰：“心为大火。”以火喻心，显然不是从生理上来讲，而是一种象喻，是说“心”像火一样散发着光和热，照亮一方，温暖一片。这与心之思考的广泛性、丰富性、自由性有着相似性。

作为精神性的心是有一些灵性的，主要体现于：其一，心乃神之主。《鬼谷子·捭阖》曰：“心者，神之主也。”我们常言“心神”，也是说心为精神之主。又如《素问·灵兰秘典论》曰：“心者，为君主之官也，神明出焉。”由此可以推导出人的情意、情志等也出于心。其二，正如火的光与热一样无所不至，心也是微妙不已，如《释名·释形体》曰：“心，纤也，所识纤微，无物不贯心也。”

刘勰《原道》既说“实天地之心”，也说“心生而言立”，说明心有着不同的层次：首先是天地之心，即具有本原性意义的心。其次是常人之心，即感物而动的心。也就是我们日常所说之心，普遍存在但差异很大。再次是诗人之心，即感于物而能够形于言的心，是沟通天地之心和常人之心的中介和桥梁。而且，说“心生”显然不是指作为人的五脏之一的心，而是指人的精神，也就是情志。从字形上看，“情”与“志”均有“心”。“心生”实际上是说人有情有志。一个无情无志之人，往往是

① 钱志熙：《从群体诗学到个体诗学》，《文学遗产》2005 年第 2 期。

② 王元化：《读文心雕龙》，新星出版社 2007 年版，第 57 页。

精神萎靡、举止颓废之人，谈何有心？而一个情满志壮之人，常常是精神勃发、活力四射之人，如春回大地，生意盎然，当然有心。情志乃心之魂，人有情志谓之“心生”。不论天地之心、常人之心，还是诗人之心，实际上就是一种情志。

情与志虽为一个整体，但它们各自发挥的作用还是有所区别的，这可以从《毛诗序》中看出。

> 诗者，志之所之也，在心为志，发言为诗。情动于中而形于言，言之不足故嗟叹之，嗟叹之不足故永歌之，永歌之不足，不知手之舞之，足之蹈之也。

第一，情对志有“击发”作用。究其根本来说，志乃诗之灵魂，它蕴藏于心，处于一种待发的状态。“情动于中而形于言”说明人受外物感动，情有所萌发，促进了志的发动，然后用语言表达出来。清人钱谦益将情对志的调动形象地称之为“击发”：“夫诗者，言其志之所之也。志之所之，盈于情，奋于气，而击发于境风识浪奔昏交凑之时世，于是乎朝庙亦诗，房中亦诗，吉人亦诗，棘人亦诗，燕好亦诗，穷苦亦诗，春哀亦诗，秋悲亦诗，吴咏亦诗，越悲亦诗，劳歌亦诗，相春亦诗。”① 正因为情感的击发，才有诗的自然流淌，至于所写内容为何并不重要。从发生的角度来看，有情才有诗，无情则无诗也，只不过情感类型有所不同，整体的趋向是从集体型情感向个体型情感转换。

第二，志是情的趋向所指。“在心为志”之“在”，是“正在”的意思，《广韵》亦曰：“志，意慕也”，也说明志不是静态的。还有，“诗者，志之所之也”，“所之”的“之”系动词，说明“志”是“心”的一种有趋向的动态性活动。张晶的总结至切得当：“就其原初状态而言，志是诗歌创作的动态基因，情是物感而发的诗兴契机。志统辖着诗歌的主导

---

① 钱谦益：《牧斋有学集》卷十五《爱琴馆评选诗慰序》，见李壮鹰主编：《中华古文论释林》清代上卷，北京大学出版社 2011 年版，第 15 页。

方向，情充盈着诗歌的感性机体。苟无志则诗散乱无核，苟无情则诗干枯无味。”①志如同诗的树干，决定了诗的高度，情好比诗的叶子，决定了诗的韵致。

情与志的作用虽有所不同，但不可分开，二者常常同时使用，如陆机《文赋》说“伫中区以玄览，颐情志于《典》《坟》”，范晔说“情志既动，篇辞为贵。抽心呈貌，非雕非蔚”(《后汉书》)，刘勰说“人禀七情，应物斯感；感物吟志，莫非自然”(《文心雕龙·明诗》)，等等。情志不仅是诗人产生创作冲动的契机，也是诗歌创作的内容。清人叶燮称之为“胸襟”，“我谓作诗者，亦必先有诗之基焉。诗之基，其人之胸襟是也。有胸襟，然后能载其性情智慧，聪明才辨以出，随遇发生，随生而盛。”②有此胸襟，无论什么主题，无论什么处境，均可随时而作，遇事而发，生意盎然。所以，刘勰说“心生而言立”，既是说诗人之情志是创作之源，也是说文学创作的内容就是诗人之情志。

情志是人的生命所在，是人奋勇前进和自由创造的动力之源，可与生生不已的宇宙同在。尼采对权力意志的论述也可为我们提供借鉴。针对中世纪以来基督教禁欲主义和现代化进程中理性主义对人的意志的否定和压抑，尼采认为只有重新发掘和张扬人的权力意志方可突破这双重束缚。他说：“兴趣不再放在肯定上，而是放在怀疑上，感兴趣的不再是‘原因和结果’，而是坚韧不拔的创造性，不再是自我保存的意志，而是权力意志；不再是‘一切都只是主观的’这种恭顺的用语，而是‘一切都是我们的事业’——让我们为之自豪吧！”③其实，将“权力意志”译为“强力意志”或许更为恰当。人的生命力和创造力均源于人的权力意志，它不守常规，极力生发，创造新生。《毛诗序》已经说明，志主要是蕴蓄在心的意志主体，它有着明确的指向，所以志的发动就不在于理

---

① 张晶：《情志与意向——中国诗学的审美感悟之三》，《北京大学学报》(哲学社会科学版)2015 年第 4 期。

② 叶燮：《原诗》，见《清诗话》，上海古籍出版社 1963 年版，第 572 页。

③ [德]尼采著，张念东、凌素心译：《权力意志》，商务印书馆 1994 年版，第 135 页。

性的引发，而在于情的感物而动。这就决定了文学创作不是理性使然，而是情感的天籁自鸣。

魏晋人是不幸的，既有现实环境的逼厄，也有内心世界的焦虑，亟须新思想来抚慰这些受伤的心灵。玄学的出现可说是应时而生，它“标志着中国哲学史上的一个重大转变，那就是从汉代的宇宙论转向了本体论，它的中心课题就是要探求一种理想人格的本体。”①以这种思想来看待人生，它的根本价值不再是汉代的得失成败、荣辱毁誉，而是追求精神的超越升华、感物永恒，将个体生命与宇宙大化合一。当时流行的几个主要讨论命题如“才性论”“有无论”“言意论”“养生论”等，都极力推崇个人之情，人的内心世界成为关注的焦点。相比之前的先秦两汉时期，很多人因其功绩和学说彪炳史册，可他们“似乎并没有意识到自己是个体的人，没有想到在自己的职业、学说、业绩之外，还应该有独立的兴趣、性格，没有想到在公共生活之外，还应有仅仅属于自己的日常生活”。② 比如屈原，我们虽然知道他与楚国之间的许多事情，他既做外交使节，又内修法令，出身高贵又才华出众，忠心耿耿却遭人嫉妒，流放他乡仍执着爱国，最后国破投江，可他究竟有何爱好，与家人如何相处，与友人有何趣事，这些我们全然不知。魏晋以后的人就不同了，我们从《世说新语》中可以看到一个与之前风采迥异的世界，如阮籍的饮酒葬母、谢鲲的不事形骸、刘伶的醉酒裸形、王子猷的兴尽而返等。我们可能不知道他们的社会角色，但他们的个性与风度至今仍栩栩如生地浮现在我们的脑海里。阮籍的一个笑话式的举动可以让我们对他们的风流韵事感触得更细更深。

阮仲容、步兵居道南，诸阮居道北；北阮皆富，南阮贫。七月七日，北阮盛晒衣，皆纱罗锦绮。仲容以竿挂大布犊鼻裈于中庭。

---

① 李泽厚、刘纲纪：《中国美学史》（第二卷上），中国社会科学出版社 1987 年版，第 7 页。

② 成复旺：《中国古代的人学与美学》，中国人民大学出版社 1992 年版，第 184-185 页。

人或怪之，答曰："未能免俗，聊复尔耳。"（《任诞》）

当时有七月七日晒衣物的习俗，阮氏家族有贫富之分，住址也分为南北。按人之常情，对面的富阮所晒之物尽为纱罗锦绮时，身为贫阮的他应该感到难堪，可他却将粗布裤衩挂在中庭，面对别人的诧异还能笑答自若。这是何等胸襟，又是何等情怀！这看似平淡的风趣故事却昭示着时代的最强音：个体的觉醒！这是"在怀疑和否定旧有传统标准和信仰价值的条件下，人对自己生命、意义、命运的重新发现、思索、把握和追求"①。我们再看一看嵇康在临死前的举动就感触更深了。

嵇中散临刑东市，神气不变，索琴弹之，奏《广陵散》。曲终，曰："袁孝尼尝请学此散，吾靳固不与，《广陵散》于今绝矣！"（《雅量》）

性格耿直的嵇康在临死之前并未表露出对世间美好的眷念和自身行为的悔恨，年仅四十，可见他认为生命价值的轻与重跟生命时间的长与短并没有直接的关系，我们遗憾彰显其音乐才华的《广陵散》无以流传于世，是因为秉有这些才能、兴趣与喜好的鲜活生命烟消云散了。他对世间痛苦的深沉与生命的赤诚相互交织使临刑抚琴成为士人精神的丰碑。

刘勰说"人禀七情，应物斯感，感物吟志，莫非自然"（《明诗》），与此前《毛诗序》所说的"情动于中而形于言"遥相呼应，"情"联接着"感物"与"形于言"两个过程，这说明诗歌创作就是用语言表现情感。不过，以孔子继承人自许的刘勰将"情志"连用，说明他既重视个体之情，更重视集体雅情。《明诗》曰："诗者，持也，持人情性；三百之蔽，义归'无邪'，持之为训，有符焉尔。"将"持人情性"与"思无邪"结合，这是孔子对《诗经》的思想总结，要求文学作品内容纯正，有利于

---

① 李泽厚：《美的历程》，天津社会科学院出版社 2008 年版，第 152 页。

嵇康临刑抚琴

社会教化。这并不是刘勰文学思想的倒退，毕竟“诗缘情”的流行并不意味着“诗言志”的退出，而且“持人情性”是从诗歌的接受影响来说的，要求诗歌创作不能局限于个人情性的抒发，还要考虑社会理性的要求。然而情之深、志之坚又不是用概念性语言所能言尽的，诗歌等文学作品的创作就是最好的选择。

综上所述，走出巫卜文化阴影的圣人既敬天，又以阴阳解释天地，将人类带入一个道德理性的时代。而魏晋时期的社会动乱和玄学兴起，促进了个人的觉醒，逐渐从道德理性中解放出来的人们，格外重视个体的真性情，诗人取代圣人成为文学的言说主体。

# 第六章　象的言说路径

道器一体的象，必须通过特定的路径予以阐明。而在人的诸多表意符号中，语言的功能最全，也最为有效。但“道可道，非常道；名可名，非常名”(《老子》第一章)，面对不可言之道(大象)，却又不得不言说，否则天地之道何以显现？圣人之意何以张扬？所以，道之言说需要采取特定的路径和方式。

> 子曰：“书不尽言，言不尽意。”然则圣人之意，其不可见乎？子曰：“圣人立象以尽意，设卦以尽情伪，系辞焉以尽其言，变而通之以尽利，鼓之舞之以尽神。”(《系辞上》)

面对“书不尽言，言不尽意”的困境，诞生于中国文化滥觞期的《周易》开创了“立象以尽意”的言说路径，并逐渐形成了追求象外之象、言外之意的审美传统。因此，要了解象的言说路径及其影响，要先从《周易》说起。

## 一、卦爻象道

采用何种言说路径，即采用何种言说方式，实际上就是怎么说的问题。《周易》的构成部件有二：一为象，二为辞。辞是系于卦象的，包括卦名、卦辞和爻辞等文字。需要指出的是，就此处的“象”而言，先是指卦爻之象，在“上古三易”中，八经卦和六十四重卦的卦象始终都是最核心的构件；其后才有系辞中的各类自然物象和人文事象。故二者之中，象为本，辞为用。在如何表意的问题上，就形成了言、象、意之间的动态结构。就《周易》的实际情形而言，先是“卦爻象道”，后是“系辞明象”，共同构成了言象互济的言说路径。

### (一)言之所传者浅

从《周易》的形成过程来看，是先有卦象，后有系辞，充分反映了中国早期文化的语言观。西方是有着一以贯之的逻各斯主义(“逻各斯”的本义即语言、话语)传统的，从古希腊的赫拉克利特到黑格尔再到海德格尔，始终高度重视语言及其逻辑关系。与西方不同的是，中国先哲虽然很早就认识到了语言的作用，“却一开始就采取了蔑视和放弃语言本身的态度，从未把语言当作人与世界本体之间的必经中介，更不是将语言本身及其逻辑当作本体和客观规律”。① 中国哲学认为，“道”虽有言说之义，但作为最高本体的道又是不可言说的。《老子》说“道隐无名”，之所以说它是道，也只是一种勉强的表达，不是“名”，只是“字”。② 这是说“道”作为世界本体，是不可以用唯一的名词来表述的，还可以说成是“玄牡”“天门”“自然”“混成”“无极”“太极”“大象”“玄德”“一”等，其特征可以说妙、玄、朴等，种种名词闪烁不定。《老子》第五十六章说，若要体悟道则应“挫其锐，解其纷，和其光，同其尘”，屏除外来干扰，让内心平静如水，以便澄明地观照自然本体，所以圣人“处无为之事，行不言之教”(《老子》第二章)。在老子看来，“言”只是权宜之计，最终是为了“不言”，所谓“知者不言，言者不知”(《老子》五十六章)。孔子虽不弃言，同样也不重视言。他特别重视名，一生致

---

① 邓晓芒:《论中国哲学中的反语言学倾向》,《中州学刊》1992 年第 2 期。

② 《老子》第二十五章:“有物混成，先天地生，……吾不知其名，名之曰‘道’，强为之名曰‘大’。”

力于“正名”，认为名正则言顺，言顺则事成，然后礼乐兴，刑罚中，①而“言”只是实现正名的一个工具，所谓“辞达而已矣”（《论语·卫灵公》）。他的依据就是天虽不言而四时行焉，百物生焉，② 因此，一个人的行比言更为重要、更加可靠，他常说：“听其言而观其行”（《论语·公冶长》），“君子欲讷于言而敏于行”（《论语·里仁》），“君子耻其言而过其行”（《论语·宪问》），等等。孔子认为，只要社会政治生活中的“名”确定分明了，就能有序运行而不乱，“言”是可以依据实际需要而灵活处理的。所以，他对许多重要概念都不下定义，而是根据提问者的目的、问题以及场合的不同而予以相应的回答，甚至连最为核心的范畴“仁”也是如此。

如何破解“书不尽言，言不尽意”的困境呢？我们先对“书”和“言”予以辨析。“书”在甲骨文中写作 ，从聿从曰。《说文解字》曰：“黄帝之史仓颉初造书契，依类象形，故谓之文，其后形声相益，即谓之字。著于竹帛谓之书。书者，如也。”所以“书”就是用笔把文字记录下来，使之显明，故《说文解字》曰：“书，箸也。”箸（著）即显明。“言”在甲骨文中写作 ，下面的  表示言从舌出，是指语音符号。二者之间的龃龉在于书面文字难以准确表达口头语言的意义。在传情达意的过程中，字与音并不是一一对应的关系，文字符号相对来说比较固定，语音则相对多变。语音的诞生比文字要早很久，除了声符外，还有语调和语气的变化，能够比文字传达更为丰富的意义。王夫之曾说：“书谓文字，言口所言。言有抑扬轻重之节，在声与气之间，而文字不能别之。”③更何况还有属地不同而导致的方言差异，因此从口头语言转化成书面语言时，要么两者难以顺畅，要么会丧失掉一部分意义。尽管语音

---

① 《论语·子路》：“名不正则言不顺，言不顺则事不成，事不成则礼乐不兴，礼乐不兴则刑罚不中，刑罚不中，则民无所措手足。故君子名之必可言也，言之必可行也。君子于其言，无所苟而已矣。”

② 《论语·阳货》：“天何言哉？四时行焉，百物生焉，天何言哉？”

③ 王夫之：《船山全书》，岳麓书社 1988 年版，第 566 页。

能够直接表达情意，但容易流逝，在以前没有录音设备的年代，根本无法保存语音，圣人之意又怎能流传下来呢？所以，文字的发明对任何一个民族来说都是了不起的丰功伟业。它可以给语音赋形，让语义凝固，还能异地传播，隔代传承。如果没有甲骨文的发现，我们是很难知道商朝的政治和经济状况的，也就很难了解三代的历史概况。所以，文字与语音既彼此冲突，又相互补充。遗憾的是，语音也不能准确地表情达意，即“言不尽意”。作为一种交流媒介，语言必须具有共约性和普遍性，也必然是一种理性化、有序化的形式。叶朗认为此处的“言”是“指使用概念、判断、推理的语言，即逻辑思维的语言”①。这与人的心理的丰富性、混沌性是相悖的。《庄子·秋水》曰：“可以言论者，物之粗也；可以意致者，物之精也。言之所不能论，意之所不能察致者，不期精粗焉。”在庄子看来，可以言说的只是事物的表层和皮毛，而事物的精粹是语言所不能达到的。正因为如此，庄子采用了“三言”（寓言、重言和卮言）的言说方式，并通过奇特的故事形象来传递他的旨意，无奈竟也洋洋洒洒三十多篇。而真正能传达他的旨意的不是一个个的汉字符号，而是用汉字塑造的形态各异的意象。

为了表达万物一体的天地之道，还有人事之吉凶，死生之大义，鬼神之情状，圣人最终选择了“立象以尽意”的方式。到底该选用什么样的象，中国先祖们经历了筚路蓝缕的探索。现已出土的各种石器、陶器和骨制的工艺品虽然有着很强的实用功利的目的，却是人类的幻想和观念的外化与凝聚。如旧石器时代南方的元谋人与北方的蓝田人、北京人和山顶洞人都留下了一些带有人类加工痕迹的器物，如匀称的石器、刻纹的骨器、穿孔的海蚶壳等。而新石器时代遗址陆续发现，如陕西的半坡遗址、浙江的河姆渡、河南的新郑与密县、河北的磁山等，人类开始制造和使用磨制石器，并出现了陶器，人的生产力水平显著提高，意识水平也开始多姿多彩了，留下了许多造型神奇的器物和绚丽多彩的形

---

① 叶朗：《中国美学史大纲》，上海人民出版社 1985 年版，第 70 页。

象。比如20世纪五十年代陕西西安半坡遗址出土的人面鱼纹彩陶盆，就是这一时期的杰出代表。它的人面是圆形的，头顶有尖状的角形物，配以鱼鳍形的装饰。额头的左半部全为黑色，右半部是一个黑色的半弧形。人的眼睛细长，鼻梁挺直，两个变形鱼纹在嘴的两边，鱼头与人嘴的外廓重合，两耳旁是两条相对的小鱼。这是一幅人鱼合体图，神态安详，想象奇特，反映出高超的想象力。

人面鱼纹彩陶盆

相比较这些固定的象，还有一些虚拟的象。远古的图腾活动和巫术礼仪活动，我们已经无法复现其形态、内容和形式，只有流传下来的屡经修订的神话和传说，能帮助我们去窥视远古时期的人类是如何表达自己的所思所想，而传说中创造八卦的伏羲颇有代表性。

宓牺氏之世，天下多兽，故教民以猎。(《尸子·君治》)

古者庖牺氏之王天下也，仰则观象于天，俯则观法于地，观鸟兽之文，与地之宜，近取诸身，远取诸物，于是始作八卦，以通神明之德，以类万物之情。作结绳而为网罟，以佃以渔，盖取诸《离》。(《周易·系辞下》)

伏者，别也，变也。戏者，献也，法也。伏羲始别八卦，以变化天下，天下法则，咸伏贡献，故曰伏羲也。(《风俗通义·三皇》)

从"教民以猎"到"始作八卦"，再到八卦成为天下法则，伏羲的传说就是人类文明发轫的注脚。而作为远古中华文化的代表，伏羲却是人首蛇身的形象。同样代表远古文化的女娲和《山海经》中的很多神人也是人首蛇身。

> 女娲，古神女而帝者，人面蛇身，一日中七十变。(《山海经·大荒西经》)
>
> 凡北山经之首，自单狐之山至于隄山，凡二十五山，五千四百九十里，其神皆人面蛇身。(《山海经·北山经》)
>
> 凡首阳山之首，自首山至于丙山，凡九山，二百六七十里，其神状皆龙身而人面。(《山海经·中山经》)

伏羲、女娲和这些神人就是原始祖先们的"人心营构之象"，可就是这人首蛇身的神人形象，代表了远古时期许多氏族、部落及部落联盟的共同的观念与想象。但这些神人形象是不确定的，通过口耳相传，在不同时期不同地方因为不同目的而屡经增删和歪曲，至于最初的情景、实际的意义总是很难确定。

跟虚拟的象相比，固定的象有着明确的形式，可以避免意义的混淆；跟固定的象相比，虚拟的象具有更大的表现空间，有利于提高交流的便利性，也符合交流的经济原则。显然，综合二者的优势，既是虚拟的，又能为彼此接受和认同的相对来说比较固定的象，将极大地提高人的表达能力。卓异的先哲们经过反复的实践和规范，终于创立了爻和卦。这是中国最早也是最为成熟的以象尽意的方式。

### (二)象之所示者深

阴(--)和阳(—)的原义究竟为何，到底是谁作八卦又是谁演六十四卦，将永远是个谜，其实永远无解也并不影响它对后来文化的影响。在《周易》世界里，爻只是虚拟性的抽象符号，在天象地理之阴阳上升

伏羲与女娲

为天下万物的普遍现象之后，二者的结合使形象最为简单的爻具有了最为深邃而广博的蕴涵。在具体的运用中，其卦爻义也是根据运用的场合、提问者的需求及所提的问题等多种因素的综合考量而临时生成的，也就是说卦爻本身并不表现什么思想，只能根据人们对它的阐释来确定其意义，任继愈就曾说："卦画既不是概念，也不是语言，人们从来没有用卦画来进行思维，它本身也从来不是记录思想的工具，而只是一些并无思想内容的空洞的符号。"①

其实，不论是阴阳二爻的不同组合形成的八卦，还是八卦两两相重而形成的六十四卦，以及各个位置的三百八十四爻，无非是构成了一个卦象序列，"它既不揭示世界的物质构成因素，也不提供世界构成的概念或学理，它只为宇宙万物的生命运动规律定一个基本秩序，提供一个

① 任继愈：《中国哲学发展史(秦汉)》，人民出版社1985年版，第595页。

| | 天 ☰ | 澤 ☱ | 火 ☲ | 雷 ☳ | 風 ☴ | 水 ☵ | 山 ☶ | 地 ☷ |
|---|---|---|---|---|---|---|---|---|
| 天 ☰ | 乾 | 履 | 同人 | 無妄 | 姤 | 訟 | 退 | 否 |
| 澤 ☱ | 夬 | 兑 | 革 | 隨 | 大過 | 困 | 咸 | 萃 |
| 火 ☲ | 大有 | 睽 | 離 | 噬嗑 | 鼎 | 未濟 | 旅 | 晉 |
| 雷 ☳ | 大壯 | 歸妹 | 豐 | 震 | 恒 | 解 | 小過 | 豫 |
| 風 ☴ | 小畜 | 中孚 | 家人 | 益 | 巽 | 渙 | 漸 | 觀 |
| 水 ☵ | 需 | 節 | 既濟 | 屯 | 井 | 坎 | 蹇 | 比 |
| 山 ☶ | 大畜 | 損 | 賁 | 頤 | 蠱 | 蒙 | 艮 | 剝 |
| 地 ☷ | 泰 | 臨 | 明夷 | 復 | 升 | 師 | 謙 | 坤 |

以阴(⚋)阳(⚊)二爻为基础，每三爻相叠构成八经卦，
然后再相重形成六十四变卦。

基本图式”。① 在起初的占筮活动中，卦爻的形状并不需要仰观天象，俯察地理，形式并不统一，与人事的吉凶祸福根本没有必然联系。其象征意义是在占筮过程中因人因事、因时因地临时赋予的，并无规范性可言，具有随意性和即兴式的特点。由于占筮活动的重要性和长期实践活动中的经验积累，以及人们认识能力的提高，逐渐将爻与卦的形式统一，并用文字固定其象征意义，尤其是《易传》将阴阳观念引入，《周易》也就实现了从占筮之书向哲学著作的转化。

阴阳观念很早就出现于《老子》《左传》《国语》等书，是对自然与社会的抽象认识，属于哲学范畴，进而确立八卦和六十四卦的卦义和爻义，原初的卦爻图式也就具有了丰富的含义。正因为卦象“只是一些并无思想内容的空洞的符号”，随时随地随人随事而自由取舍和阐发，比如六十四卦的顺序在不同时期也是不同的，“《连山》将《艮》卦列为首卦，表达了夏代先人对大山的崇拜；《归藏》将《坤》卦列为首卦，表达

① 汪裕雄：《审美意象学》，人民出版社 2013 年版，第 37 页。

了殷商时代的先人对大地的崇拜；《周易》将《乾》卦列为首卦，表达了周代人对天的崇拜”。① 所以，对卦象的运用实际上是一个阐释过程，是主体的释言与卦象的变化共同产生了新的意义。因为卦爻符号本身既不说明世界的物质构成，也不阐明世界构成的原理，只是用简明的图式来揭示宇宙万物的运行规律。

先哲为何选择卦爻来象征天地之微，首要原因是它们的形象性。在人的各种感官中，视觉是摄取信息量最大的，“象”因借助于模拟或表演，可以将一些概念语言难以表达、难以理解的信息转化为具体的形象；而且，在各种媒介形式中，图象直接作用于人的视觉而形成的视觉形象，也是最容易被人接受的，它使人的信息传播和思想表达变得形象生动、自由顺畅，哪怕是目不识丁的文盲也可以领会其意。所以，以象尽意可以消除交流障碍，扩大传播范围，提高表达效果。而且，在人的感知活动中，视觉形象比其他感知形象要更加立体、直观，不仅可以形成多维度的空间，还能更好地调动人的想象活动。如“两个黄鹂鸣翠柳，一行白鹭上青天”，就是通过黄、翠、白、青等颜色的视觉对比来调动读者的想象，从而渲染出自然界的勃勃生机。因此用可以看到的卦爻符号来言说最高的道或太极，是最直接、最睿智的选择，有着其他媒介不可比拟的天然优势，可以从各个层面将事理立体地呈现出来，正如朱熹所说：“言之所传者浅，象之所示者深，观奇偶二画，包含变化，无有穷尽，则可见矣。”②

其实，卦象本身就是一种视觉性很强的图画，《说卦》曰：“《易》六画而成卦。”但它只是对事物的虚拟，并非对实物的模拟，所以画虽是卦的应有之义，但它主要是“图理”，与绘画是不同的。张彦远说：“图载之意有三，一曰：图理，卦象是也；二曰：图识，字学是也；三曰：图形，绘画是也。”（《历代名画记》）“图理”说明卦象主要是为了阐述

---

① 周山：《〈周易〉的文本结构及其言说方式》，《哲学分析》2013年第5期。

② 朱熹著，苏勇校注：《周易本义》，北京大学出版社1992年版，第149页。

“理”，虽有极少数卦与其卦名之物有些形似，但大部分卦象与卦名之物毫无关系，对所取之物的陈述也往往只说其一个方面，而对其他的方面置若罔闻。比如八卦之一的离(☲)，取象为火，卦义为丽。火的光焰可以驱逐黑暗，给人带来了光明，确实有绚丽、华丽之义，但火也可以焚毁物件，给人带来灾难。为了用离(☲)卦来表述华丽之义，其余的情况则不予考虑。

其次，就是爻和卦的抽象性。卦爻虽有很强的视觉性，但毕竟不是实物的画像，而是一种虚拟的抽象符号，卦爻之义并不能从卦象中直接得知，而是从爻位变化和所象之物的特征、状态或处境中去体悟。这就需要运用者对卦象的想象和联想才能领悟其中的深意，是“如在目前”，卦象所寓之义是通过阐释者去完成的。

> 圣人有以见天下之赜，而拟诸其形容，象其物宜，是故谓之象。圣人有以见天下之动，而观其会通，以行其典礼，系辞焉以断其吉凶，是故谓之爻。(《系辞上》)

从卦象的产生来看，它是圣人仰观俯察天地万物，“拟诸其形容，象其物宜”的结果，但并非是对自然万物的实拟，而是对其内在结构和变化规律的虚拟，并将之抽象为阴阳两种对立的力量与性质，赋形为“⚋”和“⚊”两个抽象的符号，然后叠为八卦和六十四卦。而且，卦爻符号虽然有象，具有很强的视觉性，但并不直接示意，依然需要想象和联想的参与。① 爻和卦的诞生与规范将人的表达能力从具体提升到了抽象的高度，也就能够将天地之微显现出来。故《易纬·乾凿度下》说：“卦者，挂也，挂万物视而见之。”②显然不是说卦象与万物有象形之似，而是说卦象中蕴含着万物之理。比如《同人》之卦义为“和同于人”，

---

① 参见孙喜艳：《论“立象以尽意”的言说方式及其美学意义》，《周易研究》2014 年第 6 期。

② 常秉义：《易纬》，新疆人民出版社 2000 年版，第 22 页。

其各爻之象分别为："同人于门""同人于宗""伏戎于莽，升其高陵，三岁不兴""乘其墉，弗克攻""同人，先号咷，而后笑，大师克相遇""同人于郊"。既与人和同于不同的地方相关，如门口、宗族、郊外等，也与人和同于不同的境况相关，如伏兵于莽、占据高城、出征告捷等，始终处于变化之中。这说明无论什么地方，无论什么处境，都要守持中道，方可与不同的人和处境和同。所以，卦爻之象不是实物的静止之象，而是事理的运行之象。

因对卦爻的理解是随人、随时、随地而不同，尽管表意直接而丰富，但会导致意义繁盛，以至于歧义丛生，故又需要语言来使意义相对固定，这些言辞就是卦爻辞。

## 二、系辞明象

为了更好地传播天地之道，《周易》又另设了数字和语言两种符号。数字是占筮的记录，这里不谈。在占筮活动中，根据不同时期的大智者对卦爻的理解，逐渐将一些卦象和言辞结合，并反复整理归纳，最后才形成稳定的言辞，从而使这些卦象有了较为固定的含义，各爻也根据时空的不同而具有相应的意义，并对八经卦和六十四变卦作有序的排列。然而，天道玄妙，又时刻运动变化着，何以尽意？《系辞下》曰："几者，动之微，吉之先见者也。""为道也屡迁，变动不居，周流六虚，上下无常，刚柔相易，不可为典要，唯变所适。"这是用语言符号难以表达的，极具忧患意识的圣人思量着、开启着新的言说尝试。

### （一）言有物

"言有物"语出《周易·家人》"君子以言有物，而行有恒"。用来解释卦爻的文字有卦名、卦辞和爻辞，即王弼所说的"以言明象"。卦辞所言的内容非常丰富，主要包含卦象的义、用、性三个方面。

第一，言卦之义，即对卦象含义的阐明。比如《贲》卦，上艮为山，下离为火，其《象》曰：“山下有火”，象征阴柔前来文饰阳刚，意为“亨通”。接着解释说：“君子以明庶政，无敢折狱。”是说君子应当以“文明”理政，不可以“文饰”断狱。这样就将《贲》卦的显明、亨通之义呈现出来了。再如《晋》卦，上离为日，下坤为地。其形象就是太阳从地平线冉冉升起，世界渐渐光明，故《象》曰：“明出地上。”其卦辞进一步解释曰：“康侯用锡马蕃庶，昼日三接。”是说公侯蒙受天子的欣赏，一天之内荣获三次接见，得到了很多的赏赐，车马众多，以此形象来比喻上升之义。

第二，言卦之用，即对卦象意义进行引申后的功用的说明。比如《豫》卦之义是“欢乐”，众物欢乐之时有利于建立诸侯，也有利于出师征战(“利建侯行师”)。如何做到呢？其《象》曰：“雷出地奋，豫；先王以作乐崇德，殷荐之上帝，以配祖考。”雷声震动，大地振奋，这是自然的欢乐；先代君王因此制作礼乐来赞美功德，并通过隆盛的仪式献给天帝和祖先的神灵。为了让天地和顺，人间欢乐，就需要制定礼乐。再如《谦》卦，上坤为地，下艮为山。《象》曰：“地中有山。”一般的情况是山在地上，而说地中有山，仿佛大地有一个巨大的盆谷，里面又有山峰，这就可以引申出一个人的胸怀之博大，虚怀若谷，不断进修美德，终致亨通，故卦辞曰：“君子有终。”通过对《谦》卦之义的引申、发挥，可以指导人在实际生活中该如何为人处世，进修德行。

第三，言卦之性，即对卦象性质的阐释。比如《大过》卦，上兑为泽，下巽为风。其《象》曰：“泽灭木，大过；君子以独立不惧，遁世无闷。”木在水泽之上是常理，当水泽淹没树木，则是非常之境。君子处世则独立不惧，逃世也无所苦闷。故该卦象的性质就是独立而自足。再如《渐》卦，上巽为木，下艮为山。其《象》曰：“山上有木，渐；君子以居贤德善俗。”山上的树木渐渐长大，君子因此逐渐积累贤德，慢慢改变风俗，该卦象的性质就是缓慢而渐进。其卦辞曰：“女归吉，利贞。”是说女子出嫁应该循礼渐行，这样可以获得吉祥，有利于守持贞正。

## （二）言有序

“言有序”语出《周易·艮》“言有序，悔亡”。卦爻辞的安排不是混乱的，而是与卦象的结构一样，有着自己的逻辑安排。

第一，时空一体。《乾·彖传》曰：“大明终始，六位时成，时乘六龙以御天。”“终始”是讲时间，“六位”是讲空间，“时成”是说时间在空间中的完成与显现。系辞言说是以阴阳观念为指导的，阴阳形之于爻就是“⚋”和“⚊”。一卦六爻，奇数为阳位，偶数为阴位，从爻位中可以断定其中所蕴含的意义。阴阳观念泛化到整个世界，就是天地、乾坤、君臣、男女、夫妻等，也形之于不同位置的爻。所以《系辞上》开篇即曰“天尊地卑，乾坤定矣”，“乾坤定矣”落实到每一卦就是不同的爻位。一卦六爻，由“初”至“上”，这是时间设置，从中可以看到事物的发展和变化。以《乾》卦的爻辞为例：

> 初九：潜龙，勿用。
>
> 九二：见龙在田，利见大人。
>
> 九三：君子终日乾乾，夕惕若厉，无咎。
>
> 九四：或跃在渊，无咎。
>
> 九五：飞龙在天，利见大人。
>
> 上九：亢龙，有悔。

《乾》卦取象于龙，六条爻辞分别呈现了龙在不同阶段的六种状态：潜、见（现）、乾乾/惕厉、跃、飞、亢。从最初“潜”于地，“见（现）”首于田，虽然处境不利，但始终“乾乾/惕厉”于心，勤奋修为，到“跃”入深渊，处境顺利，“飞”入云天，当然，龙“亢”奋到了极限也会有灾祸，应引起警戒。从“初”至“上”的爻位排序，既是空间的设置，也是事物在不同时间的状态演化，实现了时空一体的结构安排。

第二，天人一体。《系辞下》曰：“《易》之为书也，广大悉备。有天道焉，有人道焉，有地道焉。兼三材而两之，故六。六者非它也，三材之道也。”“三材”是指天、地、人，融合于每一个卦中。八经卦的三爻，从下往上依次为地、人、天；六十四变卦中的六爻也是象征着天、地、人，每两爻一组，自下而上排列，下面两爻为地，中间两爻为人，上面两爻为天，所谓“八卦成列，象在其中矣；因而重之，爻在其中矣”（《系辞下》）。

《周易》谈天说地，终究是为了“推天道以明人事者也”。比如《剥》卦，上艮（☶）下坤（☷），从初爻至五爻均为阴爻，只有上爻是阳爻。从卦象上看，阴在不断上升而阳却节节后退。阴爻代表小人，阳爻代表君子，其卦义就是小人不断势强，君子渐渐势弱。其爻辞分别为：

> 初六，剥床以足，蔑，贞凶。
> 六二，剥床以辨，蔑，贞凶。
> 六三，剥，无咎。
> 六四，剥床以肤，凶。
> 六五，贯鱼，以宫人宠，无不利。
> 上九，硕果不食，君子得舆，小人剥庐。

《剥》卦取象于木床，由于所处之地阴暗潮湿，从“足”到“辨”（通“遍”）再到“肤”，由下而上呈现出逐渐剥落朽败的趋势。这里写的自然物象的变化，延伸到人文事象就是说小人不断得势，君子处境艰难；但是，处境越是艰难，君子越要忍受，只有这样才能换来最后的逆转：“君子得舆，小人剥庐。”

### （三）系辞言说对诗性言说的影响

《周易》“立象以尽意”的言说策略是古人自觉的文化选择，也被其他先哲认同，纷纷以象言说，清代学者章学诚将之概括为“六艺皆象”：

> 象之所包广矣，非徒《易》而已，六艺莫不兼之，盖道体之将形而未显者也。雎鸠之于好逑，樛木之于贞淑，甚而熊蛇之于男女，象之通于《诗》也。五行之征五事，箕毕之验风雨，甚而傅岩之入梦赉，象之通于《书》也。古官之纪云鸟，《周官》之法天地四时，以至龙翟章衣，熊虎志射，象之通于《礼》也。歌协阴阳，舞分文武，以至磬念封疆，鼓思将帅，象之通于《乐》也。笔削不废灾异，《左氏》遂广妖祥，象之通于《春秋》也。《易》与天地准，故能弥纶天地之道。万事万物，当其自静而动，形迹未彰而象见矣。故道不可见，人求道而恍若有见者，皆其象也。①

“六艺皆象”说明“立象以尽意”普遍地运用于先秦诸子百家的言说里。《系辞下》曾对其特征进行过概括：“其称名也小，其取类也大，其旨远，其辞文，其言曲而中，其事肆而隐。”这是从“象”与“辞”的特点及表意效果来概括的，与文学创作有异曲同工之妙，直接启发了后世的文论家们。

第一，“称名也小”“取类也大”，就是以小喻大，以少总多。为了解决言不尽意的悖论，圣人引入“象”，借助形象来表达天地之道。对言来说，象是目的，对意来说，象是手段。《周易》通过“象”来尽意，其“象”实际上是“类象”，最后形成了“类概念”，具有很强的概括性。这将在后面有专论。

《周易》用“象”来幽赞神明，最为主要的运思方式是象征性思维。有学者指出：“《周易》的‘象’，用今天的概念来表达，就是‘象征’。而‘象征’概念的内涵，可析为两端：一是形象，一是意义。象征形象是可变的，象征意义是不变的。……义虽不变，象可博取。”②卦爻象是

---

① 章学诚著，叶瑛校注：《文史通义校注》，中华书局 1994 年版，第 18 页。
② 黄寿祺、张善文：《周易译注》，上海古籍出版社 1989 年版，第 628 页。

用简单直观的图画来显示宇宙万物的运行规律，其辞也不是“直言”，即用概念和逻辑来解说，而是借助具体物象来暗示和比喻，从而形成了象喻式言说。如《未济》卦辞曰：“小狐汔济，濡其尾，无攸利。”是说一只懵懂无知的小狐狸去过河，不知道河水的深浅，结果过河没有成功，还被河水浸湿了尾巴。又如《小畜》卦辞曰：“密云不雨，自我西郊。”是说天空浓云密布却不下雨，云气是从我方西邑郊外升起的。象喻言说做到了言象互济，将抽象而陌生的义理化为具体而熟悉的物象，正如尚秉和所说：“意之不能尽者，卦能尽之；言之不能尽者，象能显之。”①《周易》蕴含着丰富的象符号系统，既有卦爻图像，也有卦爻辞象，“从整体上说，易象是隐喻，是象征，易象所蕴涵的道理是宗教的，哲学的，但表达方式是文学的，象征的。《周易》以‘立象尽意’的方式传达出对世界的诗意解读，易象也就成为隐含《周易》易理的诗性载体”。②这些易象虽然不是审美形象，但与之有着紧密的联系，可以通向审美形象，对中国文学和美学有着深远的影响。

第二，“其辞文”，即言之有文。这里先对“言”与“辞”作一简单区分。《说文》曰：“直言曰言。”“辞”有文采、文藻之义。言之有文是为辞也。先哲认识到，若要用语言文字来表达幽微之道，必须对“言”进行处理，使之有文采、有辞藻。《左传・襄公二十五年》曰：“《志》有之：‘言以足志，文以足言。’不言，谁知其志？言之无文，行而不远。”《礼记・表记》也引孔子的话说：“情欲信，辞欲巧。”这就是说若要很好地表达人的情志，必须运用语言，若要使言辞能够传之久远，必须有文采。可以设想一下，如果没有这些卦爻辞，即使如孔子那样韦编三绝，我们也很难读懂卦爻象，《周易》所蕴含的天地之道也就难以延续至今了。

系辞并不是逻辑分析的理性语言，而是以意象为中介的诗性语言。

---

① 尚秉和：《周易尚氏学》，中华书局 1980 年版，第 364 页。

② 李洲良：《易象：〈周易〉的诗性话语及其象征》，《河北学刊》2009 年第 6 期。

为了增加卦爻辞的文采，更好地传达圣人之意，使用了赋比兴等创造手法，“从美学史的发展来看，‘赋’‘比’‘兴’这组范畴，正是对《易传》的‘象’这个范畴的进一步规定。更精确点说，‘赋’‘比’‘兴’这组范畴，正是对《易传》所提出的‘立象以尽意’这一命题的进一步规定”。① 正是这二者的合作，使得《周易》具备了文学的因素。如《同人·九三》曰：“伏戎于莽，升其高陵，三岁不兴。”其意是说，把兵士和战备等潜伏于草莽之间，又登上高陵反复察看，三年时间里始终不敢兴兵作战。《中孚·六三》曰：“得敌，或鼓或罢(疲)，或泣或歌。”描述在战场里获胜的情景，俘获了敌人，战胜者兴高采烈，被俘者悲伤哭泣。这是直铺其事的“赋”体。《大过·九二》曰：“枯杨生稊，老夫得其女妻。”先写枯槁的杨树生出嫩芽新枝，接着写老汉娶了个年少娇妻。《大过·九五》曰：“枯杨生华，老妇得其士夫。”先是描写干枯的杨树竟然发芽开花，接着写老妇人寻得年轻男子做配偶。这是以彼物喻此物的“比”体。《小畜·上九》曰：“既雨既处，尚德载；妇贞厉，月几望；君子征凶。”描写密云已经降雨，阳刚已被畜止，至高的阳德被阴气积载，用以说明妇人应该守持贞正以防危险，君子也应守持正德，若固执前进则必遭凶险的道理。《中孚·九二》曰：“鸣鹤在阴，其子和之。我有好爵，吾与尔靡之。”这里描述了两只白鹤在山阴里欢快地唱歌，用以起兴我有甜美的酒浆，愿与你共饮同乐的情感。这是触景生情的“兴”体。顾颉刚就从卦爻辞的用韵、意义、句式以及引用《诗经》等方面来论述其语言的文学性②。刘大杰认为，“那些作为巫术附庸、为统治阶级服务的文辞，里面有韵语(很有可能有民间歌谣的记录)，也有散文，这就是最早的书面文学的重要材料。……如甲骨卜辞和《周易》中的卦爻辞，都是这一时期巫术的文献。通过这些文献，我们可以看到最初的书面文学

① 叶朗：《中国美学史大纲》，上海人民出版社 1985 年版，第 85 页。

② 顾颉刚：《〈周易〉中的比兴诗歌》，顾颉刚编：《古史辨》第 3 册，上海古籍出版社 1982 年版，第 211-226 页。

的形态。”①沈志权通过对《周易》与中国古代文体进行比较，认为“《周易》对中国古代文体的产生具有不容忽视的奠基之功”，并从“诗歌之雏形”“寓言之萌芽”“散文之前驱”“小说之胚基”“戏剧之因子”②五个方面进行阐述。《周易》的卦爻辞虽然篇幅短小，有的仅仅是一些语言片段，但其内在的文学要素却填补了我国甲骨卜辞后殷周之际文学萌芽与发展的空白，而且对其后的周代文学乃至整个中国古代文学的形成都有着巨大的影响，“它是从卜辞通向《诗经》《尚书》、乃至先秦历史散文和诸子散文的桥梁，是我国整个古代文学的源头。”③

第三，“其旨远”，即旨意深远，回味无穷。卦爻符号虽然造型简单，但蕴含丰富，天道与圣意、已知世界与未知世界悉在其中，这启发了后世文论家要以“象外之象”为最高水准来分析文学意象。《周易》的“立象以尽意”将言意悖论扩展为“言—象—意”的动态结构，在阐明卦爻象时既运用了大量的自然物象和人文事象，还有一些是想象的意象，“在卦、爻辞中将抽象符号还原为各种人事、物事具象或可感的意象(有不少是‘想象’之‘象’)……从抽象还原为具形和可感性意象，就向文学靠近了，从这些象生发出有意味的话语，就进入文学领域了”。④ 在对这些象的涵咏中，体会圣人之意，便使它们具有了深远的含义，正如朱熹所说：“《易》说一个物，非真是一个物。如说龙，非真龙。”⑤

追求言外之意是传统文论的一以贯之的追求。从庄子的“得意忘言”，《周易》的“象以尽意”，到刘勰的“隐以复意为工”(《隐秀》)，钟嵘的“言有尽而意无穷”(《诗品序》)，再到司空图的“味外之旨”(《与李

① 刘大杰：《中国文学发展史》，上海：复旦大学出版社 2006 年版，第 4 页。

② 沈志权：《〈周易〉与中国文学的形成》，浙江大学出版社 2009 年版，第 47-70 页。

③ 沈志权：《〈周易〉与中国文学的形成》，浙江大学出版社 2009 年版，第 45 页。

④ 陈良运：《周易与中国文学》，百花洲文艺出版社 1999 年版，第 6 页。

⑤ 黎靖德编：《朱子语类》(第 5 册)，中华书局 1986 年版，第 1660 页。

生论诗书》)，欧阳修的“状难写之景如在目前，含不尽之意见于言外”(《六一诗话》)，不胜枚举。对于言之有限性与意之无限性的矛盾，《周易》的“立象以尽意”命题提供了有效的解决路径，“事实上隐含了一个与艺术创作密切相关的结论，即形象的东西比不形象的东西更能全面地表达主体的‘意’”。① 这对形成中国文化的诗性言说具有至关重要的作用。

## 三、诗性言说

由于中国文化很早就选择了以象言说的路径，造成了与西方文化的一个鲜明差别：西方文化是逻辑地说，中国文化则是诗性地说。

### (一)诗性言说的选择

此处所言的“诗性”语出意大利学者维柯《新科学》中的“诗性智慧”一说。维科认为，诗性智慧是人类史前的原始人所特有的一种智力功能，是人类普遍拥有的一种思维形式，不因地域、民族和文化的改变而发生本质的变化。维科把人类早期的文明创作称作“粗糙的玄学”，它创生了其后的分支学科。他说：“我们必须把诗性智慧的起源追溯到一种粗糙的玄学。从这种粗糙的玄学，就像从一个躯干派生出了肢体一样，从一肢派生出逻辑学，伦理学，经济学和政治学，全是诗性的；从另一肢派生出物理学，这是宇宙学和天文学的母亲，天文学又向它的两个女儿，即时历学和地理学，提供确凿可凭的证据——这一切全是诗性的。”②从这里可以看出，不管是人文学科，还是理工学科，人类早期的文明都是诗性的，只是后来由于理性思维的发展，才导致不同学科之间形成了鸿沟。在世界混沌一体时，人类的理性思维还不够发达，无法科

① 刘纲纪、范明华：《易学与美学》，沈阳出版社 1997 年版，第 230 页。

② [意]维柯著，朱光潜译：《新科学》，人民文学出版社 1986 年版，第 155 页。

学地认识自然万物，只能通过想象、联想甚至幻想的形式把握世界，再以比拟、象征或类比的方式阐明事理。这说明在史前时期，人类虽然受到大自然的压制甚至威胁，但认识世界却是以人的心灵为基点和中心的。

意大利哲学家维柯

作为一个文化人类学概念，诗性智慧对人的思维方式、生命意识以及艺术精神都产生了至关重要的影响。近年来"诗性"一语被引入文学批评领域。李建中说："模糊一点说，诗性即与理性相对的艺术性和审美性。"①并将中国古代文论诗性特征之源追溯到了远古时期的诗性智慧（或曰原始思维），并指出古代文论的生命化、人格化的理论形态和经验归纳性质的文论范畴都是原始思维的特性铸成的。他指出："幽赞神明之易象及元气浑一之太极，既为人文之元，也是中国文化的诗性之源。"②

---

① 李建中：《诗性传统的断裂》，徐中玉、郭豫适主编《古代文学理论研究》（第十九辑），华东师范大学出版社 2001 年版。

② 李建中：《〈周易〉与中国文论的诗性之源》，《江海学刊》2006 年第 1 期。

“中国早期文化的诗性智慧，本源性地铸成中国文化和文论的诗性。”①原来，中国传统的诗性文化是诗性言说的根源。刘士林曾说：“中国文化的本体是诗，其精神方式是诗学，其文化基因库是《诗经》，其精神峰顶是唐诗。一言以蔽之，中国文化是诗性文化。”②不同民族的差异有各种各样的表现形态，其根源都在于文化基因的不同。《诗》不仅是早期诗性智慧的物化形态，还是中国传统文化的源头，它融政治、历史、地理、文学于一体，对中国古代思想文化的影响巨大，不管传统文化的表现形式如何品类繁盛，但精神气质无一例外都是诗性的。所以，在古代中国，诗歌长盛不衰，诗人群星璀璨，所有的文人都可以称为诗人，如果一个文人不会写诗将是令人匪夷所思的事。因此，在古代中国鲜有专职的文论家，他们往往先是诗人，然后才是文论家，有时兼任官员，二位一体或三位一体。中国文化的诗性气质就是通过他们的心和手流淌到了文论创作中。

古代文化选择诗性言说的方式，还在于它具备诗性言说的语言符号。中国先哲通过对具体事物形象的模拟，创造了早期的意义符号，如大汶口陶器上的刻画符号、丁公村龙山文化陶器上的刻画符号等，它们是否为文字，学界尚有争议，意义也难以确定。但有的已经是成熟的文字，如殷商的甲骨文、商周的铜器铭文。这说明汉字的起源很早，令人惊叹的是，汉字还是现在世界上唯一还在使用的并没有发生质变的象形文字，它呈现了中华民族的深层的意识密码和思维结构。葛兆光的总结非常至切：

> 如果我们同意思想是以语言和文字进行的，而且相当重要的文明依靠语言和文字传递，因而文明在相当大的程度上是一种言语系

① 李建中：《原始思维与中国古代文论的诗性特征》，《文艺研究》2002 年第 4 期。

② 刘士林：《中国诗学精神》，海南出版社 2006 年版，第 2 页。

> 统，那么，我们就会同意，以象形为基础的汉字长期的延续使用，是中国人的思想世界始终不曾与事实世界的具体形象分离，思维中的运算、推理、判断始终不是一套纯粹而抽象的符号，中国文明的连续意味恰好就在这里。①

因此，汉字的象形特征不仅为古代文论的言说提供了言说符号，同时也规约着言说方式的选择。比如古代文论家们在撰写批评文章时，不拘文体，诗赋、论说、章表、评点，信手拈来；语言多姿，雄浑、冲淡、秾艳、通俗，竞相争采；而且，并不破坏批评对象的诗心，反而将自己的情怀与感悟与之交融，追求含蓄不尽、余味曲包的审美效果。与其说是在评论他人的诗作，不如说是借他人之酒浇自己心中的块垒，既是文学评论，更是文学创作。

通过与西方文化进行对比，更能见出中国诗性文化的特色。轴心期后，当西方文化开始走向逻辑化时，中国文化却依然保持着诗性特征，而儒道释文化的诗性精神也从根本上规约了这一特征之历史走向。理性文化往往以人的尺度去衡量自然，并改造自然，在一个充斥着技术复制品的人工世界里张扬着人的理性力量，当然，这个复制品里早已没有了自然物原来的色泽、芬芳和气息。诗性文化先是尊重自然，然后才是利用自然，并以融于自然作为生命的归宿。比如在对自然具象的感知中，中国古代文化的目的在于体悟其所蕴涵的情志，不是从抽象的概念出发进行枯燥的概念推演，而是从生动的具象切入以感悟活泼的生命。这也导致了两者所用之范畴有着天然性的差异。比如西方文论的范畴主要来自于对事物的科学分析与归纳，概念间可以进行抽象演绎，所指明确，如本体、形式、结构、典型、情节、艺术真实等；而中国文论中的范畴主要来自于对自然规律的总结和人自身的情感延展，所指模糊，如风骨、体性、神采、肌理、韵味等，有很强的经验性和形象性。

---

① 葛兆光：《中国思想史》卷一，复旦大学出版社 2001 年版，第 42 页。

### (二)诗性言说的体现

一是锤炼声采相符的诗性语言。“诗性语言”就是诗的语言，它富有诗的生动与浓缩。尽管中国很早就重意轻言，主张“得意忘言”“得象忘言”，但语言有着自己独特的、不可忽视的表意功能。作为三不朽之一的“立言”，语言的价值虽然依附于它所表现的内容，毕竟也承认了语言的重要性。《周易》就非常重视语言的诗性化，并很好地运用了赋、比、兴手法，推动了诗性语言的发展。魏晋时期，“与对性情的强调相应，实质上，这个时期对华丽辞藻的有意追求在本质上也是文的自觉的表现，是在人的觉醒的思潮的影响下，文学对自身价值的肯定的自觉追求”。① 尤其是田园诗和山水诗的兴起改变了以歌谣为主体的诗歌面貌，文士们非常重视富于创造力的语言表现，可以说没有语言艺术的创新，山水诗就不能成立。比如谢灵运，他的一些山水诗句在当时就能造成洛阳纸贵的效应，其特点就在于善用简洁凝练、意象生动的佳句，将自然之美直接化为诗歌之美。如“白云抱幽石，绿筱媚清涟”(《过始宁墅》)，云与石、竹与水的缠绵呈现了人的依恋之情；“密林含余清，远峰隐半规”(《游南亭》)，其画面既有层次感，也有线条感。“山水诗的出现，不仅大为拓展了中国古典诗歌的疆域，而且显著地改变了诗歌语言。”②从此，文士们将语言之美与生命之美、个性之美等同。《文赋》说“诗缘情而绮靡”，就是说诗歌必须有绮靡之美。刘勰专门撰写“阅声字”部分，强调文学语言的辞藻修饰与音律调谐，整体要求是情感与声采相符，如《诠赋》“物以情观，故词必巧丽”，《章表》“章以造阙，风矩应明；表以致禁，骨采宜耀”，《哀吊》“必使情往会悲，文来引泣”等，充分说明刘勰认识到语言对于文学创作的重要性，他是得象不忘言，言象并立。萧绎《金楼子·立言》也说：“至如文者，惟须绮縠纷

---

① 郑训佐、李剑锋：《中国文学精神·魏晋南北朝卷》，山东教育出版社2003年版，第13页。

② 骆玉明：《文学与情感》，复旦大学出版社2010年版，第26页。

披，宫徵靡曼，唇吻遒会，情灵摇荡。”此“文”特指诗歌，语言有文采是诗歌本质之一。他不仅把经、史、子三类书排除在“文”之外，章奏等应用文也被拒绝，而且对“文”的特性可以概括为：第一，抒写性情，以情动人；第二，文采华美，讲究声律。

就语言来说，可以分为理性语言和诗性语言。理性语言是一种规定性语言，它运用概念来进行判断、推理，从而完成某种思想的表达；诗性语言是一种生发性语言，它通过塑造形象来引发某种生命体验和感悟。理性语言将世界进行主客二分，通过主体对客体作静态的规定和量化，完成对客体的认识。它的作用是巨大的，尤其是在有限的、非整体的领域，比如科技领域，自近代以来，它的威力与日俱增，工具主义逐渐将人推向异化的境地。然而，人的生命不是静止的，而是运动的，不是割裂的，而是整体的。理性语言难以切入人的生命，诗性语言却可以大有作为。从它们的最后目的可以看出，二者都是求“真”，理性语言借助概念思维所把握的真，是有限的规定性的真，是没有生命的静止的真；而诗性语言是以造象为手段，并在意象的生发流转中，诉诸人的生命体验，感悟言外之意、韵外之致，从而超越有限，进入天地与我并生、万物与我为一的境界。

诗性语言的特性还可以在跟其他艺术媒介的比较中体现出来。其实，所有的艺术都是通过特定的媒介形式来塑造艺术意象，如音乐之于音符、书法之于线条、绘画之于色彩、雕塑之于造型等，而文学是用语言文字来塑造艺术形象，“造象”是其共同目的，只是手段和方式各有不同而已。音符、线条、色彩、造型等媒介所造之象可以直接作用于人的感官，而语言所造之象虽可从语言的声采上进行感知，但根本特性在于通过联想和想象去感知意象，体悟原象，可以说文学就是以语言文字为媒介的想象性的创造活动。而且，人类原初的语言就是先民们抒情言志的诗，它不仅是人类语言中最先产生的，而且构成了后来各种语言的基础。海德格尔说：“诗从来不把语言当作一种现成的材料来接受，相反，诗本身才使语言成为可能。诗乃是一个历史性民族的原语言

(Ursprache)。这样就不得不反过来从诗的本质那里来理解语言的本质。"①人类最初的情志就寄寓在原语言里，《周易》也曾引用《诗经》的句子来作为卦爻辞。对于诗的创造来说，情志就是诗魂，它是诗的胎儿，如同《易》之太极，虽无具象，却可以创生万物；要让诗胎发育、成长和出生，就必须借助语言，将之化为具体的意象，如同《周易》借助卦爻和系辞一样。因此，相比于其他艺术媒介而言，诗性语言的隐喻性、象征性更为明显。

二是运用不拘一格的诗性体制。在"象的艺术绽放"一章中谈到文学之象时，提到了文学体裁的自由，同样，在论说文学作品时也可以不拘一格。

中国的文学从开始就是一种"大文学""杂文学"，孕育于文史哲不分的先秦文化。中国文学批评同样寄生于先秦诸子文章里，即使是被称为中国文学批评第一篇专论的《毛诗序》——以《诗经》为批评对象，提出了以"风教"为中心的儒家文艺思想——也源于诸子文章，序体源于经史，刘知幾论"序"就说"文兼史体，状若子书"②。同出一源的历史导致文学文体也往往就是批评文体，从《诗经》中的诗论片段到《毛诗序》，从《典论·论文》到《论诗三十首》，从《六一诗话》到小说评点，直至王国维的《人间词话》，几乎所有的文学文体如诗、赋、词、曲、书、表等，都有代表性的批评文章。再以魏晋时期为例，有曹丕《典论·论文》之论说体、曹植《与杨德祖书》之书信体、陆机《文赋》之辞赋体、萧统《文选序》之序跋体等。批评言说的体制自由带来了文学批评的百花齐放，体貌纷纭，美轮美奂。如典雅端庄的论诗诗，精巧细密的论文赋，闲适自由的诗话词话，灵动犀利的小说评点，事信理切的史传序跋，情深细腻的书信日录等。又如同为唐代文论经典，有刚劲有力的

① [德]海德格尔著，孙周兴译：《荷尔德林与诗的本质》，载《海德格尔选集》卷上，上海三联书店1996年版，第319页。

② 刘知幾著，黄寿成校点：《史通·序例》，辽宁教育出版社1997年版，第25页。

《修竹篇序》，端庄雅润的《戏为六绝句》，体约丰赡的《诗式》，情深不诡的《与元九书》，还有古朴自然的《二十四诗品》等。再如刘勰《文心雕龙》论述了三十多种文体，他自己使用的是骈俪体。骈者，对也，偶也，即两两相对之谓。《文心雕龙》以骈文体式来撰文就天然地带有骈体的特征，如偶对、事用、敷藻、协声等，也增加了该书的形式美，刘永济就说"《文心》一书，即彦和之文学作品矣"①。反观当下学理批评的板滞与枯涩，与文体的单一有着直接的关联。

"汉语批评的文体自由，说到底是批评家思想表达和人格诉求的自由。"②在中国文论史上，往往是文学家兼任文论家，自身创作的揣摩观察和深切体验给了他们自由批评的资本和底气。如果说先秦两汉的文学批评还是寄寓在诸子散文和各类书序之中的话，及至魏晋时期，不少人跳出作家身份，自觉以批评家的身份来撰写文章，其中还有不少是专门的文论家，对批评主体的素养、批评态度、批评方法、批评标准等都有自觉的体认。③ 美国汉学家宇文所安曾说《文心雕龙》的形成涉及两个角色，"其中一个角色我们把他叫做'刘勰'，一个有着自己的信念、教育背景和常识的人物；另一个角色是骈体文的修辞，我将称之为'话语机器'，它根据自己的规则和要求生产话语"。④ 在他看来，《文心雕龙》的体貌得益于刘勰的个性和骈文的体制。刘勰论"文"却不用论说体，不是他不擅长论说体，他曾撰写《灭惑论》及大量碑文，也对各类文体了然于心。他之所以选择骈体文，一是时代使然。文笔的区分、声律说的发明以及骈赋的流行，追求语言的声色之美成为整个六朝的时代潮流。二是个性使然。既然选择了立言以不朽的道路，刘勰不仅在文章

---

① 刘永济：《文心雕龙校释·前言》，中华书局 1962 年版，第 2 页。

② 李建中：《汉语批评的文体自由》，《江汉论坛》2009 年第 8 期。

③ 参见邓心强博士论文《魏晋南北朝批评主体研究——从文体学角度切入》，武汉大学，2010 年。

④ [美]宇文所安著，田晓菲译：《他山的石头记》，江苏人民出版社 2006 年版，第 98 页。

里“原道”“征圣”“宗经”，还自觉要求语言必须有文采，创作《文心雕龙》时既没有使用论说体，也没有单一地使用赋体，而是骈文和赞诗相结合，将骈文的华美和赞诗的古朴熔为一炉，独步古今。

总之，中国文化的诗性言说是象喻思维和象形文字共同促成的，既有体制的自由，又有个性的张扬，而且语言隽永，回味无穷。比照现今被西方工具理性浸透过深的文学批评，正襟危坐，缺少诗性言说的智慧，既没有自然灵动、意味深长的诗性语言，也没有文备众体、不拘一格的诗性文体，当然也缺少个性张扬的生命体验。探讨诗性言说的形成与体现，既能发掘古代文化的诗性魅力，亦能疗救当今理性言说的灰色病症。

# 第七章　象的言说策略

“立象以尽意”是圣人创立的言说路径，但在不同时期采用了不同的策略。圣人很早就将自然物象纳入到伦理领域里，并效法自然创立了繁复的人文事象，并在类比思维的推衍下形成了“以象比德”的言说传统。在比兴手法广泛运用时，二者逐渐分化，兴之美学内涵不断夯实。“兴必取象”实现了“象”与“诗”的绾合，“象”既可以明德说理，还能抒情畅怀。由于人的不断觉醒，在发觉个体的独立性时，也发现了自然山水的美，彼此亲和，以至于人隐逸于自然里。

## 一、以象比德

人类最初睁眼看世界的时候，逻辑思维能力并不发达，物我混沌不分，普遍认为万物跟人一样都是有生命的，彼此之间也是可以“互渗的”①。因此，在认识和表述事物时往往采用的是类比思维，是从自身的身体结构和生命体征去看待整个世界，同时，又反过来以外界事物的特征来解释自身，为人的思想和行为寻找依据和准则。

---

① “互渗律”是法国人类学家列维-布留尔提出的。他指出原始思维“以不同形式和不同程度包含着那个作为集体表像之一部分的人和物之间的互渗”，它没有主客二分，依赖直观意识和心理联想。见列维-布留尔著，丁由译：《原始思维》，商务印书馆 1981 年版，第 69 页。

## （一）天地有德

中国哲学既不关心世界是由何原质构成的，对具体事物运行的客观规律也无兴趣，而是关注万物运行的大原理和人生发展的总原则。比如孔子及其后学们在阐释卦象时总是天地人一体，但从未分析天地的构成是什么，它们是如何衍化至今的，其运行规律又是怎样的，而是从天地运行中感悟到了人的意志应该具有何种品质，人的行为应该遵循什么原则。如《乾》卦“天行健，君子以自强不息”，《坤》卦“地势坤，君子以厚德载物”，《论语·子罕》“岁寒，然后知松柏之后凋也”，通过将“象”赋予政教传统与伦理道德的内涵，逐渐形成了“以象比德”的文化传统，引导古代文化将关注的重点由外在物象转至内在道德。

松柏特性与君子人格互拟

“德”原为“悳”，《说文解字》释“悳”曰：“外得于人，内得于己也。从直从心。”段玉裁注曰：“内得于己谓身心所自得也，外得于人谓惠泽使人得之也。”虽然是从内外两个方面来阐明，实际上都是从自身发掘，并推广开去。由于周初统治者的推崇与践行，敬德开始成为普遍认同的社会观念，如“皇天无亲，唯德是辅”（《左传·僖公五年》），故“德”原本是一个伦理学范畴。为了更好地敬德、修德，通过类比思维的运用，世界万象被化繁为简，被纳入人的意义世界里，并赋予这些物象诸多的观念内容，语言、神话、宗教、礼仪和艺术等都是在此基础上发展起来的。所谓“以象比德”，就是用自然物象来象征、比拟人的某种德行和意志的言说方式。以文学创作来说，因为自然物象与伦理道德等观念内容之间建立起一种关联，从最初的零乱对接到后来成千上万次的重复，渐渐固定和不断强化，在人的心理上形成一种习惯性的条件反射，即“习惯性联想”①。这些“象”最初可能携带着崇拜、赞叹、恐惧甚至诅咒等情感，进入文明社会后，人又把伦理道德赋予客观物象。这些携带了人的情感与意志的象，就成为最早的意象。

自然的道德化将天地万物都纳入到人的意义世界里，有一种“感觉主义的倾向”，“常常凭着对事物可以感知的特征为依据，通过感觉与联想，以隐喻的方式进行系联”②。比如《周易》中有许多关于“德”的论述，出现百余次，称名有盛德、厚德、至德、文德、懿德、崇德、居德、育德、俭德、龙德、君德、天德等，涵义覆盖三极，故可以将之归纳为天德、地德和人德。六十四卦中就有九卦是专论道德修养的，《系辞下》曰：

> 《履》，德之基也；《谦》，德之柄也；《复》，德之本也；《恒》，德之固也；《损》，德之修也；《益》，德之裕也；《困》，德之辨也；《井》，德之地也；《巽》，德之制也。《履》，和而至；《谦》，尊且光；《复》，小而辨于物；《恒》，杂而不厌；《损》，先难而后易；《益》，长裕而不设；《困》，穷而通；《井》，居其所而迁；《巽》，称而隐。《履》以和行，《谦》以制礼，《复》以自知，《恒》以一德，《损》以远害，《益》以兴利，《困》以寡怨，《井》以辨

① 赵沛霖：《兴的源起——历史积淀与诗歌艺术》，中国社会科学出版社1987年版，第69页。

② 葛兆光：《七世纪前中国的知识、思想与信仰世界》，复旦大学出版社1998年版，第122页。

义，《巽》以行权。

如果将所论内容按照各卦进行归类，排列如下：

《履》：德之基也；和而至；以和行。
《谦》：德之柄也；尊且光；以制礼。
《复》：德之本也；小而辨于物；以自知。
《恒》：德之固也；杂而不厌；以一德。
《损》：德之修也；先难而后易；以远害。
《益》：德之裕也；长裕而不设；以兴利。
《困》：德之辨也；穷而通；以寡怨。
《井》：德之地也；居其所而迁；以辨义。
《巽》：德之制也；称而隐；以行权。

《周易》自始至终都非常重视天地与人的关系问题，认为天地化生万物与社会的伦理道德之间有一种相通的关系，都是尊重生命，寻求万物和谐。儒家学者从易象中体悟出了“得失之象”“忧患之象”“进退之象”等，实际上就是以象比德的结果，如此方能“体天地之撰”“通神明之德”“类万物之情”，实现天人和谐。

以象比德的方法曾在孔子实施政教的过程中广泛运用，也被他的后学们经常使用。这里摘取数则以水比德的例子。

子曰：智者乐水，仁者乐山；智者动，仁者静；智者乐，仁者寿。(《论语·雍也》)

智者之德与水之性，仁者之德与山之性的关系到底如何，且看朱熹的分析：“乐，喜好也。智者达于事理而周流无滞，有似于水，故乐水；仁者安于义理而厚重不迁，有似于山，故乐山。动静以体言，乐寿以效言也。动而不括故乐，静而有常故寿。”①也就是说有智慧的人通达事理，周流无滞，跟水的形态类似，因此喜好水；有仁爱之心的人安于义理，厚重不迁，跟山的稳重相似，因此喜好山。根据《荀子》的记载，孔子根据水的特性进一步丰富了它所具有的德行内涵，可以说君子应该具有的德行都可以从水中体悟到。

孔子观水

> 孔子观于东流之水。子贡问于孔子曰：“君子之所以见大水必观焉者，是何？”孔子曰：“夫水，遍与诸生而无为也，似德。其流也埤下，裾拘必循其理，似义。其洸洸乎不淈尽，似道。若有决行之，其应佚若声响，其赴百仞之谷不惧，似勇。主量必平，似法。盈不求概，似正。淖约微达，似察。以出以入，以就鲜絜，似善化。其万折也必东，似志。是故君子见大水必观焉。”(《荀子·宥坐》)

子贡跟随孔子多年，也对孔子见大水必观焉有所疑惑。孔子给他解释说，水普遍地给予所有生命而无所偏私，好比德；它桀骜不驯地流向

① 朱熹：《四书章句集注》，中华书局1983年版，第90页。

下方，随物赋形且遵行一定的规律，好比义；它浩浩汤汤永无穷尽，好比道；如果有人为之开道使其通行，它就奔涌向前，即使是百丈深渊也毫无畏惧，好比勇；将之注入量器必定是平衡的，好比法度；注满了量器则无需用刮板刮平，好比公正；它非常柔和，可以达到任何地方，好比明察；无论什么东西，在水里反复淘洗就能变得洁净鲜美，好比教化；不管千折百回，它最终都会向东流去，好比意志。

接着孔子的足迹，孟子也常常用水来对德性进行象喻言说，不断夯实水的内涵。与之类似的还有：

> 徐子曰："仲尼亟称于水，曰：'水哉，水哉！'何取于水也？"孟子曰："源泉混混，不舍昼夜。盈科而后进，放乎四海，有本者如是，是之取尔。苟为无本，七八月之间雨集，沟浍皆盈；其涸也，可立而待也。故声闻过情，君子耻之。"(《孟子·离娄下》)

这是徐子请教孟子的对话。孔子见大水必观焉，是借用水的特性来阐发人的道德品质。孟子一方面踵续孔子的以水喻德，一方面赋予水新的内涵。水总是不分昼夜地向前流淌，而且所过之处遇到坑洞，必定先填满坑洞然后再继续前进，遇到干涸之地就先停下来，等浇透了再向前流淌。为人也应该像水一样求实务本，不要名誉声望与实际情况不相符合，所以名不副实是君子所不齿的。

就水而言，其特性是非常丰富的，正面来讲可以与人的美好德行进行互拟。同样是水，也有穷山恶水、洪水猛兽、红颜祸水等不好的一面。可见，以象比德的关键在于如何有利于阐发道德，天地万物也因此蒙上了道德的光芒，给人以启示。

### (二)以德绳文

若要敬德就必须修德，除了在祭祀、政治、伦理等领域里实施修德外，文艺创作也是以天地之德作为旨归的，"德"也就自然蔓延到了文化领域，成为衡量艺术的思想性准则。① 如季札观乐时既用“美”来衡量诗乐的艺术性，也用“德”来衡量诗乐的思想性。

> 见舞《象箾》《南籥》者，曰：“美哉，犹有憾！”见舞《大武》者，曰：“美哉，周之盛也，其若此乎？”见舞《韶濩》者，曰：“圣人之弘也，而犹有惭德，圣人之难也。”见舞《大夏》者，曰：“美哉！勤而不德。非禹，其谁能修之！”见舞《韶箾》者，曰：“德至矣哉，大矣！如天之无不帱也，如地之无不载也。虽甚盛德，其蔑以加于此矣。观止矣！若有他乐，吾不敢请已！”(《左传·襄公二十九年》)

将“德”纳入自己的学说是百家争鸣时的一个普遍现象，但将“德”引入文艺领域的是儒家，形成了与武功相对的文德观。首先提出“文德”一语的是孔子，他说：“故远人不服，则修文德以来之。”(《论语·季氏》)孔子讲的是要为政以德，发挥以文教化的作用。在此基础上，孔子又对“文”(言、辞、乐、诗)与“德”的关系进行了阐述：

> 有德者必有言，有言者不必有德。(《论语·宪问 》)
>
> 人而不仁如礼何？人而不仁如乐何？(《论语·八佾》)
>
> 志于道，据于德，依于仁，游于艺。(《论语·述而》)
>
> 君子进德修业，忠信，所以进德也；修辞立其诚，所以居业也。(《易·乾·文言》)

这里的“文”还是一个大概念，可谓之文化，主张以文修德，以德立文。其后的孟子、扬雄等人都对文德关系进行了阐释。需要特别关注的是，在对文学文本的阐释中贯彻了以象比德的思想，最为典型的就是

---

①　参见谌兆麟：《论文艺学范畴“德”的由来与孳衍》，《湖南师范大学社会科学学报》1991 年第 4 期。

汉儒对屈原的评价。王逸《离骚经序》说："《离骚》之文，依《诗》取兴，引类譬谕，故善鸟香草，以配忠贞；恶禽臭物，以比谗佞；灵修美人，以媲于君；宓妃佚女，以譬贤臣；虬龙鸾凤，以托君子；飘风云霓，以为小人。"这实际上就是用自然物象与人伦道德进行互拟，并进一步提出了"象德"一说，在对"扈江离与辟芷兮，纫秋兰以为佩"注中说："佩，饰也，所以象德。故行清洁者佩芳，德光明者佩玉，能解结者佩觿，能决疑者佩玦，故孔子无所不佩也。"①将社会政教、人伦道德在自然领域推衍，承袭了儒学的阐释路径。

屈原

王充不仅推崇文德丰赡的鸿才，多次阐发文与德之间的关系，并正式把文德观引入文艺评论中。如：

> 五经六艺为文，诸子传书为文，造论著说为文，上书奏记为文，文德之操为文。……繁文丽辞，无上书文德之操，治身完行，徇利为私，无为主者。"(《论衡·佚文》)
>
> 夫文德，世服也。空书为文，实行为德，著之于衣为服。故

---

① 王逸：《楚辞章句补注·楚辞集注》，岳麓书社2013年版，第2页。

曰：德弥盛者文弥缛，德弥彰者人弥明。大人德扩，其文炳；小人德炽，其文斑。官尊而文繁，德高而文积。(《论衡·书解》)

文德不丰，非吾所臧。德汪涉而渊懿，知滂沛而盈溢，笔泷漉而雨集，言溶湿而泉出，富材美知，贵行尊志，体列于一世，名传于千载，乃吾所谓异也。(《论衡·自纪》)

这里的"文"可谓"文采""纹彰""文化""文笔"等，其范围也宽广，但已经涉及创作与道德之间的关系，为其后王符等人的论述作了铺垫。尤其是在魏晋这样一个艺术精神浓烈的时代，建安七子之一的徐干不仅文学创作颇丰，而且著有阐发义理的《中论》，就文艺与道德的关系予以了进一步阐述。《中论·艺纪》曰："艺者德之枝叶也，德者人之根干也"，"斯二物者不偏行，不独立。木无枝叶则不能丰其根干，故谓之瘣；人无艺则不能成其德，故谓之野。若欲为夫君子，必兼之乎！"这继承了孔子的文质彬彬的文艺思想，关键是在此基础上提出了"义象"，认为"艺者，心之使也，仁之声也，义之象也"。晋人挚虞接续此路，从文章创作的角度全面发挥了以象比德的思想，他说："文章者，所以宣上下之象，明人伦之叙，穷理尽性，以究万物之宜者也。""情之发，因辞而形之。礼义之旨，顺事以明之。故有赋焉，所以假象尽辞，敷陈其志。"在此，挚虞以象为支点建构他的理论架构，将"人伦""礼义"与"理""性""物""情""辞""意""志"等结合融通，指出文章之"象"的伦理价值。

《易传》将天地符号化，具有了广大与永恒、化生与变动的内涵，与道相通，深受《易传》影响的刘勰在《原道》篇中也将道与天地互文通理。德者，得也，得道谓之德。刘勰认为，文与天地并生，人以文章传道便可永恒，意义重大。他曾梦见自己随孔子南行，"君子处世，树德建言"(《序志》)是他的处世格言，立言传道进而不朽就是他的树德途径。圣人文章之所以成为经典就在于体现了天地大义，这又源于他们修德齐天，即文章之德来源于圣人的人格。对刘勰这样一个以孔子继承者自许、秉持文源于道的人来说，就格外重视作者人格的修炼，因此他在《程器》篇中批评了自汉迄于魏晋的十六位文人的德行不修：

略观文士之疵：相如窃妻而受金，扬雄嗜酒而少算，敬通之不循廉隅，杜笃之请求无厌，班固谄窦以作威，马融党梁而黩货，文举傲诞以速诛，正平狂憨以致戮，仲宣轻脆以躁竞，孔璋惚恫以粗疏，丁仪贪婪以乞货，路粹餔啜而无耻，潘岳诡祷于愍怀，陆机倾仄于贾郭，傅玄刚隘而詈台，孙楚狠愎而讼府，诸有此类，并文士之瑕累。

这些文人在道德上都有这样或那样的瑕疵，就以我们熟知的几位人物来说。如司马相如曾经勾引卓文君私奔，还收受贿赂；班固向大将军窦宪献媚，却到处作威作福；孔融过于傲慢，连给曹操上书时也多有辱慢之辞；陆机喜好在豪门中游宦，亲附当时贾后的亲信贾谧和郭彰。他们都是饱学之士，均有代表作名垂青史。可在刘勰看来，道德是作文的基础，这些人在道德上有污点，其文章的力量和魅力也逊色不少。只是他们的名位较高，人们对他们的讥讽也减少罢了。道德与文章同辉是刘勰的理想，他心中的榜样是屈原、贾谊这样品德高洁又文章璀璨的人士。道德文章也因此具有了合理性，成为我们评人品文的基本准则。

## 二、兴必取象

“比兴”是中国诗学史上的重要话题，与“诗言志”和“温柔敦厚”一起被朱自清称为古代诗学的三个基本理论①。最初的时候，二者与赋一起都是作为创作手法。其后，“比”之比喻法不断详备，而“兴”之起兴

① 朱自清：《诗言志辨》，上海古籍出版社2009年版，第235页。

法得以继续发展，追求“文已尽而意有余”的审美效果，其美学内涵逐渐增加，渐渐从创作手法嬗变为创作本体。

## (一) 比兴二分

在原始思维时代，人们认识世界时有具象无抽象，还不能够运用概念进行分析和推理，通过联想找出所要描写对象与自己熟悉的事物的类似之处。最初诗的创作也是运行这种打比方的譬喻方式，故《礼记·学记》曰：“不学博依，不能安诗。”孔颖达疏：“博，广也；依，谓依倚也，谓依倚譬喻也。若欲学诗，先依倚广博譬喻。若不学广博譬喻，则不能安善其诗，以诗譬喻故也。”比喻手法在诗的创作中的体现就是“比兴”的运用。比兴最早见于《周礼·春官·大师》：“大师……教六诗：曰风、曰赋、曰比、曰兴、曰雅、曰颂。”“六诗”到底是何义并没有说明。而在《毛诗序》中，“六诗”被改为“六义”：“诗有六义焉：一曰风，二曰赋，三曰比，四曰兴，五曰雅，六曰颂。”至于何为“六诗”“六义”，均没有解释。朱自清对此解释说：“郑玄注《周礼》‘六诗’，是重义时代的解释。风、赋、比、兴、雅、颂似乎原来都是乐歌的名称，合言‘六诗’，正是以声为用。《诗大序》改为‘六义’，便是以义为用了。”①从“六诗”到“六义”显示了汉代重视义理的倾向。这里先对“比兴”进行简要梳理，以利于我们更好地理解其发展历程。

东汉初期的郑众是从形象思维与客观物象的关系上来阐释比兴的。他在《诗·周南·关雎》的注中说：“比者，比方如物，诸言如者，皆比辞也”，“兴者，托事于物，则兴者，起也。取譬引类，起发己心，诗文诸举草木鸟兽以见意者，皆兴辞也”。按郑众的解说，“比”就是用物打比方，相当于现在的比喻。“兴”就是把情理寄托在事物中，即兴起。

两汉是一个经学时代，赋比兴的运用始终与政治教化有着紧密的联

---

① 朱自清：《诗言志辨》，上海古籍出版社2009年版，第263页。

系，也束缚了赋比兴的发展，以至于东汉后期的郑玄依然遵循着经学的阐释路径。如《毛诗正义·序》曰：“赋之言铺，直铺陈今之政教善恶；比，见今之失，不敢斥言，取比类以言之；兴，见今之美，嫌于媚谀，取善事以喻劝之。”“赋”是直接言说政教得失，“比”是讽刺政治失误而采用的比喻法，“兴”是赞美政治成就的比喻法，所以孔颖达后来总结郑笺之“兴”时认为，“《传》言‘兴’也，《笺》言‘兴者喻’，言《传》所‘兴’者，欲以‘喻’此事也。‘兴’‘喻’名异而实同”。兴与比实际上都是譬喻，也没有区别。但有一个可喜的地方是，比与兴开始松绑，即“比”是讽刺，“兴”是赞美，为“兴”的拓展迈出了第一步。

魏晋时期的动乱促进了经学的衰落和玄学的兴起，尤其是注重抒发个人情怀的文学创作实践不断促进比兴的分道扬镳。此时的社会风气十分重视文学的审美性，仪式感、节奏感非常明显的骈文此时尤为兴盛，对比兴的解释也侧重于文学审美效果的层面。晋代挚虞《文章流别论》解释《周礼》“六诗”时说：“赋者，铺陈之称也；比者，喻类之言也；兴者，有感之辞也。”这里的赋比兴已经开始脱离政教的苑囿，尤其是“兴”之“有感之辞”已经侧重于作者的情感了，或者说就是情感，摆脱了与事物之间的比德关系。

刘勰《文心雕龙》专列《比兴》篇，足见对比兴的重视。在综合前人成果的基础上，他将“比”释为“比喻”之法，将“兴”释为“起情”之法，奠定了此后比兴论的基本走向。

刘勰论“比”。首先，“比”是比喻之法，“故‘比’者，附也。”“附理者，切类以指事。”“附理，故‘比’例以生。”“且何谓为‘比’？盖写物以附意，扬言以切事者也。”“比”是比喻，有喻体和本体之分，即用喻体之貌写本体之义，大多含有理性的思索安排。“比”的特性就体现在喻体和本体之中。其次，对“比”之喻体的形态进行归纳：“夫‘比’之为义，取类不常：或喻于声，或方于貌，或拟于心，或譬于事。”虽然类型很多，总体要求是“比类虽繁，以切至为贵。若刻鹄类鹜，则无所取焉”。喻体与本体之间要求贴切合理，比如把天鹅刻画得像鸭子就是失败的。再次，“比”之本体的类型主要有“比义”和“比类”。“比义”即本体为抽象的义理，如“金锡以喻明德，珪璋以譬秀民，螟蛉以类教诲，蜩螗以写号呼，浣衣以拟心忧，席卷以方志固：凡斯切象，皆比义也”。再如用香草美人以喻君子忠臣，就在于他们共同拥有美好的品性。“比类”即本体为状物时描绘的同类物象，“至如麻衣如雪，两骖如舞，若斯之类，皆比类者也”。

刘勰论“兴”。首先认为“兴”是起兴之法。《比兴》曰：“‘兴’者，起也。”“起情者，依微以拟议。”“起情，故‘兴’体以立。”所谓起兴，也就是借物发端之法，起情是目的，是“兴”之根本。跟“比”相比，“兴”的内容大多是直接抒发情感，侧重于直觉的触引。其次，由于受儒家功利主义文学思想的束缚，刘勰论“兴”时又说：“‘兴’则环譬以托讽”，“‘兴’之托喻，婉而成章，称名也小，取类也大”。这就要求“兴”必须秉持诗歌美刺讽喻的微言大义，所以他才感叹“诗刺道丧，故‘兴’义销亡”，“日用乎‘比’，月忘乎‘兴’，习小而弃大”。这样又使得“兴”与“比”时常混在一起的。但刘勰的“比兴”论有两点值得注意：一是通过对“比”之本体与喻体的类别及其关系的分析，突出了“比显而兴隐”的特点。“毛公述《传》，独标‘兴’体……‘比’显而‘兴’隐哉?”就是说，“比”的喻体与本体之间的相似较为明显，“兴”的喻体与本体之间的相似较为隐晦。虽然原初是相同的方法，随着时间的推移和运用的深入，二者之间的差别逐渐增大。二是就心与物的相互作用来说，“兴”大多是物感在先，抒情在后，而“比”则相反。关键之处还在于，“兴”之起情不必有理性的思索安排，而是自发的、自然的行为，而“比”的感发则是含有理性的思索安排，是人为的、有意的，可用“比意兴情”来概括。①

虽然刘勰还囿于儒家文学观，毕竟已经将比兴分开论述，并阐明了它们各自的特点，可以说比兴的缠绕至刘勰得以澄清，后世的比兴论述鲜有超出他的论说，有的还退回至汉代。在此后文学越来越注重抒发情

---

① 参见叶朗：《中国美学史大纲》，上海人民出版社 1985 年版，第 86 页。

感的道路上，“兴”所发挥的作用越来越大，逐渐从创作方法论走向本体论。与“赋”和“比”的特征相比，“兴”义较为幽隐，这暗含着“意”与“象”之间的结构形式的不同。“‘赋’‘比’‘兴’这组范畴涉及诗歌艺术中‘意’和‘象’之间以何种方式互相引发，并互相结合成统一的审美意象，而这种审美意象又以何种方式感发读者。也就是说，它们涉及审美意象产生的方式与结构的特点。”①

在以兴抒情的路径上，钟嵘走得更远更自觉。他说“文已尽而意有余，兴也”(《诗品序》)，不仅要求在文学创作中以抒情为主，还应该有余味，余音绕梁。钟嵘的兴论适应了注重文学审美价值的时代需求，对后来的兴象说、兴趣说都有深远的影响。自此，对比兴的阐释形成了两条道路：一是承袭依经立论的老路，从经学阐释的角度说比兴，二是从文学创作实践来阐释比兴。

关于比兴的研究还有很多，它们时而一致，时而有别。就文艺创作来说，刘勰的比兴二分、比显兴隐为审美意象的创造和赏析提供了指南。从中我们也可以看出，从伦理道德到心之情志，人所表达之意在逐渐丰富，而从比德到比兴，我们的言说策略也在逐渐成熟、丰富，文艺创作也逐渐走向自觉。

### (二)语有兴象

“兴”在甲骨文中写作，“会意字，像四只手举起一器物之意，如同打夯一样。金文興(兴)加口，表示有人喊号子”。② 这说明“兴”有引起众人同感并完成同一事件的意思。故《说文解字》曰：“兴，起也。”“起”，即有发端、感发的意思。就兴(興)的字形来看，像四只手共举一物，足见此物之重。有人认为这反映了古代建筑房屋时夯实地基的情形，四手所举之物是夯实地基的重物，比如石墩、石磙之类，体现出了

① 叶朗：《中国美学史大纲》，上海人民出版社1985年版，第76页。

② 王祥之：《图解汉字起源》，北京大学出版社2009年版，第99页。

众人一致的行动或心理，有明显的实用性目的。赵沛霖从发生学的角度考察兴的起源，侧重探析原始兴象与宗教之间的关系，为我们打开了另一扇窗口。他认为，“人们最初以‘他物’起兴，既不是出于审美动机，也不是出于实用动机，而是出于一种深刻的宗教原因。不过这种宗教不是阶级社会的人为宗教，而是产生于原始社会一定发展阶段的原始宗教”。① 此“兴”是原始社会普遍运用于生产、娱乐、战争和祭祀等活动中的一种宗教仪式，宗教观念充盈于人的心理，也是兴之内涵。诗歌最初是原始宗教的一个组成部分，当诗歌艺术逐渐从原始文化中分离出来并独立时，它摒弃了原始宗教的观念内容，却继承了原始宗教的表现形式。因此可以推测出，“兴”字中所举之重物就是祭祀活动中的礼器。在祭祀活动中，整套礼仪有很严格的规范，高低、停顿、旋转等都不可造次，因为心中充满敬意而庄重肃穆，捧持礼器的人不能因为礼器很轻就很随意，要做出一副好像端不动的样子，所谓“凡执主器，执轻如不克”(《礼记·曲礼下》)，通过这种庄重的姿态来象征礼器之“重”和礼仪的隆重。据《周礼·地官·乡大夫》记载，其乡射的五项礼事之一就是“兴舞”，又《周礼·地官·舞师》有“凡小祭祀，则不兴舞”的记载，说明“兴”与祭祀、乐舞之间有着内在联系，而且是在重大的祭祀活动中。我们可以从祭祀中的乐舞来发现“兴”所具有的重要功能。

> 帝曰：“夔，命汝典乐，教胄子。直而温，宽而栗，刚而无虐，简而无傲。诗言志，歌永言，声依永，律和声；八音克谐，无相夺伦，神人以和。”夔曰：“於！予击石拊石，百兽率舞。”(《尚书·舜典》)

从中可以发现，乐舞可以直接作用于生命情感，打扮成各种野兽的

① 赵沛霖：《兴的源起——历史积淀与诗歌艺术》，中国社会科学出版社1987年版，第4-5页。

舞者一起舞蹈，不仅可以陶冶情操，还能铸造人格，关键在于乐舞能够实现“神人以和”，沟通天人之际，让个体之小我回归宇宙之大我。虽然这是艺术与宗教尚未分开的描述，但由此可以推测，起源于古代乐舞祭祀活动的兴之所以能成为一种美的形式，是原始宗教在人的心理上积淀的结果，它能够唤起遥远的心理记忆，调发人的审美感兴活动，“实现生命回归本原的目标指向”①。

祭祀炎帝

从诞生之初，“兴”就不是独立完成的，必须借助各类物象，“在‘兴’大规模运用于礼仪实践的时代，动作之兴、言之兴、乐之兴、诗之兴、物之兴就是以取‘象’的方式在礼仪中实现着象征的功能，使‘兴’成为一种特定的象征行为和普遍的艺术活动”。② 这充分说明，作为抽象的、隐奥的“兴”必须借助特定的“象”方可表达其义，并取得以小见大、以实显虚的效果。

---

① 陈伯海：《释“诗可以兴”——论诗性生命的感发功能》，《华中师范大学学报》(人文社科版)，2006 年第 3 期。

② 王秀臣：《“礼仪”与“兴象”——兼论“比”“兴”差异》，《文学评论》2011 年第 4 期。

通过形象来传递作者之兴，这就是现代文论所谓的艺术形象。最早阐释艺术形象的是刘勰，除了将比兴看成艺术手法外，他还将它们合为一词。王元化说："根据刘勰的说法，比兴含有二义。分别言之，比训为'附'，所谓'附理者切类以指事'；兴训为'起'，所谓'起情者依微以拟议'。这是比兴的一种意义。还有一种意义则是把比兴二字连缀成词，作为一个整体来看。《比兴篇》的篇名以及《赞》中所谓'诗人比兴'，都是包含了更广泛的内容的。在这里，'比兴'一词可以解释作一种艺术性的特征，近于我们今天所说的'艺术形象'一语。"①对于艺术品来说，艺术形象就是核心，而在中国文论里，艺术形象就是兴与象的融合。

"兴"之情为隐，为虚，必须借助显而实的"象"才能表达出来。孔颖达提出的"兴必取象"实现了"兴—象—诗"之间的融合，也实现了易象思维与诗性思维的贯通。他在对《诗经·周南·樛木》的疏中说：

兴必取象，以兴后妃上下之盛，宜取木之盛者，木盛莫如南土，故言南土也。

"兴必取象"浓缩了中国诗人的情感表达方式，"孔颖达将'象'引入'诗'，以'象'说'兴'，彻底打通了中国古代抽象思维和形象思维之间的界限。'象'不仅可以'明理'，而且还可以'起情'；'象'不仅是哲学的，而且还是诗学的"。② 在文学活动中，使用的媒介虽然是语言文字，可以其形文和声文作用于人，但引发情思的却是兴象，兴象成为文学活动的起点和归宿，也是文学作品得以成立的基石，可以说有兴象即有诗，无兴象则无诗矣。所以，兴象一语自唐代殷璠在《河岳英灵集》中

---

① 王元化：《〈文心雕龙〉创作论八说释义》，张少康编《文心雕龙研究》，湖北教育出版社 2001 年版，第 428 页。

② 王秀臣：《"礼仪"与"兴象"——兼论"比""兴"差异》，《文学评论》2011 年第 4 期。

首次使用以来，便广泛运用于古代诗评中。如评孟浩然《永嘉上浦馆逢张子容》“众山遥对酒，孤屿共题诗”两句曰：“无论兴象，兼复故实。”批评浅陋者曰：“理则不足，言常有余；都无兴象，但贵轻艳。”①至此，“语有兴象”成为审美判断的前提条件。

还有，刘勰之比兴虽有艺术形象之意，其实还是“情象”“心象”，即《神思》所说的“窥意象而运斤”。叶朗就认为，兴象是意象的一种，即“所谓‘兴象’，就是按照‘兴’这种方式产生和结构的意象”。② 同时，我们也要知道，兴象不同于刘勰之比兴和意象的是，它不仅是意与象、情与景相融的产物，而且已经运用语言媒介将之物化了。在文学活动中，“兴”有作者之兴、文本之兴和读者之兴，它们都难以用理性的语言来言说，只能用“象”来含蓄地暗示和启迪，故“兴必取象”。就中国文艺的实情来看，兴象是其核心范畴，而非现代文论中的形象，也不是我们现在常说的意象。意象的本义是表意之象，最初的类型也是非常丰富而庞杂的，本书已在“象的类型嬗变”中予以说明。

然而，兴之余味又不在象之中，而在象之外，“兴在象外”也就成为审美活动的最深层，“象”的表现力再次得到延伸。所以，诗人之兴虽然寓于象中，但言有尽而意不尽，又超越了原有的象，需从象外得到感悟。司空图在《与极浦书》中说：“戴容州云：‘诗家之景，如蓝田日暖，良玉生烟，可望而不可置于眉睫之前也。’象外之象，景外之景，岂容易可谈哉?”梅尧臣说：“必能状难写之景，如在目前，含不尽之意，见于言外，然后为至矣。”这就好比灯与光，灯实而光虚。光由灯生，没有灯就没有光，但点灯是为了取得光，光是灯的价值。“象”即灯，“象外”即光，象的价值在于象外，如同灯的价值在于光。至此，兴已经穿越了悠长的历史和无垠的空间，从最初繁复的社会实践行为中跳跃出来，携带着远古历史的悠长记忆，潜入文学创作与鉴赏活动中，

① 傅璇琮编撰：《唐人选唐诗新编》，陕西人民教育出版社 1996 年版，第 107 页、第 172 页。

② 叶朗：《中国美学史大纲》，上海人民出版社 1985 年版，第 263 页。

与象绾合，兴象也成为一个具有深厚美学内涵的诗学范畴。

## 三、情隐象秀

自然物象因为被赋予了人的道德与情感而实现了“自然的人化”，同时在不断将自然人格化时，自然物象已经具有了特定的内涵与品格，也可以用自然物象来比拟人的道德精神从而实现“人的自然化”。这种自然主义的类比联想起初具有泛神论的倾向，要求人无条件地服从自然。随着人的觉醒，自然的神秘面纱褪去了，人与自然逐渐走向亲和，而在艺术创作中，情感渐渐隐逸，物象升为主角。

### （一）与物通情

类比思维在文艺领域里的运用就是人与自然的互拟，除了上面所论述的比德论，另外就是随着人与自然关系的逐渐亲和，诗人们已经领略了自然对人的感召。在汉代的抒情小赋中，就已经发现了自然的自身魅力。魏晋以降，士人们对自然美的欣赏，除了有人与自然同构、万物一气的哲学基础外，还有新的时代原因。他们生在一个社会动荡不安、战争年年不休的时代，却任性多情，追求个人的独立，崇尚“我与我周旋久，宁作我”的自由，嵇康甚至喊出了“越名教而任自然”的口号。然而要抛弃社会的名教，按自己的自然本性生活，这只是一种理想的生活态度和看法，要真正实现是不可能的。人是现实的人，也是历史的人，人的具体行为方式受制于社会的生产方式，这是人无法超越的。庄子也不得不为了生计而去向别人借粮食，这就免不了与他人交往，要按社会的规矩办事。这也许就是阮籍阻止其子“作达”的原因和嵇康在《家戒》中要求其子嵇绍循规蹈矩、按社会名教行事的理由吧。

一往情深的士人们必须为自己的深情找到一个寄托，否则难以承受外在的社会压力和内心的孤独感，毕竟颜回式的人物太少。现实生活显然不行，充满了太多的人为因素，真伪难辨。嵇康在《释私论》中提出的“审贵贱而通物情”是一个非常值得借鉴的选择。

言无苟讳，而行无苟隐。不以爱之而苟善，不以恶之而苟非。心无所矜，而情无所系，体清神正，而是非允当。忠感明天子，而信笃乎万民。寄胸怀与八荒，垂坦荡以永日。

“通物情”就是“心无措乎是非，而行不违乎道者也”。物情与人情的最大区别就是，它没有人情中的爱憎是非和种种欲求，就是《老子》所讲的“天地不仁，以万物为刍狗”(《老子》第五章)的自然之情。在人所处的世界中，只有山水是最少人文因素的，它本身就是自然的。因此，按照中国美学的逻辑，无疑也就是更富诗性，更审美化的了。“当人之情转换成物之情时，人就有了超越，就有了一个超越自得的精神境界，这时人就会不计功利，不矜情尚，入世而出于世，这自然就有了精神上的自由和个体人格上的独立了，这就叫不违乎‘道’。”①因此，魏晋士人们一旦发现了自然的美，就将一往情深寄托于其中，难以自拔。我们可以从《世说新语》的记载中来感悟。

《赏誉》：

庾子嵩目和峤：“森森如千丈松，虽磊砢有节目，施之大厦，有栋梁之用。”

王公目太尉：“岩岩清峙，壁立千仞。”

世目李元礼，谡谡如劲松下风。

《容止》：

时人目夏侯太初“朗朗如日月之入怀”，李安国“颓唐如玉山之将崩”。

---

① 康中乾：《有无之辨：魏晋玄学本体思想再解读》，人民出版社2003年版，第503页。

嵇康身长七尺八寸，风姿特秀。见者叹曰："萧萧肃肃，爽朗清举。"或云："肃肃如松下风，高而徐引。"山公曰："嵇叔夜之为人也，岩岩若孤松之独立；其醉也，傀俄若玉山之将崩。"

时人目王右军，飘如游云，矫若惊龙。

海西时，诸公每朝，朝堂犹暗。唯会稽王来，轩轩如朝霞举。

有人叹王公形茂者，云："濯濯如春月柳。"

魏晋风流之竹林七贤

魏晋士人把自己的深情寄托于自然中，将人情转化为物情，并不是对人情的消解，而是一种净化和升华。人情中的爱憎与是非可以带入与自然的交往中，又不会因其爱憎是非而与他人和社会忤逆。自然山水在倾听人的倾诉时成为了人的挚友，以其本然的状态稀释甚至消解了人的爱憎是非，大自然的美成为士人审美情趣的生长点。这一点可以从金谷涧宴游中看出。

金谷涧位于洛阳城外，从潘岳的诗中可知这是一个风景怡人的地方，"回溪萦曲阻，峻阪路威夷。绿池泛淡淡，青柳何依依。滥泉龙鳞澜，激波连珠挥"。(《晋诗》卷四)西晋征虏大将军石崇在此建有规模宏大的别墅，《水经注·谷水注》曰："谷水又东，左会金谷水。水出太白原，东南流，历金谷，谓之金水。东南流，经晋卫尉卿石崇之故居也。

石季伦《金谷诗集叙》曰：‘余以元康七年，从太仆出为征虏将军，有别庐在河南界金谷涧中，有清泉茂林，众果竹柏，药草蔽翳。’”石崇虽为武将，甚至为了积累财富无所不为，《晋书》就曾记载，“石崇为荆州刺史，劫夺杀人，以致巨富。”但他也颇富诗情，多次在此举行宴游，其中一次人数有三十多人，畅饮赋诗，留有《金谷集》。从这次集体宴游中可以发现，士人们虽然还有占有者的心态，但他们的审美对象已经转向了大自然，山水正式进入士人们的文化生活中。它们不再仅仅是隐逸者的避世家园，也不仅仅是庄子式高洁者的精神寄托，而是士人情操的象征。从此，无论是高升还是贬谪，无论是“喜洋洋者”还是“感极而悲者”，不论是“居庙堂之高”还是“处江湖之远”，“在中国士人的生活里，山水、宴饮、诗，便成了一种传统的文化生活方式”①。

当自然山水成为士人生活里的忠诚伙伴后，它们在艺术创作中的角色也就不同了。此前的创作中要么是以象比德，要么是兴必取象，自然物象都是道德和情感的依附者。现在，它们正式走上前台，在诗文创作中“感知先于抒情”②，即目直寻所得。这些诗文中鲜用比兴，感物也简洁自然。在陶渊明的诗歌中，很少有对社会民生和政治大事进行描写和评论，却很喜欢用一些常见的自然物象来呈现日常生活中的点点滴滴。比如《饮酒》(其七)：

秋菊有佳色，裛露掇其英。
泛此忘忧物，远我遗世情。
一觞虽独尽，杯尽壶自倾。
日入群动息，归鸟趋林鸣。
啸傲东轩下，聊复得此生。

---

① 参见罗宗强：《玄学与魏晋士人心态》，南开大学出版社2003年版，第217页。

② 张节末：《比兴、物感与刹那直观——先秦至唐诗思方式的演变》，《社会科学战线》2002年第4期。

陶渊明出生于一个没落的贵族家庭，曾有“昔我少壮时，无乐自欣豫。猛志逸四海，骞翮思远翥”(《杂诗》)的慷慨情怀，也曾进入权臣桓玄、刘裕、刘敬宣等人的幕府，还出任过几个地方官职，最后一任是在离家乡浔阳不远的彭泽做县令。陶渊明被称为隐逸诗人是源于他创作了大量的诗文来表明他退出官场的决心以及辞官后的田园生活。中国古代从来就不缺乏隐者，陶渊明也不是第一个吟咏隐逸生活的诗人，但与躲避天下无道的隐者不同的是，他的决定是出于个人的天性，是因为厌倦了官场生活的束缚，追求一种怡然自得的生活。因此，“他的诗歌在很多方面来讲都是一种对私人价值观的辩护，追求个人的自我实现和幸福感，与公众价值观和官场生活的要求背道而驰”。① 这首诗的主旨是“远我遗世情”，陶渊明将它隐藏在秋菊、裛露、酒壶、酒杯、归鸟等自然物象的背后，它们为陶渊明营构了一个桃花源式的栖居地，也为后世文人开辟了一个新的诗歌创作方向。

### (二)声色大开

南朝时期的政权转移虽是政治的无奈，却是士人们的精神回乡之旅。这在前面已有论述。南渡的士人们把之前的生活方式和情趣带到了江左，继续着他们的清谈，散播着他们的风流。

> 王敦为大将军，镇豫章。卫玠避乱，从洛投敦，相见欣然，谈话弥日。于时谢鲲为长史，敦谓鲲曰：“不意永嘉之中，复闻正始之音。阿平若在，当复绝倒。”(《世说新语·赏誉》)

偏安江左却依然羡慕正始清谈之风，追求玄远之境，虽然可能只是

① ［美］孙康宜、［美］宇文所安主编，刘倩等译：《剑桥中国文学史》上卷上，生活·读书·新知三联书店 2013 年版，第 255 页。

大将军王敦偶尔一时的心向往之，却可以窥见不求务实救国的偏安心态成为当政者和士人们的共同选择。同时在江左怡人风景的熏染下，山水怡情已经不是生活的点缀，而是精神的必需了。还有，佛教此时得到了长足发展，佛学之“空”的思想进入清谈，给清谈注入了活力，将士人们的理论兴趣转向了佛学，也给中国思想的发展带来了转机。一些高僧成功进入士人生活圈，如支道林精于《道行般若经》，是清谈的领军人物，与王、谢两大世家交往密切，提出“即色本空”的思想。还有僧肇著有《肇论》，其中的《物不迁论》阐述了佛学视域下的时间观念。僧佑更是可以自由出入东宫，对刘勰的影响深远。竺法汰曾为简文帝讲解《放光般若》，等等。这些高僧以其才华赢得了士人们的肯定与尊重，我们先看《世说新语·文学》中两则僧人支道林与士人交往的故事：

> 支道林初从东出，住东安寺中，王长史宿构精理，并撰其才藻，往与支语，大不当对。王叙致作数百语，自谓是名理奇藻。支徐徐谓曰：“身与君别多年，君义言了不长进。”王大惭而退。
>
> 王逸少作会稽，初至，支道林在焉。孙兴公谓王曰：“支道林拔新领异，胸怀所及乃自佳，卿欲见不？”王本自有一往隽气，殊自轻之。后孙与支共载往王许，王都领域，不与交言。须臾支退。后正值王当行，车已在门，支语王曰：“君未可去，贫道与君小语。”因论《庄子·逍遥游》。支作数千言，才藻新奇，花烂映发。王遂披襟解带，留连不能已。

王长史即王蒙，风雅潇洒，颇有才名，有一次作了充分准备后主动去找支道林谈理，自我感觉所言是至理名言，文采斐然，可在支道林眼里不过是平凡之言，最后只得“大惭而退”。王逸少即王羲之，一般人难以进入其法眼，起初对支道林也是不予理睬，可支道林截住即将出门的王羲之，强行与之谈《逍遥游》，“才藻新奇，花烂映发”，竟让傲气十足的王羲之留连不已。自佛教进入中国后，佛学积极地与中国原有思想相结合，走上中国化的道路，并走向两个不同的层面，一是“结合了道教和其他民间俗信，这种结合从一开始就一直是‘文盲阶层’的佛教或准佛教信条”①，一是“佛教的般若思想与两晋士族人生态度和精神境界的需要两相结合的产物”，可以谓之士族佛学。② 这些高僧积极地与上层士人交流，除了清谈外，还以数术③、祈福④的方式进行传播。从支道林的行迹来看，他既精通佛理，又谙熟老庄，与其说是他征服了王蒙、王羲之，不如说是佛理渗入玄学后给清谈带来的全新形象征服了他们。

佛学进入清谈的直接表现就是促进了玄学的美学化。庄子曾经主张以道观物，万物齐一。《秋水》曰：“夫物，量无穷，时无止，分无常，终始无故。”因为从任何一个角度来观察事物，总会囿于立场，作出多寡、大小、高低、轻重、贵贱等分别和判断。可事物时刻处于运动之中，这些分别和判断也时刻处于变化之中。只有“以道观之”，则“物无贵贱”，任何事物只有变动不居的表象，没有永恒不变的本质。魏晋玄学家们纷纷通过注释《庄子》来阐发自己的观点。

夫无力之力，莫大于变化者也。故乃揭天地以趋新，负山岳以

① ［荷］许理和：《佛教征服中国》，江苏人民出版社 2003 年版，第 164 页。

② 这里强调士族佛学的概念，是为了突出士族在中土佛教流传过程中的主导作用，并充分注意到士族所理解的佛教内涵与帝王、市民的不同，以及由此导致的佛教在他们精神世界和立身处世中的各种作用，进而说明士族佛学在本质上不是完整意义上的宗教，而是一种寄托士族文人精神理想的观念和信仰。参见宁稼雨：《魏晋士人人格精神：〈世说新语〉的士人精神史研究》，南开大学出版社 2003 年版，第 347-350 页。

③ 《术解》：“郗愔信道甚精勤，常患腹内恶，诸医不可疗。闻于法开有名，往迎之。既来便脉，云：‘君侯所患，正是精进太过所致耳。’合一济汤与之。一服即大下，去数段许纸，如拳大，剖看，乃所服符也。”又刘孝标注引《晋书》曰：“法开善医术。尝行，莫投主人，妻产而儿积日不堕。法开曰：‘此易治耳。’杀一肥羊，食十脔而针之。须臾儿下，羊膋裹儿出。其精妙如此。”

④ “荧惑入太微”，简文帝对此不吉祥的征兆深感不安，于是向法旷咨询，见《高僧传》卷五。

舍故，故不暂停，忽已涉新，则天地万物无时而不移也。世皆新矣，而自以为故；舟日易矣，而视之若旧；山日更矣，而视之若前。今交一臂而失之，皆在冥中去矣。故向者之我，非复今我也。我与今俱往，岂常守故哉？（向秀，郭象《庄子·大宗师》注）

天地万物始终处于变化之中，只有“往”，没有“故”，也就没有“常”。既然没有永恒的本质，即生即灭，那么一切事物就是无数个静止的个体组合。而佛学的“空”观认为，一切运动变迁的表象都是假象，前后不相连，彼此无联系，整个宇宙都是空。不仅把事物的本质“空”了，连前后发展的时间也“空”了，永恒的只有空静。至此，时间意识也发生了变化，曾经绵延不绝的时间流也被分割成了无数个静态个体。《物不迁论》曰：“不灭不来，则不迁之致明矣。复何惑于去留，踟蹰于动静之间哉？然则乾坤倒覆，无谓不静；洪流滔天，无谓其动。”乾坤颠倒，洪流滔天，看似动之极致，却是寂静之致。这与儒道两家的时空观截然不同，也颠覆了对自然实存的感知。因此，“佛理进入清谈，给清谈带来了新的生机，但同时也宣告着玄学理论发展的结束”。① 恰恰是玄学的终结，迎来了山水的独立，所谓“庄老告退，而山水方滋”。

既然万物皆空，事物以其声色、动静、特性、物理等自显，清人沈德潜《说诗晬语》就曾说：“诗至于宋，性情渐隐，声色大开，诗运转关也。”故南朝以降，田园诗、山水诗兴起，比德与抒情退居幕后，山水自发自显，成为了主角。刘勰对此的总结十分精练：

宋初文咏，体有因革；庄、老告退，而山水方滋。俪采百字之偶，争价一句之奇；情必极貌以写物，辞必穷力而追新。此近世之所竞也。（《文心雕龙·明诗》）

---

① 罗宗强：《玄学与魏晋士人心态》，南开大学出版社2003年版，第301页。

诗文创作不再像以前那样在类比思维的主导下进行联想，而是直接感知所得，寓目则书。这时的山水之灵动与人的道德无关，而是源于展露本真的自然世界。早在陶渊明的诗文中，就已经展现了田园风光的旖旎与惬意，让你体味到他在其中的审美感受。

> 少无适俗韵，性本爱丘山。误落尘网中，一去三十年。羁鸟恋旧林，池鱼思故渊。开荒南野际，守拙归园田。方宅十余亩，草屋八九间。榆柳荫后檐，桃李罗堂前。暧暧远人村，依依墟里烟。狗吠深巷中，鸡鸣桑树颠。户庭无尘杂，虚室有余闲。久在樊笼里，复得返自然。(《归园田居》之一)

村落、园田、草屋、树木、炊烟，还有狗吠、鸡鸣，其他诗中的南山、菊花、豆苗、林野、丘陇，等等，通过白描的手法呈现这些田园景色，一切都是那样自然，好像原本就是如此存在着。既没有刻意抒发对自然的喜爱之情，也没有将自然与道德作比拟，人在田园里毫无违和之感。诗中感受不到人的痕迹，也看不到一个叙述者，而是任由山水自陈，声色毕现。

谢灵运图像

到了谢灵运时，他的山水诗语言极富创造力，“云日相晖映，空水共澄鲜”(《登江中孤屿》)，“石横水分流，林密蹊绝踪”(《于南山往北山经湖中瞻眺》)，“池塘生春草，园柳变鸣禽”(《登池上楼》)等，将大自然的魅力用精练而活泼的语言直接呈现在读者面前，可见“山水诗的出现，不仅大为拓展了中国古典诗歌的疆域，而且显著地改变了诗歌语言”。① 从此，文士们将语言之美与生命之美、个性之美等同。《文赋》说“诗缘情而绮靡”，就是说诗的语言要有“绮靡”之美。刘勰专门撰写“阅声字”部分，强调文学语言的辞藻修饰与音律调谐，认识到语言对于文学创作的重要性。由于语言的创新与出彩，诗人捉住了对自然的刹那直观之感，自然山水在诗歌中最终深化为纯粹现象②，也呈现了无与伦比的美。至此，物象在诗文中从一个依附者嬗变为主角，而人的身份开始淡化甚至隐逸至物象的背后。

综上所述，由于中国伦理思想的早熟，圣人很早就将一些物象归入伦理范畴里，尤其是孔子及其后学在阐发《易》学的过程中与礼乐相通，逐渐形成了“以象比德”的文化传统。“比”与“兴”最初是最基本的创作手法，是类比思维的产物，几无差别。其后，“比”之比喻法不断详备，而“兴”之起兴法得以继续发展，追求“文已尽而意有余”的审美效果，渐渐从创作手法嬗变为创作本体。“兴”从诞生之初就不是独立完成的，必须借助各类物象和人文事象，“兴必取象”也将兴所携带的远古记忆带入到艺术活动中，“兴象”拥有了深厚的文化土壤，“语有兴象”成为审美判断的前提。由于佛学的渗入，空的时间意识为刹那直观提供了基础，以静观动成为可能，导致人的德与情退居其次，逐渐隐逸起来，物象不再作为陪衬，独立显现出来，声色大开。至此，象的言说策略终于全面而成熟。

---

① 骆玉明：《文学与情感》，复旦大学出版社 2010 年版，第 26 页。

② 张节末：《比兴、物感与刹那直观——先秦至唐诗思方式的演变》，《社会科学战线》2002 年第 4 期。

# 第八章　象的思维基点

“思维方式是一切文化的主体设计者和承担者。”①它是人类文化现象的深层本质，对人类的文化行为起着支配作用，也决定着文化以何种面貌呈现于世。比如西方概念思维认为，世界是一种静止的、规定性的实体，可以通过概念性的语言将之命题化为一种“逻各斯”，如德谟克里特的“原子”、柏拉图的“理念”、莱布尼茨的“单子”等，然后以此为核心展开理性言说。中国先哲认为，世界本原于“道”，或曰“大象”，始终处于阴阳化合、生生不已的状态中，所谓“无极而太极”“有生于无”，就是在“象”的流动与转化中呈现世界的本真状态。从根本上说，道只可“体”，不可“言”，它以“象”运思，形成了独具民族特色的象思维。

针对西方概念思维的绝对化，王树人最早提出了“象思维”概念。他指出，“象思维”的根本性特征就是“象的流动和转化”，在象的流动与转化中，实现与宇宙整体之象或“道”的相通相融。② 象思维的提出虽然很晚，但却抓住了中华民族思维的根本特性，引发了不少学者的进

---

① 张岱年、成中英等：《中国思维偏向》，中国社会科学出版社 1991 年版，第 18 页。

② 王树人、喻柏林：《论“象”与“象思维”》，《中国社会科学》1998 年第 4 期。

一步研究。① 象思维的提出不仅为中国文化和文学的研究打开了一扇窗，还提供了丰厚的理论资源，而象思维的基点就是“感”。

# 一、感通天下

中国文化的世界观可以谓之整体有机论，万物之间并没有分析性的因果关系，而是以“感”为思维基点而呼应相融的。感应论是中国文化的基本特质，不论是在相同相似，还是相异相反的事物之间都可以发生，而且既可以是物质性的，也可以是精神性的。最早阐明并集中体现感应论这一思维特性的是《周易》。正是在这种和谐相融而非分裂对抗的感应中，实现了“天地氤氲，万物化醇”(《系辞下》)的生生之德，呈现了天地大美。感应论对后世文化产生了深远的影响，因为不论创作还是鉴赏，都与人对外物的感染和外物对人的感动息息相关。

## (一)《周易》之感

阴阳和合而万物生，万物一体而人最贵。万物的生长与发展就在于阴阳力量的交相感应。阴阳交感广泛存在于万物之中，二者的交互作用不仅赋予了万物生命，也衍生出了宇宙的井然秩序，体现为大与小、上与下、远与近、高与低、左与右、明与暗、动与静等，并作为背景构成

---

① 王树人、喻柏林夫妇最早提出了“象思维”概念，其后又发表了《中西比较视野下的“象思维”——回归原创之思》(《文史哲》2004 年第 6 期)、《“象思维”与原创性论纲》(《哲学研究》2005 年第 3 期)、《中国的“象思维”及其原创性问题》(《学术月刊》2006 年第 1 期)等一系列文章和专著(《回归原创之思——“象思维”视野下的中国智慧》，江苏人民出版社 2012 年版)。通过与西方思维方式的对比，凸显了象思维的民族特性。后来还有陈望衡、张祥龙、夏静、张锡坤、窦可阳等人对象思维继续予以探析。厉运伟《象思维的诗学转换——从〈周易〉到〈文心雕龙〉》就象思维的诗学转换作了非常全面的分析。他在考察其转换语境的基础上，就象思维转换的中介、感应模式、运思方式和原象体验四个方面进行了分析，并阐明了其理论意义和现实意义。这些研究对本书写作有重要参考价值，在此一并表示感谢。

了人间秩序，形成了尊与卑、爱与憎、忠与奸、诚与伪、穷与达、吉与凶、悔与吝等。东晋惠远就说"《易》以感为体"①，阴阳交感就是《周易》解释万物变化的基点，也是中国文化和文艺创作的起点。

在《周易》中，"感"与"交"的意思相近，或单独使用，或一起使用，并与"应""合""与""通""配""摩"等字相通。现摘取数例：

《泰卦》："天地交而万物通也，上下交而其志同也。""天地交，泰。"

《否卦》："天地不交而万物不通也，上下不交而天下无邦也。"

《咸卦》："柔上而刚下，二气感应以相与。""天地感而万物化生，圣人感人心而天下和平。观其所感，而天地万物之情可见矣。"

《归妹》："天地不交，而万物不兴。"

万物均是阴阳交感，对待而生，其中最为神秘也最为熟悉的就是男女交感，这集中体现在《咸》卦之中。这里先对"感"与"咸"之间的关系作一辨析。《说文解字》曰："感，动人心也。从心咸声。""感"乃使人心有所动也，却以"咸"为声，说明二者之间有着特殊的联系。《说文解字》又曰："咸，皆也、悉也。""感"即"咸"，说明"感"不是一方主导、另一方被动的关系，而是两者相互感动，即有感有应。《咸》卦《彖》曰：

咸，感也。柔上而刚下，二气感应以相与。止而说，男下女，是以"亨利贞，取女吉"也。天地感而万物化生，圣人感人心而天下和平：观其所感，而天地万物之情可见矣！

作为万物之灵，天地之秀，人是最具有代表性的，从身体到心理的

① 余嘉锡：《世说新语笺疏》，中华书局 2007 年版，第 285 页。

反应，显示了事物从外到内的变化。这里有三个层面的含义。第一个层面是总述，即“咸，感也”。就卦象本身来看，《咸》卦乃下艮（☶）上兑（☱），艮表示少男，有知止之义，兑表示少女，有欢悦之义，故《周易程氏传》曰：“男志笃实以下交，女心悦而上应。”这里描绘的是少男通过礼仪向心爱的少女表达爱慕之情，仿佛一幅恋爱画卷，象征着男女“交感”“感通”“感应”等义。如《系辞下》曰：“天地氤氲，万物化醇。男女构精，万物化生。”高亨注曰：“天之阳气与地之阴气交融，则万物之化均遍。”“男女构精，仅是人类化生，而此云‘万物化生’，何也？盖男女代表动物之阴阳两性，人类之男女、兽类之牡牝、鸟类之雄雌，皆在含义之中也。”①可见，之所以用男女交感来阐发万物化生，是因为人乃精气所生，男女代表了阴阳之精华，用以表示万物生命中的普遍交感作用。而且万物原本一气，男女结合导致人类繁衍不息，代表阴阳和合而万物生生不已。正是基于此，《家人》卦的《彖》辞就是从男女之义来阐发社会人伦的，其辞曰：“家人，女正位乎内，男正位乎外；男女正，天地之大义也。家人有严君焉，父母之谓也。父父，子子，兄兄，弟弟，夫夫，妇妇，而家道正；正家而天下定矣。”人伦大义无外乎父子、兄弟、夫妇，并由此延伸至君臣朋友等，但男女之爱、夫妻之情是家庭的基石，而这又是以男女之间的相互感应为起点的。这也说明人伦关系不是简单的施与受，而是人与人之间的身体互动与感情交流。

第二个层面是“柔上而刚下，二气感应以相与。止而说，男下女，是以‘亨利贞，取女吉’也”，这是以男女相悦的经验事实来言说阴阳和合化生万物的过程。《咸》之经文曰：“亨，利贞；取女吉。初六，咸其拇。六二，咸其腓，凶；居吉。九三，咸其股，执其随，往吝。九四，贞吉，悔亡；憧憧往来，朋从尔思。九五，咸其脢，无悔。上六，咸其辅颊舌。”这是以不同身体部位的感应来叙述男女相知相悦的过程，从初六感于“拇”（足大指）为始，渐次感于“腓”（小腿肚）、“股”（大腿）、

① 高亨：《周易大传今注》，齐鲁书社1998年版，第432页。

“憧”(心意)、“脢”(背脊)、“辅颊舌”(口头)，说明男女之情渐次浓郁，身体感应随之相伴。心有所感，身有所应，身体上的变化是心灵感应的反映。所以，“感”不是一个静止的状态，而是引发一个动态的过程，在此过程中万物彼此相连。这样一个动态的交感过程既可以用之于个人修养，如《履》卦之《象》曰：“上天下泽，履；君子以辩上下，定民志。”意思是说，“履”卦是上乾为天、下兑为泽之象，象征天在上，泽在下，尊卑有别，君子因此可以辨别上下名分，使百姓循礼的意志更加端正，也可用于人与万物之间，因为人乃天地化育而成，天、地、人三者的共在之感打通了诸元素之间的对立与陌生，所以《乾》卦《文言》曰：“夫大人者，与天地合其德，与日月合其明，与四时合其序，与鬼神合其吉凶。”所谓的“大人”，他的道德像天地一样覆载万物，其圣明跟日月一样普照大地，其施政跟四季一样有序，其示人吉凶也跟鬼神一样玄妙难测。

第三个层面是“天地感而万物化生，圣人感人心而天下和平。观其所感，而天地万物之情可见矣”，这是把男女相悦的经验事实泛化为天地万物的交感行为。阴阳感应可以发生在天与地、心与物、人与人之间，凡有所感，皆有所应。其感不同，所应则异，观其所感，察其所应，知晓天地万物之情则是顺其自然。比如洞察了刚柔、动静、上下、内外等自然物理，则可以推知男女、夫妇、父子、君臣等人伦事义，这样就不仅将“感”的抽象义落实为具体的经验事实(如男女交感)，与人的日常生活结合起来，又将日常生活中的经验事实推而广之，抽象为普遍的现象(如天地交感)，从而形成一种形下与形上相互交流的圆融境界。比如《乾》卦之《象》曰：“天行健，君子以自强不息。”《坤》卦之《象》曰：“地势坤，君子以厚德载物。”这是说易象可以为人事的取法对象。再如《泰》卦之《彖》曰：“天地交而万物通也，上下交而其志同也。”其《象》曰：“天地交泰，后以财成天地之道，辅相天地之宜，以左右民。”这表明天地阴阳交合，万物生养之道畅通，以此保佑天下百姓。

总之，交感是万物的生成法则，整个宇宙就处于普遍交感的动态结构中，不是单方面的被动接受行为，而是两个及以上事物之间的相互作用，它实现了形下与形上的交流与融合，如此就可以做到通达天下了。

### (二)通达天下

上面以《咸》卦为例，以男女感应为代表阐述了万物相感、阴阳相应的情状。这种情状不仅是一个从个别到普遍的过程，还是一个由表及里的过程，以此实现通达天下的目的。

> 《易》无思也，无为也，寂然不动，感而遂通天下之故。非天下之至神，其孰能与于此。夫《易》，圣人之所以极深而研几也。唯深也，故能通天下之志；唯几也，故能成天下之务；唯神也，故不疾而速，不行而至。(《系辞上》)

《说文解字》曰："通，达也。"万物虽同源于气，毕竟各有不同。阴阳之感何以能通达天下？在《周易》看来，感通天下并不是一件轻松的事，至于神的境界方可为也。孔颖达《正义》疏曰：

> "《易》无思也，无为也者"，任运自然，不关心虑是无思也；任运自动，不须营造是无为也。"寂然不动，感而遂通天下之故"者，既无思无为，故寂然不动；有感必应，万事皆通，是感而遂通天下之故也。"故"谓"事"，故言通天下万事也。"非天下之至神，其孰能与于此"者，言易理神功不测，非天下万事之中至极神妙，其孰能与于此也。此经明易理神妙不测，故云"非天下之至神。若非天下之至神"，谁能与于此也。

孔疏中透露出两点重要信息：第一，感之主体需要无思无为，这是就感应主体的心胸而言。《易》体乎道，出乎自然，非人之思量与作为所致，故寂然不动；正因为寂然不动，才可以洞悉万物之事理，感知天地之流行。从历史上看，天人合一观念的产生同殷商巫术有关，经过哲学化改造后，《周易》中的“天”几乎没有了神秘甚至令人恐怖的色彩，而是指天地运行的自然规律。一方面肯定人来自于天地，是自然的一部分，两者不是分离和对抗的关系，而是彼此关联和融合的关系。这明显受到老庄思想的影响，《老子》第一章说“道可道，非常道。名可名，非常名”，《庄子·知北游》说“无思无虑始知道”，都是说本体之道是不可言说、不可思量的。要体会天地之妙，必须排除心智和偏见的干扰。《老子》第十章讲“专气致柔”“涤除玄览”，第十六章讲“致虚极，守静笃”，还有《庄子》也讲“离形”“去知”“心斋”“坐忘”，讲“无听之以心，而听之以气”，都是为了阐明如何摆脱主观成见的影响。人的心胸对艺术创作具有决定性的作用，苏轼《送参寥师》曰：“欲令诗语妙，无厌空且静。静故了群动，空故纳万境。”只有内心做到空且静，才能做到既无思无为，寂然不动，又能任运自然，容纳万境。

另一方面人的生理活动和社会活动也应该与自然是相通的。既要满足人的自然性需求，也要提升人的精神修养和道德水平来约束人的动物性欲求。就约束人的自然性要求来说，应该要任运自然，不可压抑甚至否定。这与西方基督教所提倡的苦修不同。基督教有非常严格的戒律，举行读经、祷告、诗颂等活动，通过对身体的约束甚至折磨来洗清携带的原罪，实现与上帝同在的愿望。中国的修行不需要折磨身体和远离家人，其方式主要有道家的“坐忘”和儒家的“养气”。

> 颜回曰：“回益矣。”仲尼曰：“何谓也？”曰：“回忘仁义矣。”曰：“可矣，犹未也。”他日复见，曰：“回益矣。”曰：“何谓也？”曰：“回忘礼乐矣。”曰：“可矣，犹未也。”他日复见，曰：“回益矣。”曰：“何谓也？”曰：“回坐忘矣。”仲尼蹴然曰：“何谓坐忘？”颜回曰：“堕肢体，黜聪明，离形去知，同于大通，此谓坐忘。”仲

尼曰："同则无好也，化则无常也，而果其贤乎！丘也请从而后也。"(《庄子·大宗师》)

从这里可以看出，"忘"掉仁义、礼乐还不够，必须做到"离形去知，同于大通"。"离形"就是"堕肢体"，不是要抛弃身体，折磨身体，而是消解生理上的欲望；"去知"就是"黜聪明"，不是抛弃知识，拒绝学习，而是放弃心智上的伪诈。只有消解了身体的欲望和心智的伪诈，才能解放心灵的桎梏，没有喜怒哀乐，没有是非差别，顺应自然，独与天地精神相往来。

如果说道家采取的是一种"负"的方法，那么儒家则采取的是一种"正"的方法。孔子曰："天何言哉？四时行焉，百物生焉，天何言哉？"(《论语·阳货》)强调君子既要顺应自然规律，更要弘扬自然规律；主张学习自然运行的伟大力量，刚健有为。《周易》也说"天行健，君子以自强不息"，"地势坤，君子以厚德载物"，就《周易》作者来说，圣人的伟大之处就在于，以仁爱之心、平和之心来与万物交感，提倡仁道与德治。人如何修炼为君子，如何自强不息呢？《孟子·公孙丑》曰：

(公孙丑问曰)："敢问夫子恶乎长？"

曰："我知言，我善养吾浩然之气。"

"敢问何谓浩然之气？"

曰："难言也。其为气也，至大至刚，以直养而无害，则塞于天地之间。其为气也，配义与道；无是，馁也。是集义所生者，非义袭而取之也。行有不慊于心，则馁矣。我故曰，告子未尝知义，以其外之也。必有事焉而勿正，心勿忘，勿助长也。"

人之所以能够伫立于天地之间，与天地并立为三极就是因为人具有浩然之气。培养浩然之气的要求十分严格，事事都要小心，时时不能忘记。关键之处在于，它不是外在于人，而是内在于心，要用正直去培养它而不能损害它，还必须与正义和人道相配合，这样它就会极为刚强，可以充满于天地之间。如果在行为上有一点愧歉之处的话，这种气就会变得软弱无力。具备浩然之气的人就可以与天地并运，做到“富贵不能淫，贫贱不能移，威武不能屈”(《孟子·滕文公下》)。

第二，将“故”释曰“事”，即事理，说明交感双方不只是物质性的，主要是事理上的交融。事理不是现代自然科学意义上的客观性质，而是指事物中蕴含的道理和意义。比如“水”的客观性质有：它在正常状态下是液体，无色也无味，其结构可以用字母和数字表示为$H_2O$，在标准大气压下，它的沸点是100℃，凝固点是0℃。但是，“水”的诸多事理与这些客观性质没有必然联系，有时甚至是毫无关联。比如生物有水则生，无水则死，好比君子仁德感化社会；它不惧巨石险滩，勇往直前，所行之处不拘贫瘠肥沃，好比君子有义，与人相处不分贫富贵贱，一律平等待之，等等。道之幽微难见，可以从万物的事理中得知。《韩非子·解老》曰：“道者，万物之所然也，万理之所稽也。理者，成物之文也；道者，万物之所以成也。故曰：‘道，理之者也。’……故理之为物之制。万物各异理，万物各异理而道尽。稽万物之理，故不得不化。”①道不可见，可稽考事物之理而得知。这些理就是事物的性质，“凡理者，方圆、短长、粗靡、坚脆之分也，故理定而后物可得道也”。② 万象纷纭而各有其理，理之所稽者道也。做到“无思”“无为”，排除人的主观偏见，有作为而不妄为，在感通事物之理的基础上，就能体会幽微的易道之象，这为悟道提供了一条可行的实践路径，即“物—理—道”。

《周易》的感应模式奠定了中国思维的感知基础，虽然本身不是针对艺术问题提出的，却蔓延到了整个艺术领域。中国艺术起源于人对外物的感动和外物对人的感染，既不同于西方自古希腊到19世纪中期以

---

① 王先慎：《韩非子集解》，中华书局1998年版，第146页。
② 王先慎：《韩非子集解》，中华书局1998年版，第148页。

模仿为起点的模仿论，也不同于西方自 19 世纪中期以后以表现为起点的表现论。《易》之交感论对中国艺术的启示有：

第一，艺术创作起源于心物交感，关键在于主体的涵养。交感论着重于心物双方的融通，一方面是物之形貌感动人心，引发人的心理活动以至产生审美情感，另一方面是人的丰富心理和审美情感借助于外物表现出来。虽然缘起或有先后，有时是偶然遇物，引发情思，实际上是情思早已潜藏于心；有时是情满意足，赋形于物，其实物象一直在等待情思的召唤。不论是人感动于物，还是物感染于人，最终的完成都要有虚静澄明的心胸。一个无情无志之人，对最美的风景也是无动于衷的，譬如说“生活中并不缺少美，而是缺少发现美的眼睛”，实际上也是说只有有情有志之人才会去发现生活中的美。当然，对一个生活艰难而满怀忧虑的穷人来说，哪怕面对着最美的风景也是没有感觉的。《周易》既讲要“无思无虑”，“任运自然”，排除人的欲望的干扰，同时也主张修德明性，充实涵养，积极向上，刚健有为。

第二，体悟最高本体的思维是直觉思维。作为最高本体的太极或道，无所不包又无不遍及，且时刻都处于运动之中，生生不已而万物不穷。这样的整体之道、运动之道是任何单向度或静止态的感知方式都不能穷尽其玄妙的，故《荀子·解蔽》说“夫道者，体常而尽变，一隅不足以举之”，《庄子·天地》中“象罔得玄珠”的寓言故事也说明人凭理智、感官、言辩都是无法获得黄帝之玄珠的。“罔”即“无”，“象罔”就是无象之象。“象罔一语，既可指‘诣罔之象’，亦可指‘象之诣罔’的思维过程。”①这“象之诣罔”的思维就是“无思无虑”，“任运自然”，就是现代所说的直觉之思。“所谓直觉，就是一种理智的交融，这种交融使人们自己置于对象之内，以便与其中独特的、从而是无法表达的东西相符合。”②《周易》的直觉之思在文学中的运用就是在创作中讲究“直寻”，

---

① 李建中：《周易与中国文论的诗性之源》，《江海学刊》2006 年第 1 期。

② ［法］亨利·柏格森：《形而上学导言》，商务印书馆 1969 年版，第 3-4 页。

如钟嵘说：“观古今胜语，多非补假，皆由直寻。”(《诗品序》)在审美鉴赏中讲究“妙悟”，如严羽说：“大抵禅道惟在妙悟，诗道亦在妙悟。”(《沧浪诗话》)

总之，中国先哲认为，人与自然一体，交感而通，各类艺术的创作既不单是人对外物的模仿，也不仅是内在心灵的表现，而是心物交感的产物。在人感物通的过程中，人之情志发挥着主导性作用，所以先秦以来，中国古代的诗文评论始终将作者的情志放在首位。不论是圣人创制文化经典，还是诗人撰写抒怀篇章，关注人的因素远甚于文辞体式的问题，这也是古代文化的特色所在。

## 二、心物交感

心物交感本是《易传》的重要命题，强调事理上的交融。而对一个诗人来说，创作不仅需要事理上的共通，更要有情感上的共鸣。情感是源于人的本质属性，是生命的内核，体现为他者是否满足自己需要的态度体验。情感的共鸣实际上是心与物之间的一种和谐关系。朱光潜说：“美不仅在物，亦不仅在心，它在心和物的关系上。”①艺术创作的魅力就是在心物关系上不断创新。心物关系可以分为“心—物”和“物—心”两种关系，它们贯穿于艺术创作和审美鉴赏之中。

### (一)物以情观

先说“心—物”，即人心对自然景物的感动，是由内及外，着重于内心对外物的移情。

这里的“心”不是指人的全部感觉能力的一个抽象概念，而是指有

---

① 朱光潜：《朱光潜美学文集》第一卷，上海文艺出版社1982年版，第153页。

某种特定倾向的审美情感。刘勰在《原道》中说“心生而言立，言立而文明，自然之道也”，“心”是笼统的说法，具体言之则为“情志”。何以成“文”？心感物而动，发言成文。在刘勰看来，文从心始，不用假借外力而不得不发，这本是自然而然的事情。人的情志属于自然禀赋，有感而动，形诸言辞即为文学。跟刘勰同时代的沈约就说：“民禀天地之灵，含五常之德，刚柔迭用，喜愠分情。夫志动于中，则歌咏外发。……然则歌咏所兴，宜自生民始也。”(《宋书》)这样来看，“文”(包括文学)也是人之所以为人的标志之一，文艺创作就是人与生俱来的精神活动，有着无与伦比的意义。

第一次提出感物说的是《礼记·乐记》：

> 乐者，音之所由生也，其本在人心之感于物也。是故其哀心感者，其声噍以杀；其乐心感者，其声啴以缓；其喜心感者，其声发以散；其怒心感者，其声粗以厉；其敬心感者，其声直以廉；其爱心感者，其声和以柔。

这说明“感物”说的历史悠久，我们的祖先对自然万物的感知有着惊人的敏锐度。此处之“心”有着非常具体的内涵，即哀、乐、喜、怒、敬、爱，因此“人心之感于物”就是指这些具体的情感与外物产生了特定的联系，从而使其获得了得以寄托或表现的形式或物象。当然，也可以多种情感面临同一物象而发生感动，所谓“人情不同，自师所解”，如嵇康《声无哀乐论》曰：“夫会宾盈堂，酒酣奏琴，或忻然而欢，或惨尔而泣。非进哀于彼，导乐于此也。其音无变于昔，而欢戚并用，斯非吹万不同邪？夫唯无主于喜怒，亦应无主于哀乐，故欢戚俱见。”面对同一音乐却“欢戚俱见”，就是因为听乐者各有其情，而情感是人的精神生命的主体力量，只是借音乐抒发出来罢了。

因此，感物说实际上就是刘勰所说的“情以物兴”或“物以情观”

(《诠赋》)。《明诗》曰:"人禀七情,应物斯感;感物吟志,莫非自然。""何谓人情?喜、怒、哀、惧、爱、恶、欲,七者弗学而能。"①"七情"就是人与生俱来的情感,并非后天学习得来的。以情感物,故景物也显示出与之相应的特性来。

> 写气图貌,既随物以宛转;属采附声,亦与心而徘徊。故"灼灼"状桃花之鲜,"依依"尽杨柳之貌,"杲杲"为出日之容,"瀌瀌"拟雨雪之状,"喈喈"逐黄鸟之声,"喓喓"学草虫之韵。"皎日""嘒星",一言穷理;"参差""沃若",两字连形:并以少总多,情貌无遗矣。(《物色》)

这是一段非常诗性化的语言,各种物象尽染情感之美。因为人有喜悦之情故桃花有灼灼之鲜,人有依恋之情故杨柳有依依之貌,等等,它们都是情感的物化。情感固然是艺术创作不可或缺的要素,但情感不能物化为具体可感的形象,就没有找到审美感知的支点,也就不可能获得美的升华。

中国文化自始就一直认为,人与万物都禀阴阳二气,人心人情与物态物理可以交感互通。《易传》中就有关于圣人"感而遂通天下之故"的论述,主要是人对各种自然物象的拟人化,将自然看作人的精神的载体。这里需要对人的情感作一点补充说明,人的状态决定了情感的类型。就人的发展历程来看,经历了从最初匍匐在神的脚下尚未觉醒的人到理性觉醒的集体人,到了魏晋则又不同,人的独立性逐渐觉醒,个体性得到张扬,终于出现了个体人。比如先秦楚国的屈原,我们知道他的忧国忧民,却不太清楚他的性格、爱好和日常生活,他实际上就是一个"集体人"。这些集体人虽有姓名、职业、学说、业绩乃至履历,却没有作为一个"个体人"应有的兴趣、爱好等,或者说他们只有公共生活,

---

① 王文锦:《礼记译解》,中华书局2001年版,第298页。

却没有属于私人的日常生活。魏晋以后的人就不同了，他们开始拥有自己的个性和爱好，过着与众不同的日常生活，以至于我们可能不大知道他们的社会角色，却清楚他们的风度与个性，比如嵇康的抚琴临刑、刘伶的醉酒裸行、王羲之的坦卧东床等。可以说，在这个时期我们才看到了有血有肉的个体的人。与之相应的情感可以概括为神话情感、集体情感和个体情感。

宗白华曾说："晋人向外发现了自然，向内发现了自己的深情。山水虚灵化了，也情致化了。"①虽说是向外、向内两个方向，却是同时进行的。或者说，晋人发现了自己的个体情感后，与外在的自然山水产生了合鸣。多灾多难的士人们太需要一个可以栖居的园地了。经过苦苦寻觅，终于发现人间世界中，只有自然界是没有人文因素的，加之南方的秀美山水让人流连忘返，与物通情成为自然而然的最佳选择。因为"物情不同于人情，人情有爱憎、有欲求，而物情没有这些，物情者自然之情也，这也就是老子所讲的'天地不仁，以万物为刍狗'的意思。"②当人之情转换成物之情实现与物同情时，人实际上就为自己找到了一个超越现实的精神境界，自然山水也不再是"智者乐水，仁者乐山"(《论语·雍也》)式的比德工具，而是为庄子的"逍遥游"精神找到了现实的栖居地。逍遥于山水的人不会计较功利，入世而出于世，也就有了精神上的自由和个体人格上的独立了。至此，山水因人之深情而虚灵化、情致化，同时也因自然山水的发现，使人之深情有了寄托之处。

### (二)情以物兴

次说"物—心"，即外物对人的感召，是由物及内，着重于外物对内心的召唤。

中国文学自萌发始就离不开"江山之助"。《物色》曰："古来辞人，

---

① 宗白华：《美学散步》，上海人民出版社 1981 年版，第 215 页。

② 康中乾：《有无之辨：魏晋玄学本体思想再解读》，人民出版社 2003 年版，第 503 页。

异代接武，莫不参伍以相变，因革以为功，物色尽而情有余者，晓会通也。若乃山林皋壤，实文思之奥府，略语则阙，详说则繁。然屈平所以能洞监风骚之情者，抑亦江山之助乎？”的确如此，物色之美，山水之灵，很早就吸引着人的目光，从《诗经》《楚辞》到汉大赋、魏晋小赋直至山水田园诗，中国文士在文学创作中都非常重视自然，四时之色与人情之感很早就形成了一种对应关系。南朝文士们进一步在文学创作中予以实践和深入，比如：

情因所习而迁移，物触所遇而兴感……闲步于林野，则辽落之志兴……屡借山水以化其郁结，永一日之足，当百年之溢。（孙绰《三月三日兰亭诗序》）

余以暮秋之月，述职内禁，夜清务隙，游目艺苑，于时风霜初戒，蛰类尚繁，飞蛾翔羽，翩翾满室。赴轩幌集明烛者，必以燋灭为度……怅然有怀，感物兴思，遂赋之云尔。（傅亮《感物赋序》）

若乃登高目极，临水送归，风动春朝，月明秋夜，早雁初莺，开花落叶，有来斯应，每不能已也。（萧子显《自序》）

魏晋南北朝时期，在诗文创作繁荣的影响下和玄学自然论的推动下，对自然的作用也有了更为自觉的认识。陆机《文赋》曰：“遵四时以叹逝，瞻万物而思纷。悲落叶于劲秋，喜柔条于芳春，心懔懔以怀霜，志眇眇而临云。”四季景色的变化与不同情感的发生产生了共鸣，“《文赋》中这几句话反映出文人对于自然景物的变化是非常敏感的，这种敏感，可谓自古而然，而见诸汉末魏晋人的诗文者尤多”①。陆机本人的诗作就是如此，如“悲情触物感，沉思郁缠绵”（《赴洛道中作二首》其一）、“载离多悲心，感物情凄恻”（《东宫作诗》）、“收迹之日，感物兴

① 王运熙、顾易生：《中国文学批评通史·晋南北朝卷》，上海古籍出版社2007年版，第94页。

哀”(《与弟清河云诗序》)等。陆机是从创作论的视角来阐述人情感物而作的，与《礼记·乐记》的感物说不同的是，陆机不仅认同了人心有感物而动的心理反应机制，更为重要的是，他认为情性修养和文辞锻炼也很重要，否则就无法将情感与物象很好地融合，并用精美的语言表现出来。

陆机的思想对刘勰启发很大，也促进了他对心物关系的理解更为圆融，蔡锺翔就说“对文艺自然论的发展贡献最大的当推刘勰”①。《文心雕龙》会通儒道，综合名教与自然，已经将二者融为一体，没有简单生硬之感，对心物交感也是如此。

> 春秋代序，阴阳惨舒，物色之动，心亦摇焉。盖阳气萌而玄驹步，阴律凝而丹鸟羞，微虫犹或入感，四时之动物深矣。若夫珪璋挺其惠心，英华秀其清气，物色相召，人谁获安？是以献岁发春，悦豫之情畅；滔滔孟夏，郁陶之心凝；天高气清，阴沉之志远；霰雪无垠，矜肃之虑深。岁有其物，物有其容；情以物迁，辞以情发。一叶且或迎意，虫声有足引心。况清风与明月同夜，白日与春林共朝哉！是以诗人感物，联类不穷。流连万象之际，沉吟视听之区；写气图貌，既随物以宛转；属采附声，亦与心而徘徊。(《物色》)

刘勰明确指出自然物象与人心感动之间有一种彼此呼应的关系。“物色之动，心亦摇焉”，是说自然物象的变化引起了心情的摇曳，因此不同季节的景色会引发出不同的情感：春之于舒畅愉悦，夏之于郁闷凝滞，秋之于志气高远，冬之于思虑幽深。“物色相召，人谁获安?”则充分说明了自然物象对人有着天然的吸引力，人是难以拒绝的，如同一种本能式的反应。

---

① 蔡锺翔：《美在自然》，百花洲文艺出版社2012年版，第27页。

与刘勰同时代的钟嵘也持有相同的观点，其《诗品序》曰："若乃春风春鸟，秋月秋蝉，夏云暑雨，冬月祁寒，斯四候之感诸诗者也。"钟嵘还认为，不仅自然景象能够感召作家，社会生活也能触引作家，既拓展了文学的表现空间，也丰富了文学的表现内容。他非常赞赏建安文学，因为建安作家们既注重社会责任，又真诚而自由地抒发他们的生命体验，并没有因为社会责任而失去审美体验，做到了社会责任与审美体验的并驾齐驱。不仅自然物象以其生机与人相亲，人文事象所蕴含的真挚情感同样可以摇曳人心。南齐王融早已认识到这一点，他说："臣闻情慉自中，事符则感；象构于始，机动斯彰。"(《南齐书·王融传》)这说明内心早已蓄满的丰富情感，因与外在事件的契合，使人感动兴情，文学创作中的意象就是萌芽于此，构筑于斯。论述更为直接和详细的是钟嵘，其《诗品序》曰：

> 嘉会寄诗以亲，离群托诗以怨。至于楚臣去境，汉妾辞宫，或骨横朔野，魂逐飞蓬；或负戈外戍，杀气雄边；塞客衣单，孀闺泪尽；或士有解佩出朝，一去忘返；女有扬蛾入宠，再盼倾国：凡斯种种，感荡心灵，非陈诗何以展其义？非长歌何以骋其情？

在之前的文学作品里，很少有对社会生活的描述，汉末至魏晋，社会的大动乱带来了惨烈的人间悲痛，开始引起文人们的关注。比如在《古诗十九首》中，普通百姓的所思所想，尤其是悲痛和愤怒的情感成为文学的重要内容。此时所抒之情不再是天地之大情和伦理道德的集体型情感，而是出自于个体生命感悟的情愫。再比如曹操，他的四言诗写得很精妙，除了文学之外，他还精通其他艺术，如书法、棋类游戏、音乐。他对音乐的兴趣，既有雅乐，也有俗乐，或曰"新乐"。公元208年刘琮投降时，曹操就将逃至荆州的音乐家杜夔招入幕中，令他为自己的宫廷创作音乐。还有，他将自己的诗歌配乐，现存的他的诗歌都是乐府。相比先秦两汉时期的著名人物，曹操不仅因其军功卓著和位高权重而名垂青史，还以其兴趣、爱好和伤怀等个性化的事迹为人津津乐道。

刘勰提出"随物宛转"，要求以物为主，以心服务于物，又提出"与心徘徊"，要求以心为主，用心去驾驭物，融合物，虽然是两个方面，却是一体的。钱穆曾说："中国人观念，主张心与物相通，动与静相通，内与外相通。相通可以合一，合一仍可两分。既不能有了心没有物，也不能有了物没有心。心与物看来相反，实际是相成的。"①在审美活动中，作家不是消极、被动地屈服于自然物象，他会根据自己的情志去迎合自然，从而在自然上留下自己的痕迹；自然也是独立自足的，它并不完全屈服于人，而会以自己的"物色"来约束和引导人的情感方向。因此，"物感"与"感物"实际上就是《物色》篇所说的"目既往还，心亦吐纳""情往似赠，兴来如答"，这是物我交融的最高境界，对文艺创作中"意象"的生成具有重要意义。

总之，人与自然同源于气，本身就是彼此融通的，尽管开始带有神秘的色彩，后来又因为理性意识的强大，自然消融在道德化群体情感里，经过汉末魏晋的苦痛孕育，终于重新相亲了。这一切都是基于"感"：人不仅能感自然之生机，还能有感于社会之真情，文学也赢得了创作空间和表现内容的双丰收。

## 三、感物生象

早在"绝地天通"之前的原始时期，万物有灵，人神相交，心与物浑然一体。进入文明时代，先哲认为天地万物同源于气，阴阳相荡相生，人的身体与精神亦为气之凝结，与万物相通相感亦为必然。因此，"感物"或者"物感"是中国文化发展之必然。二者之间的感应是自由的、自然的，是心物之间的反复触发、相互激荡。

相对来说，"情"为虚，"物"为实，在感的作用下二者融合起来。

---

① 钱穆：《中华文化十二讲》，东亚图书股份公司1985年版，第109页。

但如何将情实化以显现出来，将物虚化以渗入人心呢？既虚且实的“象”非常符合这一要求。就情与象来看，情虚而象实，生成之象是“有我之象”，可以谓之“情象”；就物与象来看，物实而象虚，生成之象是“无我之象”，可以谓之“物象”。①

## （一）因情生象

情感是人的内在属性之一，也就是马克思所说的本质力量之一。“人作为对象性的、感性的存在物，是一个受动的存在物；因为它感到自己是受动的，所以是一个有激情的存在物。激情、热情是人强烈追求自己的对象的本质力量。”②它在审美活动中占据着主导地位。可“情感就它本身来说，纯粹是主观感动的一种空洞的形式”，它是“心灵中的不确定的模糊隐约的部分”。③ 从人的感受来看，情感并不能直接作用于人，跟大脑区的联系并不是直接的，而是一种内在的肌体感。为了将不同内涵的情感表达出来并为人所感知到，必须将它物态化，这就是情感的对象化。

情感对象化有两种情形。一种是在主体的情感的主导下，把所感知到的物象变成情象，也就是德国美学家特奥多尔・里普斯所提出的“移情说”。与物相比，情感是虚的，而且抽象多变，只有通过特定的物质媒介固定化、规范化，才能为欣赏者所接受。就文学作品而言，只有通过特定的语言符号塑造出文学形象才能将细腻精微的情感表达出来。比如，倘若没有“国破山河在，城春草木深”（杜甫《春望》），怎能体会国都沦陷，城池残破的凄凉之感；如果没有“两岸猿声啼不住，轻舟已过

---

① 王国维《人间词话》说：“有有我之境，有无我之境。……有我之境，以我观物，故物皆着我之色彩。无我之境，以物观物，故不知何者为我，何者为物。”这里借用“有我之境”与“无我之境”。

② ［德］马克思：《马克思恩格斯全集》第 42 卷，人民出版社 1979 年版，第 169 页。

③ ［德］黑格尔著，朱光潜译：《美学》第 1 卷，商务印书馆 1979 年版，第 41 页。

万重山”(李白《早发白帝城》)，又怎能体会李白在流放途中突然被赦的喜悦之情呢？只有通过对象化的方式，将情感凝聚为具体可感的形象，才能感染人，使人与之共鸣。《再别康桥》是徐志摩重回剑桥大学时的寻梦之作。这个梦不是忧伤，不是离愁，更不是噩梦，而是美好的，充满了诗情画意(“揉碎在浮藻间，沉淀着彩虹似的梦”)。而且这个梦不能放声歌唱(“沉默是今晚的康桥”)，不能与人分享，只能是自我陶醉，独自品味。在这样的情感主导下，剑桥校园里的熟悉场景全都蒙上了一层甜蜜的色彩。

情感对象化实际上是主体之情与物象之性的结合，有时还会融入不同时代的特征，最后形成具有民族特色、反映民族心理的形象。我国有不少根据历史撰写的小说，暂且名之“演义小说”，如《三国演义》《隋唐演义》等。这些历史演义小说中的人物形象既有历史的真实性，也有作者的虚构性。就读者的心理认同来说，这些小说中的人物形象超越了历史中的真实人物，有的成了某种特定性格的代名词。以曹操为例，大多数读者并不知道历史中的真实形象到底是什么样子的，而鲜有人不知《三国演义》里的奸臣形象。《三国志》曾记载，当时著名的评论家许劭给曹操的评语是“治世之能臣，乱世之奸雄”，说明他是一个很有才华的人，而事实上曹操在治国、军事、经济、文艺等方面都有非常卓异的成就。《三国演义》的开头部分也虚构了曹操刺杀董卓的英雄事迹，说明他是一个有抱负、有担当的义士。可他在读者心中的印象远比不上关羽、诸葛亮等人，甚至不及张飞可爱，最后竟下落成为奸臣的代名词，实在是冤枉。其中让人气愤的是他错杀了准备款待他的恩人吕伯奢一家，尤其在明知已经错杀的情况下，还将吕伯奢残忍杀害，并说出了“宁教我负天下人，不叫天下人负我”这样大言不惭的话。这出戏是《三国演义》虚构的，但他多疑的个性和真小人的坦率，其后“挟天子以令诸侯”的事实，符合了国人对奸臣的心理诉求，他也就从一个英雄蜕变为一个奸臣了。与其说是《三国演义》让曹操变成了奸臣，不如说是国人需要一个奸臣符号，希望曹操成为一个奸臣，至于真实的曹操是什么样并不重要。

京剧中的白脸曹操

另一种是将脑海中所贮藏的记忆表象调动起来，遵照情感与想象的逻辑，创造一个现实中所没有的形象。① 或许也可以这样说，现实中的形象难以表达复杂多变的情感，需要创立新的形象。有很多作品是写闺怨的，有的怨聚少离多，如张仲素《春闺思》："袅袅城边柳，青青陌上桑。提笼忘采叶，昨夜梦渔阳。"有的怨遇人不淑，如白居易《琵琶行》："门前冷落鞍马稀，老大嫁作商人妇。商人重利轻别离，前月浮梁买茶去。"有的怨男人拈花惹草，如孟郊《古别离》："欲别牵郎衣，郎今到何处？不恨归来迟，莫向临邛去。"有的怨丈夫献身功名，如王昌龄《闺怨》："闺中少妇不知愁，春日凝妆上翠楼。忽见陌头杨柳色，悔叫夫婿觅封侯。"不同的怨中夹杂着不同的情感，总体来看都是现实生活的反映。而屈原在《山鬼》中也塑造了一个失爱的怨妇，她的出场就有着别样的美丽："若有人兮山之阿，被薜荔兮带女萝。既含睇兮又宜笑，子慕予兮善窈窕。乘赤豹兮从文狸，辛夷车兮结桂旗。被石兰兮带杜衡，折芳馨兮遗所思。"这样的怨妇形象并不是现实生活中可以找到的，

① 参见陈望衡：《当代美学原理》，人民出版社 2003 年版，第 144 页。

她的着装聚集了各类美丽的芳草，可谓衣着华丽，还能乘云而行，这显然是作者融合了记忆中表象所创立的一个痴女形象，与上述怨妇形象有着很多的不同。她虽然在穿着上与人不同，还能在空中飘逸，但其魅力依然是表达了痴女之怨。其他各种现实中没有的艺术形象，如外星人、动物精、妖魔鬼怪等，虽然形象各异，均是情感对象化的产物。

黄永玉作《山鬼》

情感是最自由的，也具有鲜明的个体性，对象化使缥缈不定的情感具有可以感触的载体，从而激发人的想象，实现了情感的融通。

## （二）物虚为象

在艺术形象中，除了有明显的作者情感色彩的形象外，还有的形象几乎看不到作者的身影，就是对所写之物作真实的呈现。这些无我之象有的诞生于对物体的时间性变化的体验。① 由于人的生命总是有一定的时间限制，死亡的威胁成为人的最大恐惧，对时间逝去的喟叹成为艺术的一个重要内容。时间之于个人总是具体而鲜活的，情感的融入让时间可以凝聚在物象上，通过对物象特性的描述让时间情感化、形象化。

① 参见詹冬华、金木根：《时间的情感化与魏晋诗学中的“物感”说》，《江西师范大学学报》（哲学社会科学版）2008 年第 3 期。

《论语·子罕》曰："子在川上曰：逝者如斯夫！不舍昼夜。"水的流逝跟时间的逝去一样连绵不绝，不可追复，可以从中感悟到不同的人生境遇，或韶华易逝、或功名未竟、或时日不多。自从这孔子的一声叹息后，对时间流逝的感叹竟也绵延千年了，其后还有陆机《叹逝赋》"悲夫！川阅水以成川，水滔滔而日度。世阅人而为世，人冉冉而行暮"，何逊《聊作百一体》"生途稍冉冉，逝水日滔滔"，李白《古风(十一)》"逝水与流光，飘忽不相待"，孟郊《达士》"四时如逝水，百川皆东波。青春去不还，白发镊更多"，等等。将情感融化于时间，通过对物体的时间性变化表达情感，文人们为意象的生成开创了一条途径。孔子见流水而感时间更是对生命的体悟，只有将生命与天地合一，才能超越自然生命的限度，所以"孔子对逝水的深沉喟叹，代表着孔门仁学开启了以审美代宗教，把超越建立在此岸人际和感性世界中的华夏哲学——美学的大道"。①

还有的无我之象是诞生于对物体的空间性特征的感受。王维的山水诗极具说服力，如《新晴野望》：

……郭门临渡头，村树连溪口。白水明田外，碧峰出山后。……

其中郭门与渡头、村树与溪口相连，这是它们的位置关系，显示了空间的丰富性和立体感。而"白"和"碧"既是对水和山峰的颜色的真实描述，更是作者心境澄明的写照。这种空间性特征还可以是运动的，如"秋山敛余照，飞鸟逐前侣。彩翠时分明，夕岚无处所"(《木兰柴》)，"飒飒秋雨中，浅浅石溜泻。跳波自相溅，白鹭惊复下"(《栾家濑》)，这些物象都是处在运动变化之中，余照满山、飞鸟相逐、彩翠分明、夕岚弥漫、秋雨飒飒、跳波溅沫、白鹭惊飞，既画面生动，又于活泼之中

① 李泽厚：《美学三书》，天津社会科学院出版社 2003 年版，第 246 页。

透露出心境的宁静。还有如“寒波澹澹起，白鸟悠悠下”（元好问《叙事留别》），“细雨鱼儿出，微风燕子斜”（杜甫《水槛遣心二首·其一》），等等。王国璎曾对山水诗中的空间构造类型作了全面的总结，有四角方向对比、山水对比、地势起伏对比、景物高下对比、俯仰对比、远近对比、大小或雄伟纤细对比、声色对比、朝夕对比等。① 这些构造方式塑造了或动态或静止的画面，空间意识浓郁，生机盎然。以我们最为熟悉的远近对比来说，比如“近涧涓密石，远山映疏木”（谢灵运《过白岸亭》），“涨岛远不测，冈涧近难分”（鲍照《自砺山东望震泽》），“水底见行云，天边看远树”（何逊《晓发》），“阴霞生远岫，阳景逐回流”（王籍《入若耶溪》）等。通过远近对比，使景物之间的距离更大，空间画面更全更醒目，既概括了山水的全貌，也道出了天人合一的自然状态。

这两种方式也可以融合使用，比如范仲淹《岳阳楼记》。范仲淹并没有登上岳阳楼去欣赏洞庭湖美景，而是根据滕子京寄来的《巴陵胜景图》及相关资料，加上自己的生活阅历，以想象而非实写的方式创作了此文。对巴陵盛景，范仲淹并没有花费过多笔墨，重点写的是迁客骚人会于此的心情：一是“去国怀乡，忧谗畏讥，满目萧然，感极而悲者矣”，二是“心旷神怡，宠辱偕忘，把酒临风，其喜洋洋者矣”。其悲其喜与景色变化有着直接的关联：一是“若夫淫雨霏霏，连月不开，阴风怒号，浊浪排空；日星隐曜，山岳潜形；商旅不行，樯倾楫摧；薄暮冥冥，虎啸猿啼”。二是“至若春和景明，波澜不惊，上下天光，一碧万顷；沙鸥翔集，锦鳞游泳；岸芷汀兰，郁郁青青。而或长烟一空，皓月千里，浮光跃金，静影沉璧，渔歌互答，此乐何极！”这景色变化既有时间的更替，也有空间的置换。这些看似真真切切的景色并不是洞庭湖的实景，而是范仲淹想象出来的，此时都虚化为表达情感的意象。

当然，这无我之象是作者对物体特征的选择性描写完成的，作者有意地将自己泯然于物象之中。恰恰在这选择性描写中，作者将物体虚化

① 参见王国璎：《中国山水诗研究》，中华书局2007年版，第271-280页。

了。任何一个物体都是全面的、立体的，有着丰富的特性，而且与时俱化。而作者只抓住其中一个特征或某个片断，就是为了突出这个特性和片断，渲染出特定的情境。如马致远《秋思》，整篇来看就是一些物象的聚合，但却有作者的苦心之处。

枯藤老树昏鸦，
小桥流水人家，
古道西风瘦马。
夕阳西下，
断肠人在天涯。

文章开始就用枯藤、老树、昏鸦渲染了一种落败与凄凉的氛围，然后用小桥、流水、人家点缀出一丝闲逸与清雅的情致，接着用古道、西风、瘦马、夕阳烘托出苍凉与凄惨的味道。通过一抑一扬再抑，使得整个语境分外压抑，断肠人在天涯的落寞与孤寂自然就沁入读者的心里了。

《秋思》写意图

综上所述，源于天地一体之“感”历经重重困难，突破蒙昧的阴霾，终于迎来了心物交感的融洽。所以，自然万象、社会生活、人生际遇、道德事功、人文典籍等都可以与人的性情相互感发，不论是心之感物，还是物之感人，都是情感勃发的产物，都突出了“感”对于文学创作的本源性作用。心物交感的结晶就是“意象”的生成，既有以我观物的情象，也有以物观物的物象。就二者的关系可以借用王国维的话予以总结：“自然中之物，互相关系，互相限制。然其写之于文学及美术中也，必遗其关系、限制之处。故虽写实家亦理想家也。又虽如何虚构之境，其材料必求之于自然，而其构造，亦必从自然之法则。故虽理想家亦写实家也。”①

① 王国维：《人间词话》，上海古籍出版社1998年版，第2页。

# 第九章　象的运思方式

既然人与万物之间可以互相感应，那么与万物发生关联的感官活动就不会只是一个简单而片面的生理活动，还蕴含着深刻而全面的心理活动和文化活动。还有，象思维的根本性特征就是“象的流动和转化”，而象既可以是形而下的器，也可以是形而上的道，人又该如何与如此深邃的象打交道呢？我们的先哲们选择了整体之“观”，既有仰观俯察的全景之观，也有由物及化的内观。观天地万物是为了取象，从纷纭的万象中取出类象，形成可以感知的类象符号，在类象符号的中介作用下，在人的情感促动下，文人进入到运思于神的状态，从而完成象的流动与转化，实现象的生生不已。

## 一、整体之观

天象地文何其复杂，所蕴之理何其幽微，所成之用又何其广大，这一切都要起始于“观”。在我们的日常生活中，“观”是一个活力强劲的词根，常用的有“观察”“观光”“观览”“观望”“观瞻”“观风”“观鼎”“观化”“观止”等，在古代典籍中它也是一个非常活跃的字，如在通行的十三经中就出现了293次①。在人的诸多感官中，还有耳之于听，鼻之于嗅，舌之于味等，为什么是观成为了人与世界的主要通道？既然天人一

---

① 李波等主编：《十三经新索引》，中国广播电视出版社2003年版，第1529页。

体，又该如何观呢？这里先从观之源说起。

## (一)仰观俯察的全景之观

“观”(“觀”)，《说文解字》曰：“谛视也，从见雚声。”又释“谛”为“审”，所以观之初义为“审视”。但“审视”不同于“见”，而是非常之“视”。从字体构成来看，“觀”由“雚”和“见”组成，“见”为义符，表示方向或结果；“雚”虽为声符，却是观义之源。训诂学里讲究从声符推求字义，即意义由声符赋予，声符相同的字具有共同的意义，而义符只决定该字所表示的一般事类范围。“雚”从属于“萑”部，是以大眼睛为标志的鸱鸮，常被称为猫头鹰，具有人类无以企及的夜视能力。用“雚”与“见”结合来造“观”字，反映了先民们对某种超常能力的企羡，也是对自身能力不足的一种虚拟性满足。“盖造字的初民深刻的观察、了解鸱鸮是夜间活动的猛禽，眼光锐利无伦，有‘夜撮蚤、察毫末’的特长，所以特地选用了鸱鸮之视来表现观看。”①所以，“观”字虽以“雚”作声符，其非常之视的意义也来源于此。李建中先生通过对“观”之字形、器物、字义进行探源，从甲骨文中的猫头鹰形象到器物上的鸱鸮造型，再到字义中超越感官的“非常之视”，发现“观”具有一以贯之的神秘性，可以“观”玄妙之规律、未来之命运和移觉之神通。② 这说明“观”是圣人对宇宙大化的深度体验，既携带着远古的文化信息，又蕴藏了中国思维的特点，这在《周易》中体现无遗：

> 古者庖牺氏之王天下也，仰则观象于天，俯则观法于地，观鸟兽之文与地之宜，近取诸身，远取诸物，于是始作八卦，以通神明之德，以类万物之情。(《系辞下》)

---

① 康殷：《古文字形发微》，北京出版社1990年版，第104页。
② 李建中、袁劲：《“观”之神秘性探源》，《社会科学》2014年第10期。

《周易》之“观”，不仅范围广，而且程度深。就观之范围而言，不仅有天象、地象，还有鸟兽斑纹等，可以说是无所不观；就观之程度而言，不仅观事物的表象，还观万物运行的玄妙规律。否则，就无以实现“通神明之德”与“类万物之情”的功能。因此，“观”不只是我们现代意义上的观察或看，而是对宇宙大化的体验之观，是一件庄严而神圣的事。

鸱鸮与雚(甲骨文)

我们再看《观》卦，其卦辞曰：“观：盥而不荐，有孚颙若。”“盥”，《说文解字》曰：“盥，澡手也”，就是说在祭祀之前要把手洗干净，表示庄严、慎重；“荐”，就是进献的意思，是指祭祀过程中向神进献贡品。“有孚颙若”，马融注曰：“孚，信；颙，敬也。”①卦辞的意思就是说，在祭祀之前先洗净手，停下来酝酿诚敬、肃穆的心情，然后再进献贡品。为何如此庄重？《观》卦下坤(☷)为地，上巽(☴)为风，郑玄注曰：“坤为地、为众，巽为木、为风。九五，天子之爻。互体有艮，艮为鬼门，又为宫阙。地上有木而为鬼门宫阙者，天子宗庙之象也。”②原来，“观”是天子祭祀祖先的宗庙。在此进行祭祀等活动时，当然要庄

① 李鼎祚：《周易集解》，九州出版社 2003 年版，第 306 页。
② 李鼎祚：《周易集解》，九州出版社 2003 年版，第 304 页。

重肃穆，不可造次。

天子之观何以关联到社稷的安危和黎民的福祉呢？其《象》辞曰："大观在上，顺而巽，中正以观天下。'观，盥而不荐，有孚颙若'，下观而化也。观天之神道，而四时不忒；圣人以神道设教，而天下服矣。"上观天道以生敬天之心，下察民生以生爱民之情，就是我们常说的敬天爱民，也是统治者应时时持有的虔敬之心。只有这样才能形成君爱民、民拥君的和谐社会。

就"观"的层次来看，可以分为"小观""中观"和"大观"。其爻辞曰："初六，童观，小人无咎，君子吝。六二，阈观，利女贞。六三，观我生，进退。六四，观国之光，利用宾于王。九五，观我生，君子无咎。上九，观其生，君子无咎。"初六和六二因为离九五阳刚最远，如童子探望，虽然对世界充满了好奇，却还有一些胆怯，或如隔户窃观，不敢明目张胆地观望，此为"小观"；六三和六四则已经接近九五阳刚，或谨慎观望，或亲临观光，此时已经领略了大好风光，但不可肆意妄为，此为"中观"；九五和上九是自上观下，既有君子美德足以让人仰观，又观民俗以修己德，如同风吹草木，此为"大观"。从爻位来说，从下至上反映了观的层次是由低至高。

就"观"的方式来看，仰/俯虽是对观之动作的描述，但显示出了一种全景式的观照法。我们先看几则仰/俯之观在文学作品中的运用：

> 仰观宇宙之大，俯察品类之盛，所以游目骋怀，足以极视听之娱。（王羲之《兰亭集序》）
>
> 举头望明月，低头思故乡。（李白《静夜思》）
>
> 俯仰左右，顾而乐之……既得斯泉于山谷之间，乃日与滁人仰而望山，俯而听泉。（欧阳修《丰乐亭记》）

天高地低的结构赋予人一种宇宙运思的空间意识，人伫立在天地之间，为天地立心。这些诗文中运用仰/俯结构并不是描述具体的观察动作，而是表达与天地一体的思维。可见，“观”不仅是现代意义上的观察、观看，而“是一个圆融会通的过程，不是直上直下，定点透视，而是游走的，即远即近、即高即深、往而复返、尽收眼底的可融通的审视方式。这是中华文明观照宇宙的独特方式，更是中华文化的特质”①。

《易》之“观”的主体并不是外在于对象的，而是与对象浑然一体。它虽然起始于个别的感官，从具体的嗅、听、视、味、触觉等感官出发，却又超越这些具体的感官经验。比如在佛教中有“观世音”菩萨，世间民众的声音怎么是“观”呢？而且观世音也译为“观世自在”“观世音自在”“窥音”“圣观音”等，自在又该如何“观”呢？鸠摩罗什释《法华经》曰：“若有无量百千亿众生受诸苦恼，闻是观世音菩萨，一心称名，观世音菩萨即时观其音声皆得解脱。”②可见不仅有目观，还有耳观，当然也有鼻观、舌观等，六根皆有其观。观起始于人对鸱鸮的夜视能力的企羡，它无与伦比的夜视能力让人觉得超越了黑暗的障碍，进入到一种无观的境界。观之对象既可以在视觉世界，也可以与听觉世界、嗅觉世界、味觉世界等相通。始于观而后超越感觉壁垒，最后止于无观，正是人基于感官与世界接触又超越了感官世界，实际上是人与世界相融一体的体现。同时，也不对这些感官经验作物质性的剖析研究和概念分析，而是对天地万物之象的整体直观，观的是情致和灵魂。仰观俯察是同时进行的，这是一种相对于解剖式之“外观”的整体性“内观”。③ 还以上面的诗文为例。观的对象是宇宙之大、品类之盛、明月、左右、山泉等，看似繁复而具体，实际没有一个是具体的对象。是什么样的明月？左右有什么？山是何种面目？泉有何样风姿？这些都没有交待清楚，也不需要交待清楚。这样可以把人带入一种整体之观的空间里，它们不仅

① 王振复主编：《中国美学范畴史》第1卷，山西教育出版社2006年版，第187页。

② 鸠摩罗什等：《佛教十三经》，中华书局2010年版，第449页。

③ 王树人：《回归原创之思——“象思维”视野下的中国智慧》，江苏人民出版社2012年版，第67页。

是表达情思的载体，也是作者整体之观的表现。

### （二）由物及化的内观

上面谈了“观”的层次和方式，现在谈谈“观”之目的。“内观”是针对西方式的“外观”而言的。就其目的而言，“外观”是为了探索事物之奥秘，彰显人对外界的征服力量；而“内观”是在观天地之“象”、鸟兽之“文”、万物之“宜”的基础上，体悟万物未受压抑和未被遮蔽的本真本然状态，从而发现其对人生的价值和意义。

就“内观”而言，要经历一个由“观物”到“观化”的过程。“观物”源于邵雍《皇极经世书》，他把此书分为“观物内篇”和“观物外篇”。在邵雍看来，人与物是一致的，观天地万物就能获得人生之理，实际上是“以理观物”。这是儒家观世界的方式，以孔子观水最为典型。现在山东曲阜的尼山有一座“观川亭”，亭下川流不息。据说孔子就是在此发出了“逝者如斯夫，不舍昼夜”（《论语・子罕》）的著名感叹，至于他到底有何感慨，无人知晓。但可以肯定的是，孔子没有对水的物理属性进行科学分析，而是从水的自然特性里悟出了人生的哲理，引发了众人的共鸣。比如水周流遍物，无所选择，好比君子爱人无私；又如水之流动不惧前方万丈深渊，抑或巨石阻拦仍然勇往直前，好比君子之勇。也可能是感叹时间流逝之快，如同这流水昼夜不息，而他的抱负却依然没有施展开来，不由得暗自神伤。这是将水的各种形态与人的德行和情思进行比附，在水的性理之中感悟人生哲理。这样一种比附形式成为儒家观物的基本形式，其他的各种观物都可以作如此阐发。比如“知者乐水，仁者乐山”（《论语・雍也》），李泽厚结合现代生活和工作情况对其阐释说，孔子“用山、水类比和描写仁、智，非常聪明和贴切：作为最高生活境界的‘仁’，其可靠、稳定、巩固、长久有如山；作为学习、谋划、思考的智慧，其灵敏、快速、流动、变迁有如水”①。

---

① 李泽厚：《论语今读》，安徽文艺出版社 1998 年版，第 161 页。

除了客观事物之外，风俗、礼乐等社会现实也是观之对象。任何礼乐都有它自己的规律和理性精神，在礼乐的观赏中可以知晓民风民俗和国家命运。最为典型的就是季札观乐。

吴公子札来聘。……请观于周乐。使工为之歌《周南》《召南》，曰："美哉！始基之矣，犹未也，然勤而不怨矣。"……为之歌《小雅》，曰："美哉！思而不贰，怨而不言，其周德之衰乎？犹有先王之遗民焉！"为之歌《大雅》，曰："广哉！熙熙乎！曲而有直体，其文王之德乎？"为之歌《颂》，曰："至矣哉！直而不倨，曲而不屈；迩而不逼，远而不携；迁而不淫，复而不厌；哀而不愁，乐而不荒；用而不匮，广而不宣；施而不费，取而不贪；处而不底，行而不流。五声和，八风平；节有度，守有序。盛德之所同也！"(《左传·襄公二十九年》)

季札图像

季札所观之乐是与诗和舞一体的。因此观的对象有旋律之疾徐、风格之曲直、歌词之雅俗等，从这些所奏之乐中感悟到了周德之衰、文王之德等。在这一过程中，不仅有目观，还有耳观。季札观乐虽然夸大了音乐与政治的关系，但乐作为人的心声的直接表露，可以从乐之象的旋律、音高、乐词及舞蹈中发现社会之疾苦、百姓之祈愿等。“诗”也是可以观的：

> 子曰：“小子，何莫学夫《诗》?《诗》可以兴，可以观，可以群，可以怨；迩之事父，远之事君；多识于鸟兽草木之名。”(《论语·阳货》)

“观”，郑玄注：“观风俗之盛衰。”朱熹注：“考见得失。”孔子观诗总是执着于家国天下，不仅继承了季札观乐的主张，在现实中更加关注个人的君子之性，如“父在观其志，父没观其行”(《论语·学而》)，“视其所以，观其所由，察其所安”(《论语·为政》)等。

“观化”一词出自于《庄子·至乐》：“生者，假借也；假之而生生者，尘垢也。死生为昼夜。且吾与子观化而化及我，我又何恶焉!”道家不主张观万物之理以悟人生之理，而是主张从万物之理中觉察出天地之化，如《庄子·知北游》曰：“天地有大美而不言，四时有明法而不议，万物有成理而不说。圣人者，原天地之美而达万物之理，是故至人无为，大圣不作，观于天地之谓也。”老庄并不是为了从万物之理中寻求伦理的依据，而是为了摒弃所谓的君子之德，通过心斋、坐忘，排除心中欲望，体悟道之微妙，进入与大化同一的逍遥境界。“观化”也可以称为“观妙”，如《老子》第一章曰：“故常‘无’，欲以观其妙；常‘有’，欲以观其徼。”“道”是万物的本体，无形无名，却体现于万物之中，我们无法观其本体却能观其妙用。“观化”亦可称之为“观复”，“复”，即复返、回归也。《老子》第十六章曰：“致虚极，守静笃。万物并作，吾以观复。夫物芸芸，各复归其根。归根曰静，静曰复命。复命曰常，知常曰明。”道本寂兮寥兮，只有返回到虚静的心态，才能观到天地万物的本来状态；而且事物的发展状态是一种循环式的上升，不是分裂式的递进，观复实际上就是进入到事物发展状态中，与事物同化。我们的先哲之所以创立八卦，并演绎六十四卦，其目的是为了“以通神明之德，以类万物之情”。天地悠悠，亘古不绝，万物芸芸，周而复始，其中蕴含的规律何其玄妙。人之所以伟大就在于人可以通过观天地之象、鸟兽之文和种种物象，通过象征的方式来呈现阴阳和合的变化与情态，既知晓天地大化的运行规律，也预兆个人乃至国家的命运走势。

其实，儒家之观物与道家之观化，都是对《周易》之观的拓展和运用，追求与天合一的人生境界，实际上就是《易传》中所讲的“仰观天文，俯察地理”以实现“通神明之德，类万物之情”的目的。观物是通过格物致知的方式获得事物的性理，从而感悟君子之德和人生之道，实现的是“道德人生”；观化是通过心斋坐忘的方式与天地为一，从而摆脱人生之累，实现的是“天地人生”。① 而且《周易》之观不仅仅局限于其本身，其整体性、动态性的特征也是中国象思维的根本性特征，与西方聚焦式、静止性的观察有着本质的不同。成中英先生说：“观是中国古典哲学最原始的起点。……‘观’是指全面而又动态地认识和理解宇宙中所包含的整体事物；‘观’是方法、是活动、也是过程。”②仰观俯察的全景之观，奠定了中国象思维的运思方法，形成了中国美学特有的审美观照方式。整体之观还是一种深度的人生体验，虽然还带有巫术的痕迹，但它追求的并不是科学知识，而是一种人与自然、社会相统一的审美生存方式，以期实现圆融的天地人生。

---

① 冯友兰指出，人生的境界依次为“自然境界”“功利境界”“道德境界”“天地境界”。“一个人做事，可能只是顺着它的本能或其社会的风俗习惯。……他做他所做的事，而并无觉解，或不甚觉解”，这样的人生境界就是“自然境界”。“一个人可能了解到超乎社会整体之上，还有一个更大的整体，即宇宙。他不仅是社会的一员，同时还是宇宙的一员。……他了解他所做的事的意义，自觉他正在做他所做的事。这种觉解为他构成了最高的人生境界，就是我所说的天地境界。”见冯友兰著，涂又光译：《中国哲学简史》，北京大学出版社 1996 年版，第 291-292 页。

② 成中英：《易学本体论》，北京大学出版社 2006 年版，第 398 页。

# 二、取象比类

观之结果还是一种心象，飘渺不定，还需要将之赋予形式，即运用各种媒介和手段进行“取象”，形成“类概念”，方能实现易象的功能。“所谓‘观’与‘取’，是这一思维过程的两个阶段：所‘观’之‘物’，乃是自然、生活中的具体事物；所‘取’之‘象’，则是模拟这些具体事物成为有象征意义的‘易象’。”①观天地万物，体会宇宙之道，实际上是从“有”到“无”，或曰“有中见无”，形成不同的心象。若要实现判断人事吉凶，规范人的行为的目的，还需要从“无”到“有”，把这些缥渺不定的心象通过各种不同的媒介形式确定下来，形成具有象征意义的类象符号。上一节我们谈论《周易》之观是一种整体之观，这里就易象之取来作一阐述，进而了解中国象思维的取象特征。

## （一）比类原则

如果说观象是直面一片森林的话，那么取象则是从中摘取若干枝叶以作“类”的概括，《易传》称为“取象比类”。比类是人类思维方式的质的变化，实现了从具象到抽象的飞跃。“比”在甲骨文中写作 ，“像两人并列之形，为会意字”。所以，“比，并列，排列为比，如：比肩继踵”。② “类”就是相似、类同。“比类”就是将相似或相同的事物并列在一起，综合成一个种类。也称为类比，即类推或触类引申，也就是《系辞上》所说的“引而申之，触类而长之”。《周易》就是比类方法的运用范本，从中可以窥见中国比类的原则、形式及作用。

《系辞上》曰：“圣人有以见天下之赜，而拟诸形容，象其物宜，是故谓之象。”对“赜”的不同释义显示出事物之复杂和天地之玄妙。前已

① 张善文：《洁净精微之玄思》，上海三联书店 2003 年版，第 162 页。
② 王祥之：《图解汉字起源》，北京大学出版社 2009 年版，第 441 页。

指出，高亨先生将“赜”释为“复杂”，说明观的对象庞杂；孔颖达将“赜”释为“幽深难见”，说明观的程度之深。其中有两个“象”，一为动词，一为名词。前者意为圣人面对复杂而幽深的世界，模拟事物的形态，象征事物所蕴含的道理，所以此“象”即拟象；后者的意思是说，圣人洞察到肉眼不能看见的幽微道理，并使其形象化为卦爻符号，成为肉眼可见的形态，所以此“象”即卦象。《周易》不仅实现了从万物(天之象、地之宜、鸟兽之文等)中观道，还将易道或太极之象衍生出阴阳二爻、八卦和六十四卦，并取象于天地万物，构成了一个系统的象世界。取象比类是《周易》取象的总原则，也是对中国文化取象方式的一次总结。

比类的实现是基于事物之间的相似性，包括基于外部形态相同的相似和基于内部结构相同的类似。除此之外，与西方的科学分类研究不同，中国的比类是以人的情志作为分类依据的。比如易象的比类是一种“直觉的聚合”，即“通过本质直观的直觉聚合，使直觉意象融合为一个符号类比形式”①。这使得易象的符号有“拟象而不象”的特征，比如，(- -)和(—)到底是何义，至今争讼不息，但并不妨碍它们作为阴阳对立的象征，八卦与其所象之物也不是对应的关系，但却可以作为基元物象，笼括万物。

易象的比类所遵循的原则就是“三才”统一原则。《系辞下》曰：“兼三才而两之，故六。”“三才”是指天、地、人。易象丰富，有天象、地象和人文事象，这些不同的象往往可以涵括在一卦之中。比如《同人·象》曰：“天与火，同人；君子以类族辨物。”《同人》的卦象是上乾为天，下离为火。天体在上是其本然状态，地上的火燃烧时火苗升腾，故两相亲和。君子以此分析人群、辨别事物以审异求同。《同人》卦所言义理是修德向上，辨别人群和事物，故取象于本然在上的天和风吹向上的

① 徐瑞：《〈周易〉符号学概论》，上海科学技术文献出版社 2013 年版，第 64 页。

火，所以朱熹注曰："天在上而火炎上，其性同也。类族辨物，所以审异而致同也。"①当然也并非每一卦都是如此严格要求，就取象来说，天象和地象都属于自然物象，三才统一也可以简称为人与自然合一。

又如《乾·文言》曰："九五曰'飞龙在天，利见大人'，何谓也？子曰：'同声相应，同气相求；水流湿，火就燥；云从龙，风从虎；圣人作而万物睹；本乎天者亲上，本乎地者亲下，则各从其类也。'""飞龙在天"与"利见大人"，一为自然物象，一为人文事象，二者何以归为一类？这里运用的是比喻手法，如同水向湿处流淌，火向干处燃烧，也如同龙吟而祥云出，虎啸而谷风生，圣人奋起治世而天下共睹，都是各自相随于同类的。可见，《周易》的类比总则就是：以义理为指导，以天人合一为目的。

比类不是自然科学意义上的分类，如自然界的生物可以分为纲、目、科、属、种等类别，而是以义理为基础，通过象征和想象的方式推延开去。人根据自己的情感体验和义理属性对外界物象进行类比，从而把整个世界都变成了属人的世界。比如，在植物界中，石松因其生长环境的险峻却傲然挺立，风姿绰约，与君子品格的修炼有类似之处，于是就成了毅力品格的象征。在动物界，虎乃百兽之王，威猛无比，在传说中具有降服鬼怪的神力，与君子品格中的正义、勇猛、威严类似，成了镇宅的瑞兽；而龟因其生命长久而成为长寿的象征，鱼因其子嗣庞多而具有多子多福的寓意。甚至为了建构一个更加锦绣祥和的世界，不妨通过想象创造一批具有美好象征意义的动物，如龙、凤凰、麒麟、貔貅等。所以"取象是表层结构，比类是深层意义"②，品类繁多的象并不是任意取的，取象实际上是在类比思维的指导下完成的。在艺术创作中也是如此，发掘物象的义理特性，将之与人的情志进行类比，使两者发生关联，是一个作家善于创造的表现。

---

① 朱熹：《周易本义》，中华书局 2009 年版，第 80 页。

② 李尚信：《卦序与解卦理路》，巴蜀书社 2008 年版，第 157 页。

## (二)比类形式

比类的原则需要化为可以操作的具体形式，方能更好地被人掌握。所谓“类比形式就是以一个或几个其他形式为模型，按照一定的规则构成的形式”。① 与逻辑思维中的归纳和演绎不同的是，比类思维所采用的方式是类推。归纳法就是通过对个案事实的研究与分析，总结出一般性结论和规律的推理方法。它的个案前提越多，结论的正确性越高。比如三角形有直角三角形、锐角三角形和钝角三角形，在一个平面内，它们的内角和都是180度，由此可以得出三角形的内角和为180度。因为归纳了所有三角形的内角和，所以这个结论是正确的。它的缺憾是，当个案前提无法穷尽时，其推理所得的结论就难以确保正确性。比如守株待兔的故事中，这个宋国农夫因为有一天一只野兔撞死在树桩上被他遇到了，就希望天天能遇到这样的好事，当然会沦为笑柄。其实，即使连续好多天都有野兔撞死在树桩上，也不能将野兔撞树桩而死作为一个规律。与归纳法不同的是，演绎法是以一定的反映客观规律的理论认识为前提，推导出个案知识的思维方法。比如由于万有引力定律，物体都会因为自身重量而向下垂落。它的缺憾是，当个案知识发生改变时，作为一般规律的前提将会被颠覆。比如著名的比萨斜塔实验，依据亚里士多德的“物体下落速度和其重量成正比”的观点，重量大的物体会比小重量的物体下落速度快，可是伽利略通过在比萨斜塔实验，发现两块重量不同的石头原来是同时落地的。作为大前提的“物体下落速度和其重量成正比”就被伽利略比萨斜塔实验的两块重量不一的石头给砸碎了。

应该说，类推比归纳和演绎的缺憾更多。它是根据不同事物间的某些相似性而类推出它们在其他方面也存有类似性的方法，甚至有时是根据人的情感来进行比拟。根据意大利人类学家维科的解释，全人类的思

① ［瑞士］索绪尔著，高名凯译：《普通语言学教程》，商务印书馆1980年版，第226页。

维方式在最初的时候是大体一致的，是一种以己度物的方式来认识和解读这个世界。据三国时吴国人徐整的《三五历记》记载，盘古开天的故事说明天地诞生与人的生长之间也有着共同的关系，成为天人相副的渊薮。

> 天地混沌如鸡子，盘古生其中。万八千岁，天地开辟，阳清为天，阴浊为地。盘古在其中，一日九变，神于天，圣于地。天日高一丈，地日厚一丈，盘古日长一丈。如此万八千岁，天数极高，地数极深，盘古极长，后乃有三皇。

为了给人间带来光明，始祖盘古不仅劈开天地，而且他的生长成就了天高地厚，可见天地与人之间从一开始就是一致的。《淮南子·精神训》亦曰："天有四时、五行、九解、三百六十六日，人有四支、五藏、九窍、三百六十六节。"天的特征与人的身体非常巧妙地一一对应，由此继续衍化，人的情感或德行与天也有相似性。朱熹对"天生烝民，有物有则。民之秉彝，好是懿德"(《诗·大雅·烝民》)的阐释很有代表性，其《诗集传》曰："言天生众民，有是物必有是则。盖自百骸、九窍、五藏而达之君臣、父子、夫妇、长幼、朋友，无非物也，而莫不有法焉。如视之明，听之聪，貌之恭，言之顺，君臣有义，父子有亲之类是也。"

万物各有其法则和规律，人间也有其伦理和德行。反过来，自然界的变化也会引发人的情感的波动，如北宋郭熙《林泉高致·山水训》曰："春山烟云连绵，人欣欣；夏山嘉木繁阴，人坦坦；秋山明净摇落，人肃肃；冬山昏霾翳塞，人寂寂。看此画令人生此意，如真在此山中，此画之景外意也。见青烟白道而思行，见平川落照而思望，见幽人山客而思居，见岩扃泉石而思游。看此画令人起此心，如将真即其处，此画之意外妙也。"随着山之四季变化的不仅是景色，还有人的心情，随着画之笔墨变化的不仅是风景，还有人的冲动。

通过比类的方式所形成的象实际上是一个类象，它综合了相同或相似的同类事物的特征。比如《周易》取出与我们日常生活息息相关的八种基元物象(天、地、雷、风、水、火、山、泽)作为象征物，将天地万物分为八类，形成八经卦，从下往上的三爻依次为地、人、天，六十四卦象征万物的运动变化，每一卦的六爻也分为三组，初、二两爻为地，三、四两爻为人，五、上两爻为天，“三才”合一，各有爻位，从爻位的变化中就可判断事物的性质和吉凶，所谓“八卦成列，象在其中矣；因而重之，爻在其中矣”(《系辞下传》)。以卦画符号为基元，融合自然物象和人文事象的易象，实际上是一种“类象”，它将具有某种同类性质的事物归为一类，并比附于人事，以此实现天、地、人的相融。因此，卦爻中的象虽是一些具象，但并不局限于此象，也不是对象作物理性的分析和逻辑的推演，而是用此象来代表某种特性，象征同类事物的情态。还有我们非常熟悉的五行相生相克说。《尚书・洪范》曰：“五行：一曰水，二曰火，三曰木，四曰金，五曰土。水曰润下，火曰炎上，木曰曲直，金曰从革，土爰稼穑。润下作咸，炎上作苦，曲直作酸，从革作辛，稼穑作甘。”先哲们先将天地万物分为五类，名曰水、火、木、金、土，并对每类事物的特征作出界定，然后根据它们的性质又创造了五行相生(木生火，火生土，土生金，金生水，水生木)相克(木克土，土克水，水克火、火克金、金克木)理论。经过如此归类和类推后，自然物象不仅具备了人的品性，还有了生活的味道。

### (三)比类结果

类比不仅将繁杂的世界划类而分，并由此引申开去，通过引发联想又将未知的事物不断纳入到不同的类中，形成一个个具有象征意义的类概念。比如《易传》说“《易》之广矣大矣”，“范围天地之化”，“《易》与天地准，故能弥纶天地之道”，只是说明《易》具有理论上的伟大功能，并非真的无所不包。其实，“观物”也好，“取象”也罢，最后的结晶是形成以象为基础的“类概念”，也就是列维-布留尔所说的“心象—概念”。列维-布留尔说：“所有社会集体的思维愈接近原逻辑的形式，‘心象—概念’在它里面的统治地位就愈强。”①这里的“原逻辑”实际上就是一种“前逻辑”，在逻辑思维还不够发达的时候，人们并不是很清楚门类和因果之间的关系，于是选用联想和譬喻的方式来表述。比如中国的农耕经济早在殷周时期就已经成熟，日出而作，日入而息的生活方式与自然物象(尤其是天象与气象)的循环复始有着高度一致性，于是对反复出现的人事与物象进行归纳，并总结出相应的特性和规律，用以指导后来的认知和生活，长此以往就形成了一些“类象”。因为这些类象融入了事物的义理和人的情感，进而演变为“类概念”。冯友兰就认为中国哲学偏重于从“直接领域得到的概念”，而且“基本是农的概念”。② 不论是《周易》，还是《老子》《论语》，所取之象主要来自于大自然，这些反复出现的自然物象被人所熟知，因其较为稳定的特性和规律与人的情思和义理相结合，被纳入到人的意义世界，成为象征性符号，也就成了维柯所说的“想象性类概念”，即“制造出某些范例或理想的画像，于是把同类中一切和这些范例相似的个别具体人物都归到这种范例上去”。③

“类概念”建立在事物的相同性或相似性的基础上，借助喻体的形象性来表达义理，它的诞生对类比思维的形成与运行至关重要。比如在《周易》中广泛运用的龙、马、网、山、水、火等，都是一些类概念，由于“与中国文学艺术之象有很多类似或相通之处，它构成了文学艺术之象的直接渊源”④，直接影响了后来的艺术运思。类概念的形成使得原先实有的物象退至幕后，而附加于其上的义理和情感成为主角，比如

① ［法］列维-布留尔著，丁由译：《原始思维》，商务印书馆 1985 年版，第 163 页。

② 冯友兰：《中国哲学简史》，北京大学出版社 1985 年版，第 32 页。

③ ［意］维柯著，朱光潜译：《新科学》(上册)，人民文学出版社 1986 年版，第 103 页。

④ 杨合林、张绍时：《论〈周易〉之“象”》，《安徽大学学报》(哲学社会科学版)2015 年第 2 期。

“垂衣而治”。《系辞下》曰：“黄帝、尧、舜垂衣裳而天下治，盖取诸乾坤。”穿衣着裳本是日常生活行为，但上衣下裳之别可以用来比喻世界秩序，于是有了乾上坤下，其他的概念如阴阳、天地、男女、父子、君臣等也由此引申出来。垂衣而治也就成为一个类概念，表示只要万物有序，就可以天下大治，天人合一。还有梅竹菊兰，它们的共同特点是生命力顽强，用作类概念时其物理特性已经不重要了，就是不惧艰难、不怕困苦的精神象征，被称为岁寒四友，在艺术创作中它们往往成为象征君子人格的常客。

根据人的想象和联想而形成的类概念，在一定程度上可以说就是意象。当人类逐渐摆脱巫术、祭祀、图腾崇拜等宗教性思维的影响后，在人类早期形成的类概念首先成为了艺术创作的宠儿。比如在文学作品中经常被歌咏的“桃”，就跟楚国以桃为图腾有着久远的关联。在《诗经·周南》中有一首“名楚物”的《桃夭》篇：

桃之夭夭，灼灼其华。之子于归，宜其室家。桃之夭夭，有蕡其实。之子于归，宜其家室。桃之夭夭，其叶蓁蓁。之子于归，宜其家人。

不少解《诗》者认为这首诗描写了女子出嫁的情景，表达对女子出嫁的祝福。但是为什么在女子出嫁时表达祝福要写桃花、桃实、桃叶呢？这与桃树的生长环境、楚国的地理位置及图腾崇拜有关。在江汉流域繁茂生长的桃树很早就进入了先民的视野，《山海经》中就记述了各种桃花、桃树、桃林、桃蕡、桃核及产桃的山名，前后十多次。在此流域开疆拓土的楚国先民与桃树自然有着十分紧密的关系，不仅摘取桃子作为食物，砍伐桃木制造用具，还在经年累月的交往中对桃形成了特殊的感情，将之视为一种具有驱邪神力的圣物。《左传·昭公十二年》曰：“昔我先王熊绎，辟在荆山，筚路蓝缕，以处草莽。跋涉山林，以事天子。唯是桃弧、棘矢，以共御王事。”“桃弧”就是用桃木做成的弓。在周代初期，各封国都要给周天子进献方物，而楚国进献的方物就是桃弧。因为在楚人看来，桃既是楚国的地方特产，也是可以带来吉祥的神物，不仅用桃木做弓用于战事，也用桃木作剑用于巫术，桃成了楚国的图腾之一。《桃夭》篇每节歌辞的前两句是对桃的赞美，后两句则是借用桃的美好、吉祥寓意来祝福女子的美丽和出嫁。所以有学者指出，《桃夭》实际上“是一首以桃为图腾的群体的祭祀礼辞”①。“桃”本是楚地的方物，因其美好的形象和辟邪的功能，成为具有特殊意义的类概念。循着《桃夭》的美好之意，桃花与女子之间的关系在诗文中得到了不断运用和加强，如唐代崔护《题都城南庄》“去年今日此门中，人面桃花相映红。人面不知何处去，桃花依旧笑春风”，宋代柳永《满朝欢》“人面桃花，未知何处，但掩朱扉悄悄。尽日伫立无言，赢得凄凉怀抱”，著名作家格非的“江南三部曲”中第一部就是《人面桃花》，等等。于是，桃花就从最初的类概念逐渐衍变为文学意象了。

人面桃花

综上所述，“观物”是为了“取象”，在纷繁芜杂的天地万象中，通观万物之理和宇宙之妙，模拟事物的形态，创制可以感知的象符号。

① 张岩：《简论汉代以来〈诗经〉学中的失误》，《文艺研究》1991年第1期。

“取象”也不是目的，而是为了在比类万物的基础上形成类概念，融合自然物象和人文事象，实现天人合一，同时也为艺术创作提供意象之源。

## 三、神用象通

象思维是依靠象的流转来运行的。但“象”是在什么样条件下流转的？其流转的动力又是什么呢？象思维实际上是一种有别于概念思维的艺术思维，要探析象思维的运行条件和动力，我们可以从艺术创作思维中得知。

### （一）运思于神

为文运思乃谋篇之大端。陆机曾作《文赋》专门论之，涉及作文中的创作胸襟、练字修辞、篇章布局、艺术灵感等，可谓全面和深刻。但刘勰却说“陆赋巧而碎乱”（《序志》），并专门创作了《神思》篇，置于《文心雕龙》的下编之首，说明他对此问题的重视，以及他有着高出陆机的见解。

对于刘勰之“神思”，有学者将之归为想象论、灵感论等，这些研究不论从指涉范围，还是从内涵层次上，都缩小了“神思”的蕴含。王梦鸥认为，刘勰“设想的神思，当然不止于想象，应统括全部心灵营构而言”①，此乃真知灼见。在该篇的“赞”中，刘勰对为文运思的总结是：“神用象通，情变所孕。”王元化解释说：“‘神’即‘神思’，是指想象活动；‘象’即意象，相当于艺术的境界或形象；‘情’即情志，用来表示思想感情。”②王先生将“神”释为想象活动，显然缩小了它的内涵，但从神、象、情三个方面及其互动关系来阐释文学创作的运思问题，视野开阔，启迪深刻。下面就从神、象、情三者之间的关系来探析象的运

---

①　王梦鸥：《古典文学的奥秘——文心雕龙》，三环出版社 1992 年版，第 147 页。

②　王元化：《读文心雕龙》，新星出版社 2007 年版，第 107 页。

思方式。

《神思》篇是刘勰关于创作思维的集中论述，其开篇曰：

> 古人云："形在江海之上，心存魏阙之下。"神思之谓也。文之思也，其神远矣。故寂然凝虑，思接千载；悄焉动容，视通万里。吟咏之间，吐纳珠玉之声；眉睫之前，卷舒风云之色：其思理之致乎！故思理为妙，神与物游。

此"远"、此"致"，说明作文运思不只是一个技巧或方法，还是一种创作的理想状态或最高境界。明代曹学佺在《文心雕龙序》中说："其原道以心，即运思于神也。"①将神思与原道结合起来论述，从"道"的高度来理解神思，可谓高屋建瓴；而且将"神"与"思"分而论之，没有从惯常的并列或偏正结构去切入，而是把"神"当作为文运思之整体状态和浑然情境，为理解"神思""神用象通"开辟了新的思路。

这里有必要先对"神"进行语义溯源。总的来说，"刘勰以前，中国古代'神'的观念的变革经历了一个从神灵到神道，又从神道到神人，最后再从神人到神心以至神思的过程，总体来看遵循的是由形而上到形而下，由外在世界到心灵体验，逐步向下落实、向内转化的路径"。②缘此路径，可以探析刘勰神思论的文化背景。"神"的初文是"申"，甲骨文写作，为雷电之象形，有"引出万物者"之意。《说卦》曰："雷以动之，风以散之，雨以润之。"雷电发动万物生长，雨水则滋养之，所以雷雨有滋生万物之功。"申"与"示"合而为"神"，自然也就含有孕育生命的涵义。由于雷电与万物生长，生命勃发之间的关系具有神秘性，"神"先天性地染上了神秘色彩，故《说卦》曰："神也者，妙万物而

① 杨明照：《增订文心雕龙校注》，中华书局2000年版，第963页。

② 刘勉：《神思：神的下降与思的上升——刘勰神思论的哲学背景及理论内涵》，《文艺研究》，2013年第2期。

为言者也。”《说文解字》亦云：“神，天神，引出万物者也。从示申声。”可以概言之，“神”的初义是“神灵”，频繁地出现在先秦文化典籍中，如《诗经·大雅·旱麓》曰：“瑟彼柞棫，民所燎矣。岂弟君子，神所劳矣。”又如《论语·八佾》曰：“祭如在，祭神如神在。”在人的理性精神不够发达，无法科学解释自然现象的时候，先哲们认为是神灵的作用促动了万物的生长，对之要保持一种敬畏的心态。

后来，老子以道杀神，祛除了神的神秘性，将神(神妙)与道结合为“神道”，《老子》第三十九章曰：“天得一以清；地得一以宁；神得一以灵；谷得一以生，万物得一以生；侯王得一以为天下正。”此处的“一”即“道”。在老子这里，“道”取代了“神”成为万物之本，万有之源。因其玄之又玄的特征，老子祛除了神的神秘成分，而继承了神妙的特征。更为重要的是，“道”虽玄妙幽深，但从现实的角度看，它不仅是人可以追求的目标，还有具体可行的路径。如第十章说“营魄抱一”“专气致柔”“涤除玄览”，第十六章说“致虚极，守静笃。万物并作，吾以观复”等，只要能够做到排除外界的干扰，使心灵达到虚寂的状态，就能够体悟到万物循环往复的规律。可见“神”的神秘性逐渐淡褪，“神妙”成为主要义项。神和道一样，虽然玄妙却不远人，这为神的内倾化、心灵化作好了铺垫。

后来，《庄子》进一步将《老子》人间化、人生化，淡化了社会政治的使命感，着重于个体生命的自由感。《庄子·逍遥游》曰：“若夫乘天地之正，而御六气之辩，以游无穷者，彼且恶乎待哉！故曰，至人无己，神人无功，圣人无名。”至人、神人、圣人的共同点在于虚己以待物，游心于道。在庄子将“神道”通向“神人”时，已经将“神”内在化、心灵化，“道”在心灵世界的体现即为“精神”，如《庄子·知北游》曰：“精神生于道，形本生于精。”庄子在将“道—形”关系扩充为“道—精神—形”时，也给人之“心”注入了内涵。接着，刘安《淮南子·精神训》曰：“精神澹然无极，不与物散，而天下自服。故心者，形之主也；而神者，心之宝也。”以前虽有人关注心与形的关系，但就“心”的内涵不甚明了，这时明确将“神”作为“心”的内涵，同时也为“神”找到了归宿。其后，扬雄直接将“神”与“心”结合，提出了“神心”一说，其《法言序》曰：“神心惚恍，经纬万方。”《法言・问神》亦曰：“或问‘神’。曰：‘心。’‘请问之。’曰：‘潜天而天，潜地而地。天地，神明而不测者也。心之潜也，犹将测之。……神在所潜而已矣。’”天地即道，幽深之道可以通过人心的格物致知而获得，从而使“神心”与“道”相通：道因为神心具有了可行性，故可“原道以心”；神心因为道而具有了超越性，从而使文思超越想象、灵感等论，进入最高境界。

经过漫长的衍变历程，在“道”的统摄下，“神”逐渐走出了神灵的桎梏，进入到人的心里，成为人的精神。用神来表述人心是为了突出个体生命的自由性和超越性，也为象的运行提供了深厚的背景。

### （二）拟容取心

魏晋思想的整体倾向是从外在的名教转向内在的自然，人的主体性不断彰显，神心也是玄学的题中之义。嵇康有“神心独悟”之说，如《声无哀乐论》曰：“为神心独悟，闇语之当，非理之所得也。”这突出了“神心”对人的思维悟性的重要性。东晋张湛有“神心独运”之论，他在《列子・周穆王》篇“吾与王神游也，形奚动哉”句下注曰：“所谓神者，不疾而速，不行而至。……况神心独运，不假形器，圆通玄照，寂然凝虚者乎？”这突出了“神心”对具体事物的超越性。这都构成了刘勰神思论的思想背景。《神思》曰：“古人云：‘形在江海之上，心存魏阙之下。’神思之谓也。文之思也，其神远矣。”范文澜认为：“神”之出处有二：一是《周易・系辞下》中的“精义入神，以致用也”；二是《庄子・让王》中的“身在江海之上，心居乎魏阙之下”。① 前者之“神”是指神理，突

---

① 范文澜：《文心雕龙注》，人民文学出版社1958年版，第496页。

出其神妙性，后者之“神”与“形”相对，突出摆脱时空限制的超越性。所以，其整体特征就表现为“远”，即悠远、玄远，为文运思时“思接千载，视通万里”也就理所当然了；其最高追求是“致”，此乃“极致”也。

在这里需要说明一点的是，尽管神的义项在不断发生变化，神秘性渐渐淡化，并逐渐走向内倾化，但并不是直线变化，而是多个义项并存的。比如，刘勰本人就是一个有神论者，他著有《灭惑论》和《梁建安王造剡山石城寺石像碑》两篇佛学文章，都是持有神论的。如《灭惑论》曰：“夫佛法练神，道教练形，形器必终，碍于一垣之里；神识无穷，再抚六合之外。”《石像碑》曰：“并造由人功，而瑞表神力。”佛教在六朝得到了极大的发展，成为一种普遍的社会现象，上自皇胄，下至黎民，信徒云集。刘勰曾寄寓寺庙多年，虽曾出仕，最后还是剃度出家，也说明他是有神论者。佛教造神像并不是为了艺术，而是为了宣扬佛法。在佛教看来，神有两种显现的方式，一是借雕刻的佛像来显示自己的具体存在，二是借物显灵，如同晋代郭璞在《山海经》中所说的“触象而构”。《山海经·序》曰：“夫以宇宙之寥廓。群生之纷纭，阴阳之煦蒸，万殊之区分，精气浑淆，自相濆薄，游魂灵怪，触象而构，流形于山川，丽状于木石者，恶可胜言乎！”两种方式都说明神灵无形，却可以流溢到自然物象上，或借助各类物象显示出来。对一个有神论者来说，佛像就是佛的显现。可以说“神用象通”的思想来源之一就是他的神学思想。但是，他在谈论文学创作构思时，着眼点不在神秘性，而在神妙性。

如何将玄妙的天地之道用文学等艺术形式表现出来？“以象通神，情变所孕”。可以看出，刘勰的“神思”所包含的内涵远高于想象、灵感等方法论，也非一般的文学构思论，而是“思”与“道”融合的最高境界。所以在文学创作中，其对象虽然是姿态万千的物象和丰富多彩的事象，但并不局限这些具象，而是将人引入一种与物交融、与天合一的境界。可是，象之运行还必须有情感的促动才能完成。

在第五章的“诗人之心”一节中曾分析过心的内涵，有情有志谓之心。随着汉末魏晋时期的大动乱而崩溃的是自汉代建立起来的经学的权威和集体的情感，兴盛起来的是玄学和个人之情。这时的文士们更多的是从日常生活中来感悟生命，他们多情任情，“是一种强于日常感受的、最与审美接近的对宇宙人生，对一山一水、一人一事特能体验特有专注的深情”。① 缘此深情，在魏晋文士们的眼中，一草一木都是自足的，也情致化了。这种新思潮自然也反映到诗文创作及文艺评论里，必然冲破功利主义文学观的篱墙。此时的文论家几乎无人不谈情，挚虞、陆机、刘勰、钟嵘等，充分认识到“情”对于文学的价值和意义。比如挚虞在《文章流别论》中说：

古之作诗者，发乎情，止乎礼义。情之发，因辞以形之；礼义之旨，须事以明之。……古诗之赋，以情义为主，以事类为佐；今之赋，以事形为本，以义正为助。情义为主，则言省而文有例矣；事形为本，则言富而辞无常矣。……夫诗虽以情志为本，而以成声为节……

“诗”虽然仍须“止乎礼义”，但“以情义为主”“以情志为本”，说明“情”已经占据了主导地位。陆机《文赋》直接说“诗缘情而绮靡”，更是将“情”置于诗歌本体的地位了。在第五章专门论述诗人之心的内涵时谈到，情感在魏晋时期经历了从集体之情到个体之情的嬗变。因此，“本质上说，从‘言志’到‘缘情’的变化并不是情感取舍的转变，而是情感类型选择的不同，‘言志’是道德化群体情感的展现，‘缘情’是个性化自由情感的表达，‘缘情’代替‘言志’是人之性情和情感本体的回复，是人个性的张扬和自我觉醒的标志”。② 钟嵘也非常重视个人之情的抒发，《诗品序》曰：“凡斯种种，感荡心灵，非陈诗何以展其义？非长歌

① 张法：《中国艺术：历程与精神》，中国人民大学出版社 2003 年版，第 141 页。

② 王秀臣：《礼仪与兴象：〈礼记〉元文学理论形态研究》，社会科学文献出版社 2013 年版，第 244 页。

何以骋其情?”“至乎吟咏情性，亦何贵于用事?‘思君如流水’，既是即目；‘高台多悲风’，亦惟所见。”从他的例证中可以看出，其“情性”主要是指个体性的情感、思绪，这与《诗经》和屈原作品中的情感有着明显的不同。可以说，重个体之情成为南朝文学思潮的主流。

刘勰《文心雕龙》谈“情”一百二十多处，并与理、志等词进行组合，加之骈文的上下文互应关系，致使情的内涵分外丰富。缪俊杰将之归纳为“人的性情、情志”，“文情、世情”，“一般情况”三个方面①，而《文心雕龙辞典》说：“刘勰论文讲情：一是讲情景交融，用景物来表情。二是讲情理结合，情志结合，情中含志或理。三是讲情的真伪，崇真叱伪。”②结合文学创作来看，刘勰所论之情参与了全部的文学活动。对创作主体来说，“情”是指人的才气、志气、气质、心境等个体性的心理特征，如《原道》“雕琢情性，组织辞令”，《征圣》“夫作者曰圣，述者曰明，陶铸性情功在上哲”，《宗经》“文能宗经，体有六义：一则情深而不诡，二则风清而不杂”，《体性》“气以实志，志以定言，吐纳英华，莫非情性”，《明诗》“诗者，持也，持人情性”“人禀七情，应物斯感，感物吟志，莫非自然”“情必极貌以写物，辞必穷力而追新”，《乐府》“敷训胄子，必歌九德，故能情感七始，化动八风”，《诠赋》“原夫登高之旨，盖睹物兴情。情以物兴，故义必明雅；物以情观，故词必巧丽”等。对表现内容来说，“情”是情景交融的世情，如《情采》“文采所以饰言，而辩丽本于情性。故情者，文之经；辞者，理之纬”，《风骨》“故辞之待骨，如树之体骸，情之含风，犹形之包气”，“情与气偕，辞共体并”，《养气》“率志委和，则理融而情畅；钻砺过分，则神疲而气衰，此性情之数也”等。对创作构思来说，“情”伴随着运思的始终，是神思独具的创造性潜质之所在。如《神思》“神居胸臆，而志气统其关键”“登山则情满于山，观海则意溢于海”“神用象通，情变所孕”

① 缪俊杰:《“情动而言形理发而文见”——刘勰“情理说”的美学意义浅探》,《武汉大学学报》(社会科学版)1983年第6期。

② 周振甫主编:《文心雕龙辞典》，中华书局1996年版，第245页。

等。从这些例子可以看出，刘勰所论之“情”有多项义涵，仍有先天禀赋的成分，而且是以“情”统“性”。同时，还要求有雅情，如《征圣》“情欲信，辞欲巧”，《情采》“昔诗人什篇，为情而造文，辞人赋颂，为文而造情”“为文者淫丽而烦滥”“繁采寡情，味之必厌”等。情信的榜样就是圣人，如《征圣》曰：“夫作者曰圣，述者曰明。陶铸性情，功在上哲。”所以，刘勰所理解的情的最高境界是“圣人之情”，刘勰既不同于之前的陆机，也异于同时期的钟嵘，因为他不仅看到了情的丰富内涵，阐述了个体之情对文学创作的全面性作用，同时更重视雅情的社会价值。

综上所述，圣人创作《周易》所用之“观物取象”的运思方式，经过岁月的沉淀，与诗人创作绾合，转化为中国诗人创作的运思方式——神与物游。它们的不同之处在于，观物取象是为了表意，此“意”主要是指宗教情感与道德情感，而诗人创作中激发神思的是个体之情。“神思”是整个创作构思的全部心理状态，“情”激发神思的发生，也引导神思的发展方向，可以说神思就是一种情感思维活动；“象”是神思运行和情感表现的载体，也是情感与外物互感而生的结晶，没有“象”，神思无以运行，情感无以表现。三者融为一体，不可分离，这是神思论的最大特点，也是文学创作的本质所在，使之最终成为具有中国特色的文论范畴。

# 主要参考文献

## 一、典籍


[1]（汉）司马迁：《史记》，岳麓书社1998年版。

[2]（汉）班固撰，（唐）颜师古注：《汉书》，中华书局2000年版。

[3]（汉）王逸：《楚辞章句补注·楚辞集注》，岳麓书社2013年版。

[4]（三国吴）韦昭注：《国语》，上海古籍出版社2008年版。

[5]（魏）王弼注，（唐）孔颖达疏：《周易正义》，中华书局1980年版。

[6]（晋）郭璞注，谭承耕校点：《山海经》，岳麓书社1992年版。

[7]（北魏）郦道元著，史念林等注译：《水经注》，华夏出版社2006年版。

[8]（梁）萧统编，（唐）李善注：《文选》，岳麓书社2002年版。

[9]（唐）李鼎祚：《周易集解》，巴蜀书社1991年版。

[10]（唐）刘知幾，黄寿成校点：《史通》，辽宁教育出版社1997年版。

[11]（唐）陆德明：《周易释文》，中华书局1980年版。

[12]（唐）张彦远：《历代名画记》，中华书局1985年版。

[13]（宋）郭熙著，周远斌点校纂注：《林泉高致》，山东画报出版社2010年版。

[14]（宋）朱熹著，苏勇校注：《周易本义》，北京大学出版社1992年版。

[15]（明）来知德著，张万彬点校：《周易集注》，九州出版社2004年版。

[16]（清）郭庆藩：《庄子集释》，中华书局1961年版。

[17]（清）刘宝楠：《论语正义》，中华书局1990年版。

[18] (清)皮锡瑞:《经学历史》，中华书局 1959 年版。
[19] (清)阮元校刻:《十三经注疏：清嘉庆刊本》，中华书局 2009 年版。
[20] (清)孙希旦:《礼记集解》，中华书局 1989 年版。
[21] (清)孙诒让:《周礼正义》，中华书局 1987 年版。
[22] (清)王夫之:《船山全书》，岳麓书社 1996 年版。
[23] (清)王夫之著，王孝鱼点校:《尚书引义》，中华书局 2009 年版。
[24] (清)王先谦:《荀子集解》，中华书局 1988 年版。
[25] (清)王先慎:《韩非子集解》，中华书局 1998 年版。
[26] (清)严可均校辑:《全上古三代秦汉三国六朝文》，中华书局 1958 年版。
[27] (清)永瑢等编:《四库全书总目》，中华书局 1965 年版。
[28] (清)章学诚，叶瑛校注:《文史通义校注》，中华书局 1994 年版。
[29] 陈鼓应、赵建伟:《周易今注今译》，商务印书馆 2005 年版。
[30] 陈鼓应:《老子注译及评介》，中华书局 1984 年版。
[31] 陈鼓应:《庄子今注今译》，商务印书馆 2007 年版。
[32] 陈志平、熊清疏证校注:《金楼子疏证校注》，上海古籍出版社 2014 年版。
[33] 范文澜:《文心雕龙注》，人民文学出版社 1958 年版。
[34] 高亨:《周易大传今注》，齐鲁书社 1998 年版。
[35] 黄寿祺、张善文:《周易译注》，上海古籍出版社 1992 年版。
[36] 刘文典:《淮南鸿烈集解》，中华书局 2013 年版。
[37] 楼宇烈:《王弼集校释》，中华书局 1980 年版。
[38] 屈原、宋玉等著，吴广平注译:《楚辞》，岳麓书社 2001 年版。
[39] 苏舆、钟哲:《春秋繁露义证》，中华书局 1992 年版。
[40] 王卡点校:《老子道德经河上公章句》，中华书局 1993 年版。
[41] 吴毓江:《墨子校注》，中华书局 2006 年版。
[42] 徐元诰、王树民等点校:《国语集解》，中华书局 2002 年版。
[43] 杨伯峻:《列子集释》，中华书局 2013 年版。

[44]杨伯峻：《论语译注》，中华书局 1980 年版。
[45]杨明照：《增订文心雕龙校注》，中华书局 2000 年版。
[46]余嘉锡：《世说新语笺疏》，中华书局 2007 年版。
[47]岳阳注译：《鬼谷子》，中州古籍出版社 2008 年版。
[48]张少康：《文赋集释》，人民文学出版社 2002 年版。
[49]张宗祥：《论衡校注》，上海古籍出版社 2010 年版。
[50]周振甫：《诗品译注》，中华书局 1998 年版。

## 二、专著

[1]陈中凡：《中国文学批评史》，上海中华书局 1927 年版。
[2]夏曾佑：《中国古代史》，生活·读书·新知三联书店 1955 年版。
[3]侯外庐：《中国思想通史》，人民出版社 1957 年版。
[4]鲁迅：《中国小说史略》，人民出版社 1958 年版。
[5]郭沫若：《中国古代社会研究》，人民出版社 1964 年版。
[6]郭宝钧：《中国青铜器时代》，生活·读书·新知三联书店 1977 年版。
[7]李镜池：《周易探源》，中华书局 1978 年版。
[8]钱锺书：《管锥编》，中华书局 1979 年版。
[9]郭绍虞主编：《中国历代文论选》，上海古籍出版社 1980 年版。
[10]宗白华：《美学散步》，上海人民出版社 1981 年版。
[11]张岱年：《中国哲学大纲》，中国社会科学出版社 1982 年版。
[12]沈有鼎：《墨经的逻辑学》，中国社会科学出版社 1982 年版。
[13]任继愈主编：《中国哲学发展史》(先秦卷)，人民出版社 1983 年版。
[14]汤一介：《郭象与魏晋玄学》，湖北人民出版社 1983 年版。
[15]金景芳：《古史论集》，齐鲁书社 1983 年版。
[16]于民：《春秋前审美观念的发展》，中华书局 1984 年版。
[17]余英时：《从价值系统看中国文化的现代意义：中国文化与现代生活总论》，台北时报文化出版公司 1985 年版。
[18]冯友兰：《中国哲学简史》，北京大学出版社 1985 年版。

[19]叶朗：《中国美学史大纲》，上海人民出版社 1985 年版。
[20]李泽厚：《中国古代思想史论》，人民出版社 1986 年版。
[21]朱伯崑：《易学哲学史》，北京大学出版社 1986 年版。
[22]李泽厚、刘纲纪主编：《中国美学史》，中国社会科学出版社 1987 年版。
[23]徐复观：《中国艺术精神》，春风文艺出版社 1987 年版。
[24]赵霈林：《兴的起源——历史积淀与诗歌艺术》，中国社会科学出版社 1987 年版。
[25]胡经之主编：《中国古典美学丛编》，中华书局 1988 年版。
[26]林毓生：《中国传统的创造性转化》，生活·读书·新知三联书店 1988 年版。
[27]成中英：《中国文化的现代化与世界化》，中国和平出版社 1988 年版。
[28]张岱年、姜广辉：《中国文化传统简论》，浙江人民出版社 1989 年版。
[29]康殷：《古文字形发微》，北京出版社 1990 年版。
[30]刘长林：《中国系统思维》，中国社会科学出版社 1990 年版。
[31]李存山：《中国气论探源与发微》，中国社会科学出版社 1990 年版。
[32]张岱年、成中英等：《中国思维偏向》，中国社会科学出版社 1991 年版。
[33]黄药眠、童庆炳主编：《中西比较诗学体系》，人民文学出版社 1991 年版。
[34]王梦鸥：《古典文学的奥秘——文心雕龙》，三环出版社 1992 年版。
[35]叶维廉：《中国诗学》，生活·读书·新知三联书店 1992 年版。
[36]李宗桂：《文化批判与文化重构——中国文化出路探讨》，陕西人民出版社 1992 年版。
[37]李明华：《时代演进与价值选择——中国价值观探讨》，陕西人民

出版社 1992 年版。
[38] 成复旺：《中国古代的人学与美学》，中国人民大学出版社 1992 年版。
[39] 李建中：《心哉美矣：汉魏六朝文心流变史》，文史哲出版社 1993 年版。
[40] 马良怀：《崩溃与重建中的困惑：魏晋风度研究》，中国社会科学出版社 1993 年版。
[41] 李炳海：《周易文艺思想概观》，东北师范大学出版社 1993 年版。
[42] 冯天瑜：《中华元典精神》，上海人民出版社 1994 年版。
[43] 李廉：《周易的思维与逻辑》，安徽人民出版社 1994 年版。
[44] 陶东风：《文体演变及其文化意义》，云南人民出版社 1994 年版。
[45] 张海明：《经与纬的交结：中国古代文艺学范畴论要》，云南人民出版社 1994 年版。
[46] 钟仕伦：《南北文化与美学思潮》，四川大学出版社 1995 年版。
[47] 臧克和：《说文解字的文化说解》，湖北人民出版社 1995 年版。
[48] 陈来：《古代宗教与伦理：儒家思想的根源》，生活·读书·新知三联书店 1996 年版。
[49] 辜鸿铭：《中国人的精神》，海南出版社 1996 年版。
[50] 胡适：《中国哲学史大纲》，上海古籍出版社 1997 年版。
[51] 王树人：《传统智慧再发现》，作家出版社 1997 年版。
[52] 刘纲纪、范明华：《易学与美学》，沈阳出版社 1997 年版。
[53] 李建中：《魏晋文学与魏晋人格》，湖北教育出版社 1998 年版。
[54] 李泽厚：《论语今读》，安徽文艺出版社 1998 年版。
[55] 余虹：《中国文论与西方诗学》，生活·读书·新知三联书店 1999 年版。
[56] 陈良运：《周易与中国文学》，百花洲文艺出版社 1999 年版。
[57] 郭绍虞：《中国文学批评史》，百花文艺出版社 1999 年版。
[58] 庞朴：《当代学者自选文库：庞朴卷》，安徽教育出版社 1999 年版。

[59]饶宗颐：《符号·初文与字母——汉字树》，上海书店出版社2000年版。
[60]刘泽华：《中国的王权主义》，上海人民出版社2000年版。
[61]汤一介：《郭象与魏晋玄学》(增订本)，北京大学出版社2000年版。
[62]郭绍虞主编：《中国历代文论选》，上海古籍出版社2001年版。
[63]李泽厚：《美的历程》，天津社会科学院出版社2001年版。
[64]黄亚平、孟华：《汉字符号学》，上海古籍出版社2001年版。
[65]王国维：《观堂集林》(外二种)，河北教育出版社2001年版。
[66]葛兆光：《中国思想史》，复旦大学出版社2001年版。
[67]陈来：《古代思想文化的世界——春秋时代的宗教、伦理与社会思想》，生活·读书·新知三联书店2002年版。
[68]梁一儒、户晓辉、宫承波：《中国人审美心理研究》，山东人民出版社2002年版。
[69]陈来：《古代思想文化的世界——春秋时代的宗教、伦理与社会思想》，生活·读书·新知三联书店2002年版。
[70]李建中：《玄学与魏晋社会》，河北人民出版社2003年版。
[71]陈望衡：《当代美学原理》，人民出版社2003年版。
[72]张法：《中国艺术：历程与精神》，中国人民大学出版社2003年版。
[73]余英时：《士与中国文化》，上海人民出版社2003年版。
[74]余英时：《中国传统思想的现代诠释》，江苏人民出版社2003年版。
[75]康中乾：《有无之辨——魏晋玄学本体思想再解读》，人民出版社2003年版。
[76]方同义：《中国智慧的精神：从天人之际到道术之间》，人民出版社2003年版。
[77]周裕锴：《中国古代阐释学研究》，上海人民出版社2003年版。
[78]罗宗强：《玄学与魏晋士人心态》，南开大学出版社2003年版。
[79]李冬君：《孔子圣化与儒者革命》，中国人民大学出版社2004年版。

[80]徐复观:《中国文学精神》，上海书店出版社 2004 年版。
[81]李建中:《古代文论的诗性空间》，湖北人民出版社 2005 年版。
[82]张荣翼:《冲突与重建——全球化语境中的中国文学理论问题》，武汉大学出版社 2005 年版。
[83]叶舒宪:《诗经的文化阐释》，陕西人民出版社 2005 年版。
[84]于雪棠:《〈周易〉与中国上古文学》，北京师范大学出版社 2005 年版。
[85]左民安:《细说汉字——1000 个汉字的起源与演变》，九州出版社 2005 年版。
[86]梁漱溟:《中国文化要义》，上海人民出版社 2005 年版。
[87]钱穆:《先秦诸子系年》，商务印书馆 2005 年版。
[88]朱光潜:《文艺心理学》，复旦大学出版社 2005 年版。
[89]李春青:《在文本与历史之间——中国古代诗学意义生成模式探微》，北京大学出版社 2005 年版。
[90]徐复观:《中国人性论史》(先秦篇)，华东师范大学出版社 2005 年版。
[91]张立文主编:《和境——易学与中国文化》，人民出版社 2005 年版。
[92]陶东风主编:《文化研究关键词丛书》，广西师范大学出版社 2005 年版。
[93]高文强:《佛教与永明文学批评》，湖北教育出版社 2006 年版。
[94]徐中舒主编:《甲骨文字典》，四川辞书出版社 2006 年版。
[95]罗宗强:《魏晋南北朝文学思想史》，中华书局 2006 年版。
[96]侯敏:《易象论》，北京大学出版社 2006 年版。
[97]陈来:《传统与现代：人文主义的视野》，北京大学出版社 2006 年版。
[98]唐君毅:《中国文化之精神价值》，江苏教育出版社 2006 年版。
[99]陈炎:《多维视野中的儒家文化》，山东教育出版社 2006 年版。
[100]王振复主编:《中国美学范畴史》，山西教育出版社 2006 年版。

[101]王振复:《大易之美:周易的美学智慧》,北京大学出版社 2006 年版。
[102]成中英:《易学本体论》,北京大学出版社 2006 年版。
[103]刘士林:《中国诗学精神》,海南出版社 2006 年版。
[104]黄朝阳:《中国古代思维的模拟》,社会科学文献出版社 2006 年版。
[105]刘大杰:《中国文学发展史》,复旦大学出版社 2006 年版。
[106]罗宗强:《读文心雕龙手记》,生活·读书·新知三联书店 2007 年版。
[107]李建中:《中国古代文论诗性特征研究》,武汉大学出版社 2007 年版。
[108]王元化:《读文心雕龙》,新星出版社 2007 年版。
[109]陈书良:《〈文心雕龙〉释名》,湖南人民出版社 2007 年版。
[110]周宪:《文化研究关键词》,北京师范大学出版社 2007 年版。
[111]王晓路:《文化批评关键词研究》,北京大学出版社 2007 年版。
[112]王运熙、顾易生:《中国文学批评通史》,上海古籍出版社 2007 年版。
[113]钱锺书:《管锥编》,生活·读书·新知三联书店 2007 年版。
[114]杨明照:《杨明照论文心雕龙》,上海科学技术文献出版社 2008 年版。
[115]李泽厚:《美的历程》,天津社会科学院出版社 2008 年版。
[116]许钦彬:《易学与汉语关系论稿》,齐鲁书社 2008 年版。
[117]郭齐勇:《中国哲学智慧的探索》,中华书局 2008 年版。
[118]江山:《中国文化的沉思与重建》,台北江山出版社 2008 年版。
[119]刘怀荣:《周汉诗学与文学思想研究》,中国社会科学出版社 2008 年版。
[120]冯黎明:《走向全球化:论西方现代文论在当代中国文学理论界的传播与影响》,中国社会科学出版社 2009 年版。

[121]朱自清:《朱自清讲国学》, 华文出版社 2009 年版。
[122]王祥之:《图解汉字起源》, 北京大学出版社 2009 年版。
[123]沈志权:《〈周易〉与中国文学的形成》, 浙江大学出版社 2009 年版。
[124]施旭升:《中外艺术关键词》, 江苏人民出版社 2009 年版。
[125]李建中:《魏晋人: 弄狂以流悲》, 东方出版社 2011 年版。
[126]张锡坤、姜勇:《周易经传美学通论》, 生活·读书·新知三联书店 2011 年版。
[127]赵毅衡:《符号学原理与推演》, 南京大学出版社 2011 年版。
[128]高文强:《东晋南朝文人接受佛教研究》, 中国社会科学出版社 2012 年版。
[129]华东师范大学古籍整理研究室:《历代书法论文选》, 上海书画出版社 2012 年版。
[130]蔡锺翔:《美在自然》, 百花洲文艺出版社 2012 年版。
[131]邓国光:《〈文心雕龙〉文理研究——以孔子、屈原为枢纽轴心的要义》, 上海古籍出版社 2012 年版。
[132]王树人:《回归原创之思——"象思维"视野下的中国智慧》, 江苏人民出版社 2012 年版。
[133]陈水云:《中国古典诗学的还原与阐释》, 中国社会科学出版社 2013 年版。
[134]汪裕雄:《审美意象学》, 人民出版社 2013 年版。
[135]汪裕雄:《意象探源》, 人民出版社 2013 年版。
[136]徐瑞:《〈周易〉符号学概论》, 上海科学技术文献出版社 2013 年版。
[137]王秀臣:《礼仪与兴象:〈礼记〉元文学理论形态研究》, 社会科学文献出版社 2013 年版。
[138]牛月明:《中日文论互动研究: 以"象"根词的考察为中心》, 中央编译出版社 2014 年版。

## 三、译著

[1][日]加藤常贤：《中国古代の宗教と思想》之《序说》，哈佛燕京同志社 1954 年版。

[2][法]亨利·柏格森：《形而上学导言》，商务印书馆 1969 年版。

[3][瑞士]索绪尔：《普通语言学教程》，高名凯译，商务印书馆 1980 年版。

[4][美]苏珊·朗格：《艺术问题》，滕守尧、朱疆源译，中国社会科学出版社 1983 年版。

[5][意]克罗齐：《美学原理·美学纲要》，朱光潜等译，外国文学出版社 1983 年版。

[6][法]列维-布留尔：《原始思维》，丁由中译，商务印书馆 1985 年版。

[7][意]维柯：《新科学》，朱光潜译，人民文学出版社 1986 年版。

[8][法]皮埃尔·吉罗：《符号学概论》，怀宇译，四川人民出版社 1988 年版。

[9][德]卡尔·雅斯贝斯：《智慧之路》，柯锦华等译，中国国际广播出版社 1988 年版。

[10][意]乌蒙勃托·艾柯：《符号学理论》，卢德平译，中国人民大学出版社 1990 年版。

[11][日]户田浩晓著：《文心雕龙研究》，曹旭译，上海古籍出版社 1992 年版。

[12][德]尼采：《权力意志》，张念东、凌素心译，商务印书馆 1994 年版。

[13][德]海德格尔：《海德格尔选集》，孙周兴译，上海三联书店 1996 年版。

[14][美]鲁道夫·阿恩海姆：《视觉思维：审美直觉心理学》，滕守尧译，四川人民出版社 1998 年版。

[15][法]埃德加·莫兰：《复杂思想：自觉的科学》，陈一壮译，北京

大学出版社 2001 年版。

[16][美]苏珊·朗格：《哲学新解》，北京广播学院出版社 2002 年版。

[17][德]恩斯特·卡西尔：《人论》，甘阳译，上海译文出版社 2003 年版。

[18][英]葛瑞汉：《论道者：中国古代哲学论辩》，张海晏译，中国社会科学院出版社 2003 年版。

[19][英]雷蒙·威廉斯：《关键词：文化与社会的词汇》，刘建基译，生活·读书·新知三联书店 2005 年版。

[20][美]刘若愚：《中国文学理论》，杜国清译，江苏教育出版社 2006 年版。

[21][美]不列颠百科全书出版公司编：《西方大观念》，陈嘉映等译，华夏出版社 2008 年版。

[22]孙康宜、[美]宇文所安主编：《剑桥中国文学史》，刘倩等译，生活·读书·新知三联书店 2013 年版。

## 四、论文

[1]陈一琴：《形象·兴象·意象——古代诗论中几组形象范畴考辨之一》，《福建师大学报》1981 年第 1 期。

[2]袁行霈：《中国古典诗歌的意象》，《文学遗产》1983 年第 4 期。

[3]缪俊杰：《"情动而言形理发而文见"——刘勰"情理说"的美学意义浅探》，《武汉大学学报》(社会科学版) 1983 年第 6 期。

[4]党圣元：《谈"易象"》，《思想战线》1986 年第 3 期。

[5]吴林伯：《〈周易〉与〈文心雕龙〉》，《武汉大学学报》(社会科学版) 1986 年第 6 期。

[6]卢永璘：《刘勰的"文"论和"意象"论》，《北京大学学报(哲学社会科学版)》1987 年第 5 期。

[7]杜书瀛：《文学物象》，《文艺研究》1987 年第 6 期。

[8]李建中：《论魏晋六朝作家"文心"与"人心"的分裂》，《文学评论》

1989 年第 5 期。

[9]吕永:《〈文心雕龙〉的思维方式、结构方式、表述方式》,《湘潭大学学报》(哲学社会科学版)1992 年第 2 期。

[10]邓晓芒:《论中国哲学中的反语言学倾向》,《中州学刊》1992 年第 2 期。

[11]陈水云:《隐逸 · 山水 · 士人审美心态》,《湖北大学学报》(哲学社会科学版)1993 年第 3 期。

[12]吴承学:《生命之喻——论中国古代关于文学艺术人化的批评》,《文学评论》1994 年第 1 期。

[13]贾树新:《〈文心雕龙〉的"道"——兼论〈文心雕龙〉与〈周易〉》,《辽宁大学学报》1994 年第 6 期。

[14]陈良运:《论周易的文学思维》,《周易研究》1995 年第 1 期。

[15]黄霖:《意象系统论》,《学术月刊》1995 年第 1 期。

[16]毛宣国:《先秦"象"论与中国古典美学》,《学习与探索》1995 年第 4 期。

[17]刘伟林:《意象论》,《华南师范大学学报》(社会科学版)1996 年第 1 期。

[18]陈望衡:《简论中国易象的文化意义》,《船山学刊》1996 年第 1 期。

[19]张晶:《刘勰的审美意象论》,《吉林大学社会科学学报》1997 年第 1 期。

[20]杨启光:《试论汉字和汉民族的具象思维方式》,《汉字文化》1997 年第 4 期。

[21]徐军强:《论审美意象的基本特征》,《浙江师范大学学报》(社会科学版)1997 年第 4 期。

[22]古风:《意境的"语象符号"阐释》,《学术月刊》1997 年第 7 期。

[23]王树人、喻柏林:《〈周易〉的"象思维"及其现代意义》,《周易研究》1998 年第 1 期。

[24]王树人、喻柏林：《论“象”与“象思维”》，《中国社会科学》1998年第4期。
[25]臧克和：《古汉字结构的取象类型原始移情考略》，《学术研究》1999年第5期。
[26]李壮鹰：《“象”与“境”》，《北京师范大学学报》(人文社会科学版)2000年第2期。
[27]林继中：《情志·兴象·境界——传统文论之重组》，《文学评论》2001年第2期。
[28]肖少北、张文香：《汉字与传统思维方式》，《新东方》2001年第3期。
[29]解小青：《从汉字中的“象”论古典艺术中的“实象”和“虚象”》，《山西大学学报》(哲学社会科学版)2001年第4期。
[30]谌兆麟：《论“兴象”》，《湖南师范大学社会科学学报》2001年第4期。
[31]秦建文：《从先民的美学意识看汉字的构形》，《曲靖师范学院学报》2002年第2期。
[32]史瑞芬、黎子正：《汉字的象化特征》，《河南社会科学》2002年第3期。
[33]孙春旻：《表象·语象·意象——论文学形象的呈现机制》，《郑州大学学报》(哲学社会科学版)2002年第3期。
[34]蒋寅：《语象·物象·意象·意境》，《文学评论》2002年第3期。
[35]韩经太、陶文鹏：《也论中国诗学的“意象”与“意境”说——兼与蒋寅先生商榷》，《文学评论》2003年第2期。
[36]童庆炳：《〈文心雕龙〉“道心神理”说》，《遵义师范高等专科学校学报》1999年第1期。
[37]孟庆丽：《言不尽意与立象以尽意——〈周易〉的言意观探微》，《辽宁大学学报》2003年第4期。
[38]何丽野：《象的思维：说不可说》，《浙江社会科学》2003年第6期。

[39]赵新林：《寻象以求中西言意通达之径》，《文学评论》2004 年第 1 期。
[40]高林广：《〈文心雕龙〉的〈周易〉批评》，《内蒙古社会科学》(汉文版)2004 年第 3 期。
[41]蒙培元：《儒学是人类中心主义吗?》，《中国哲学》2004 年第 4 期。
[42]李健：《钟嵘的感物美学》，《文学评论》2004 年第 5 期。
[43]王树人：《"象思维"视野下的"易道"》，《周易研究》2004 年第 6 期。
[44]李先焜：《论〈周易〉的符号学思想》，《湖北大学学报》2004 年第 6 期。
[45]王树人：《中国象思维与西方概念思维之比较》，《学术月刊》2004 年第 10 期。
[46]吴中胜：《汉字的诗性特征与中国古代文论的思维方式》，《文艺理论研究》2005 年第 1 期。
[47]邓程：《对兴的误解与遗忘：汉儒的诗学理论与汉诗》，《湘潭大学学报》(哲学社会科学版)2005 年第 1 期。
[48]钱志熙：《从群体诗学到个体诗学》，《文学遗产》2005 年第 2 期。
[49]潘殊闲：《象喻：中国传统诗歌评论的利器》，《宁夏社会科学》，2005 年第 2 期。
[50]王树人：《"象思维"与原创性论纲》，《哲学研究》2005 年第 3 期。
[51]陆晓光：《〈文心雕龙〉"物"字章句与马克思主义美学反"物化"思想》，《文艺理论研究》2005 年第 6 期。
[52]王树人：《中国的"象思维"及其原创性问题》，《学术月刊》2006 年第 1 期。
[53]刘德燕：《论宗炳"澄怀味象"之"象"》，《潍坊教育学院学报》2006 第 1 期。
[54]李建中：《〈周易〉与中国文论的诗性之源》，《江海学刊》2006 年第 1 期。

[55]陈伯海：《释“诗可以兴”——论诗性生命的感发功能》，《华中师范大学学报》(人文社会科学版)2006年第3期。

[56]刘传清、邓新华：《论“象喻”的诗性阐释方式》，《山西师范大学学报》(社会科学版)2006年第5期。

[57]汪振军：《“言”“意”“象”：从表意到审美》，《河南师范大学学报》(哲学社会科学版)2007年第3期。

[58]王树人：《中国哲学与文化之根——“象”与“象思维”引论》，《河北学刊》2007年第5期。

[59]赵辉：《易象思维的特征及文化表达》，《文艺研究》2007年第6期。

[60]李建中：《古代文论诗性言说的生成语境和主体用心》，《江汉论坛》2008年第4期。

[61]高文强：《失语·转换·正名——对古代文论十年转换之路的回顾与追问》，《古代文学理论研究》(第二十六辑)，2008年8月。

[62]黎志敏：《语象概念的“引进”与“变异”》，《广州大学学报》(社会科学版)2008年第10期。

[63]古风：《“以锦喻文”现象与中国文学审美批评》，《中国社会科学》2009年第1期。

[64]杨明：《“兴象”释义》，《中山大学学报》(社会科学版)2009年第2期。

[65]夏静：《关于〈文心雕龙·原道〉的“惟人参之”》，《文学评论》2009年第3期。

[66]冯黎明：《中国古代文论的现代转换：一场现代性焦虑》，《湖北大学学报》(哲学社会科学版)2009年第4期。

[67]顾明栋：《〈周易〉明象与现代语言哲学及诠释学》，《中山大学学报》2009年第4期。

[68]吴利琴：《论〈周易〉中的隐喻认知》，《学术界》2009年第4期。

[69]杨星映：《〈文心雕龙〉的“象”范畴》，《重庆师范大学学报》(社会

科学版）2009 年第 6 期。
[70]李洲良：《易象：〈周易〉的诗性话语及其象征》，《河北学刊》2009 年第 6 期。
[71]胡伟希：《原象：形而上学思维如何可能》，《社会科学》2009 年第 8 期。
[72]杨瑞芳：《论“兴象”与情韵的圆融》，《语文学刊》2009 年第 9 期。
[73]朱志荣：《〈文心雕龙〉的意象创构论》，《江西社会科学》2010 年第 1 期。
[74]罗立乾：《“意象”的“出口转内销”与对〈文心雕龙〉研究的启示》，《镇江师专学报》（社会科学版）2000 年第 3 期。
[75]戚良德：《中国文论话语的还原——以〈文心雕龙〉之“文”为中心》，《山东大学学报》（哲学社会科学版）2010 年第 4 期。
[76]朱易安、王书艳：《物象的“诗化”和意象的“实化”——以唐诗中的“径”为例》，《上海师范大学学报》（哲学社会科学版）2010 年第 4 期。
[77]吕书宝：《论〈文心雕龙〉对〈周易〉的文学观照》，《东北师范大学学报》（哲学社会科学版）2010 年第 6 期。
[78]夏静：《古代文论中的“象喻”传统》，《文艺研究》2010 年第 6 期。
[79]张晶：《“兴象”的审美特征》，《解放军艺术学院学报》2011 年第 3 期。
[80]王秀臣：《“礼仪”与“兴象”——兼论“比”“兴”差异》，《文学评论》2011 年第 4 期。
[81]赖华先：《中西比较视野下的中国文象思维》，《江西社会科学》2011 年第 12 期。
[82]白欲晓：《圣、圣王与圣人——儒家“崇圣”信仰的渊源与流变》，《安徽大学学报》（哲学社会科学版）2012 年第 5 期。
[83]何丽野：《中国哲学“象之思”的研究及其意义》，《社会科学》2012 年第 12 期。

[84]陆涛：《从语象到图像——论文学图像化的审美逻辑》，《江西社会科学》2013 年第 2 期。

[85]刘勉：《神思：神的下降与思的上升——刘勰神思论的哲学背景及理论内涵》，《文艺研究》2013 年第 2 期。

[86]高文强：《佛学东渐与宋齐文学观念的雅俗嬗变》，《文艺研究》2013 年第 3 期。

[87]李心释：《语象与意象：诗歌的符号学阐释途径》，《甘肃社会科学》2013 年第 5 期。

[88]周山：《〈周易〉的文本结构及其言说方式》，《哲学分析》2013 年第 5 期。

[89]厉运伟：《象思维的诗学转换——从〈周易〉到〈文心雕龙〉》，山东师范大学 2013 年版。

[70]张子程：《物象·兴象·兴会——中国古代文艺心理学探析》，《内蒙古师范大学学报》(哲学社会科学版)2014 年第 6 期。

[71]窦可阳、李小茜：《联类感通与心物感应——从心物关系论〈文心雕龙〉对〈易传〉的接受》，《广西社会科学》2014 年第 6 期。

[72]孙喜艳：《论"立象以尽意"的言说方式及其美学意义》，《周易研究》2014 年第 6 期。

[73]杨合林，张绍时：《论〈周易〉之"象"》，《安徽大学学报》(社会科学版)2015 年第 2 期。

[74]张晶：《情志与意向——中国诗学的审美感悟之三》，《北京大学学报》(哲学社会科学版)2015 年第 4 期。

# 后　记

在做古代文论研究和撰写相关文章时难免洋为中用，要用西方文论术语与规则来解释我们传统文化中的一些术语，可效果总是差强人意，或者在对中西文论术语进行比较时又不自觉地陷入了中为洋用的尴尬处境。这样的苦恼想必不只是我这个才浅学薄之人的苦恼，也应是不少从事古代文论和传统文化研究者会遇到的苦恼。如何让古代文论术语在今天的批评话语中依然能够发挥作用，实现古代文论的现代转换，就需要对这些术语既作“原生—沿生—再生”之源流清理，又作“字根—坐标—转义”之义理阐释。

其实，自20世纪90年代起，学界曾就“中国文论的现代转换”进行过大讨论，其中曹顺庆先生提出的“失语症”①刺痛了人们脆弱的神经，引发了广泛而持续的争论，既获得了不少学者的认同，也引发了一些同仁的争鸣。在有的文艺理论会议中，有人说古代文论术语研究是过度阐释，其喧嚣的程度与学术思想的匮乏成正比；在有的文章中，也有学者说古代文论研究者与其说是文化的传承者，不如说是文化的考古者。结合失语症来反思这些看似辛辣实则中肯的言论，它们道出了整个社会的疑问：传统文化与古代文论的话语规则是什么？其背后思维方式有何与众不同？它们的渊源又到底在何处，其嬗变轨迹又是如何？

反观新时期以来，中国文艺理论界热闹非凡，但一个不容否认的事

---

① 曹顺庆指出，“所谓‘失语’，并非指现当代文论没有一套话语规则，而是指她没有一套自己的而非别人的话语规则”。参见曹顺庆：《文论失语症与文化病态》，《文艺争鸣》1996年第2期。

实是，西方的理论话语一直处于优势地位，各种西方理论你方唱罢我登场，而中国传统文论则沦为了看客，或者在里面插科打诨，文学批评中也鲜见传统文论术语的身影，长此以往也就自然陷入表达、沟通和解读的失语状态了。虽然每年有大量获批的各级别社科项目，出版的各类理论著作，发表在各类期刊上理论文章，就文章体制而言，可以说是千篇一文，都是论著体，本书也是采用的论著体，不是不慕往传统的诗赋体、序跋体、诗话体，而是不能也不敢；就所用术语而言，典型、艺术真实、互文性、召唤结构、期待视野等西方文论术语铺天盖地，却鲜有文气、肌理、格调、韵味、神韵、境生象外的身影，连生命长久的意象也被说成是出口转内销，甚至说根本就没有意象。

话语规则是交流的桥梁，是在特定的历史语境和文化传统中，经过漫长历史的积累和演变而形成的话语言说及意义建构的法则。我们原有的话语规则是以儒、道两家文化为基础建构起来的，由于它的“所谓的”不科学、不系统，不适应现代学科建设的需要，加之百年来国家硬实力的孱弱带来的文化不自信等多重原因，造成现在的文论“或者是在国家意识形态的笼罩下，在圣堂一般的语境中，否认文学理论需要独立的认知机制与求真向度——文学理论只需要平面地接受中外红色圣经的神圣光芒就可以了；或者在西方解构形而上学的流言蜚语中放弃了真正的理论追求，它要么忙于解说西方或中国古代的各种理论范型的相对性，要么忙于转述和‘辩证综合’各种零碎的观念与观点”。① 及至今天来反思时发现，传统文化依然吸引着亿万国民，甚至还出现了国学热，可传统文论在现今的批评话语中已然处于劣势的地位却是个不争的事实。

“关键词研究法”源于英国学者雷蒙·威廉斯的《关键词：文化与社会的词汇》一书。它提倡的“关键词批评”，没有话语权威式的一锤定音

---

① 张大为：《“理论”的沦丧——当下中国文论的“元理论”反思》，《社会科学战线》2008 年第 11 期。

或标准答案，而是在对词义的源流考镜中阐发新义，具有非权威性和延展性。自20世纪90年代以来，关键词批评在中国得到广泛运用，也给了古代文论研究重要启示。深入梳理元关键词是实现传统文化和古代文论现代转换的基础和必要因素。本书之所以选择关键词“象”作为研究对象，因为它不仅是中国文化史上出现最早且一直与我们相伴的元范畴，还是言说方式，更是独具民族特色的思维形式。运用关键词批评范式来对“象”进行研究，既考察其词义在不同历史语境中的流变，也分析它的话语规则的嬗变，展示象思维的运行轨迹及转换历程，将有助于我们探寻和建立中国文论的话语规则。这与西方文论是不同的。西方文论往往是术语与规则分开，清晰的理论思路指挥着集群式的专业术语，不同的理论各有相应的术语。因此，作为中国文化的基元符号，“象”颇有代表性。

在本书写作中，选题的拟定、大纲的安排、进程的推动等都得到恩师李建中先生的指导。恩师在学术上孜孜不倦地追求，从最初的魏晋人格心理学研究到中国诗性文体研究，再到中华文化元典关键词研究及字文化研究，不断开垦出学术增长点，而且德操高尚，生活优雅，教学溢彩，令人敬仰。本书能被纳入其主编的“中华字文化大系”丛书，对我来说是一个鼓励更是一个鞭策。由于本人学力有限，本书中的许多问题还需要进一步论证与深入，有待于后续努力，亦期待方家指正。